이승훈 교수의

경제학
멘토링

이승훈 교수의

경제학
멘토링

터치아트

대학 강단에서 경제학을 연구하고 가르치는 한평생을 보냈다. 살아온 세월 동안 나라경제의 살림살이는 많은 우여곡절을 겪으면서도 몰라보게 좋아졌다. 반세기 만에 세계 최빈국이 경제력 10위의 산업국으로 도약해온 성취는 세계에 자랑할 만하다. 아직 빈곤문제가 충분히 퇴치되지 않았고 뒤처진 부문이 많지만 그 때문에 우리 경제가 이룬 업적이 빛이 바래는 것은 아니다. 남은 문제는 앞으로 해결하면 된다. 그러나 돌이켜보면 그 어느 한 순간도 위태위태한 경제적 난관을 당하지 않았던 적이 없었던 것 같다.

절대빈곤의 50년대와 60년대는 '가난은 나라도 못 구한다'는 체념 속에 살았다. 석유파동으로 시작한 70년대와 개방 압력이 거세게 몰아치던 80년대까지는 과연 산업화가 성공하고 있는지에 대한 의심을 떨치지 못했다. 무역수지가 안정적으로 흑자를 기록하기 시작하던 80년대 말 비로소 경제개발 사업이 성공단계에 들어섰다고 실감하면서부터는 노사분규가 폭발하였고, 90년대 말에는 대환란을 겪었다. 최근 미국의 뉴욕 월가에서 시작한 금융파탄은 유럽의 재정적자와 맞물려 세계경제를 아직도 위기권에 잡아두고 있는 상태다.

레스터 서로(Lester Thurow)는 정부가 경제적 해법을 몰라서가 아니라 정치적 선택이 어렵기 때문에 현실 경제문제를 제대로 타개하지 못한다고 단언했다. 이익집단들의 엇갈린 이해관계가 경제정책을 끈질기게 왜곡한다는 것이다. 그러나 나는 더 많은 사람들이 경제문제를 제대로 이해한다면 우리 사회가 현명한 해법을 정치적으로 더 잘 받아들일 것으로 믿는다. 대다수 국민들의 높아진 경제학적 안목은 소수 이익집단들의 로비를 능히 제압할 것이기 때문이다. 경제학자들만 이해하는 해법은 결코 범국민적 지지를 얻기 어렵다. 한 나라가 현명한 경제적 해법을 수용하려면 그 나라 국민들의 경제 이해력 수준이 높아야 한다.

시험은 매우 유용한 교육수단이다. 많은 사람들이 참여하는 좋은 경제학 능력시험은 학습효과를 크게 높여서 사람들의 경제문제 이해능력을 효과적으로 강화할 수 있다. 마침 〈한국경제신문〉이 경제학 능력 시험 TESAT(Test of Economic Sense And Thinking)을 시행하기로 계획하면서 사업에 참여하도록 제의해 왔다. 대학 강단을 벗어난 국민 경제교육이 필요하겠다고 느끼고 있던 터라 흔쾌히 수락했다. 2008년 11월에 첫 시험을 시행한 TESAT은 13회째를 맞으면서 매회 5,000명 이상이 응시하는 권위 있는 경제학 능력시험으로 확고한 지위를 구축했다. 유명 기업과 기관에서 신규 채용과 직원들의 소양 평가자료로 TESAT의 성적을 이용하고 있고, 2010년 11월에는 국가 공인 시험으로서 인정받기에 이르렀다.

〈한국경제신문〉은 사업 시작과 동시에 '이승훈 교수의 경제학 멘토링'이라는 과분한 제목의 경제학 교육 칼럼을 집필하도록 기회를 주었다. 아직도 스스로 경제학을 공부하는 학도임을 자처하는 터인지라 멘토링이라는 타이틀이 부담스러웠지만 약 2년 동안 경제 전반에 걸처 여러 가지 주제를 다룰 수 있었다.

'경제학 멘토링'은 학생과 일반 직장인 등 TESAT 시험 응시생들을 위한 칼럼이었던 만큼, 경제학 이론을 구성하는 미시경제학과 거시경제학의 기본 개념과 원리를 최대한 쉽게 설명해 보려고 노력했다. 경제학 전공자들보다는 고등학교 졸업 수준의 학력을 갖춘 일반인이 자습으로 경제학 지식을 공부하는 경우에 안내서의 역할을 할 수 있도록 기대하면서 집필하였다. 기본 개념과 이론은 교과서적으로 설명하면서도 그때그때 관련 있는 시사문제를 발굴하여 해당 이론에 맞추어 분석했다.

칼럼을 집필하는 동안 많은 분들의 격려를 받았다. 여전히 좀 어렵다는 지적과 함께 재미있다는 의견들이 많았다. 물론 재미없거나 무익하다고 느끼는 분들은 아무 말도 해주지 않을 것이므로 내가 받은 격려는 나 좋도록 편향된 것임을 잘 알고 있다. 그런데 적지 않은 숫자의 고등학생들이 많은 질문을 해왔다. 이들의 질문에는 일일이 이메일로 답을 해주고 싶었지만 아날로그 세대인 나로서는 좀처럼 쉽지가 않았다. 그러나 잇달아서 게재하는 칼럼에 어떤 형태로든 그 답을 반영해 보려고 애썼다. 질문한 학생이 다음 칼럼을 읽다가 스스로 자신의 질문에 대한 해답을 깨우치기를 기대한 것이다.

지난 2011년 7월 말 마지막 칼럼을 쓰고 나서 그동안 쓴 120편의 칼럼을 모아서 책으로 내기로 했다. 원래 칼럼은 독립적 단편으로 저술하였기 때문에 책의 편제를 염두에 두고 집필한 것은 아니었으므로 한 권의 책으로서 체계를 갖추기 위해 같은 내용을 다루는 글들을 끼리끼리 한데 묶어서 장별로 정리하였다. 자습을 돕는 역할을 기대한 만큼 책의 각 절에 등장하는 경제 전문용어는 그 뜻풀이를 한데 모아서 책 말미에 부록으로 수록하였다. 뿔뿔이 흩어진 단편들이나마 체계적으로 잘 정리하면 경제 전체의 모습을 쉽게 드러낼 것으로 기대하였지만 막상 해놓고 보니 별로 만족스럽지는 못하다.

　칼럼을 쓸 때와 책으로 펴내는 지금은 시차가 있는 만큼 칼럼의 시사문제에 대한 서술 내용이 현 시점에서 보면 수정해야 하는 경우가 많았다. 시사성 있는 사안을 설명하면서 인용한 사실관계와 통계자료는 오늘의 시점에 맞도록 최신 정보로 대체했다. 그러다 보니 '비정규직 문제'와 '양적 완화 문제'는 새롭게 시행된 비정규직법과 미국의 국가신용등급 강등과 연계하여 그 내용을 큰 폭으로 고치기도 했다. 어느 블로거가 지적한 사회보장성 지출의 통계적 오류도 시정하였고, 신문에 게재된 칼럼에서는 '통화'와 '총통화' 등 옛 용어로 기술했던 부분을 '협의통화'와 '광의통화'로 바꾸었다. 그밖에도 몇몇 문장의 표현을 다듬었다. 그동안 긴 시간 칼럼 게재를 허락해 준 한국경제신문사와 이 원고를 다듬어 책으로 출판해 준 출판사 터치아트에 감사의 말씀을 드린다.

2012년 1월

이 승 훈

차례

| 6부 | 금융과 국제수지

|7부| 세계화와 경제학

1부

시장경쟁, 어떻게 작동하는가

호가경쟁과
수요공급의 법칙

사람들의 생활에는 자원이 필요하다. 기본적 의식주는 물론이고 더 편하고 안락하게 살기 위해 사람들은 물자를 원한다. 이 물자를 재화라고 한다. 영화나 여행처럼 손에 잡히는 물자가 아니면서도 생활에 긴요한 형체 없는 것들도 많다. 이것들을 용역 또는 서비스라고 부른다. 재화와 용역을 생산하는 데 반드시 필요한 것이 자원이다. 각종 지하자원과 임·수산 자원, 그리고 인적 자원에 이르기까지 자원의 종류는 다양하다.

그러나 모든 자원은 특정 시점에서는 그 수량이 유한하다. 사람들에게는 재화와 용역이 많을수록 좋은데 자원은 항상 유한한 것이다. 이러한 자원의 특성을 희소성이라고 한다. 희소한 만큼 자원은 가장 필요한 용도에 알뜰하게 써야 한다. 자원을 알뜰하게 쓰는 개인은 헤프게 쓰는 사람보다 윤택하게 산다. 나라도 마찬가지다. 자원을 필요한 곳에 알뜰하게 쓰도록 된 나라는 번영하고 그렇지 못한 나라는 쇠락한다. 같은 자원을 쓰더라도 더 필요한 일을 하고, 같은 일을 하더라도 자원을 더 절약하면 일을 더 잘하는 것이다. 자원의 희소성은 사람들로 하여금 자원을 더 잘 활용하기 위해 그 용도를 선택하게 만든다.

그런데 정해진 수량의 자원을 사람마다 자신이 선택한 용도에 쓰겠다고 나서면 그 수량이 아무리 많더라도 결국 모자랄 수밖에 없다. 필요에 비해 자원의 수량이 모자라면 조정의 필요성이 제기된다. 어떠한 방식으로든 모자라는 자원을 용도별로 배정해야 하는 것이다. 계획경제에서는 국가가 나서서 자원을 배정하지만 시장경제에서는 경쟁에 맡긴다. 사람들은 서로 자원을 차지하기 위한 경쟁을 벌이는 것이다. 자원의 희소성은 사람들이 그 용도를 잘 선택하도록 몰아가고 자원의 부족은 경쟁을 유발하는 것이다.

경쟁에 아무 규칙도 없다면 시장은 약육강식의 정글법칙이 지배할 것이다. 시장경쟁은 호가경쟁의 규칙을 따른다. 남보다 더 높은 값을 지불하는 사람이 그 상품을 가져간다. 자기 소득을 더 많이 포기하겠다고 나서는 사람이 이기도록 안배하는 것이 시장경쟁의 규칙이다. 상품이 모자라 초과수요가 발생하면 사려는 사람은 더 높은 가격을 제시하며 경쟁한다. 반대로 초과공급이 발생하면 부족한 것은 상품이 아니라 판매 기회다. 기업은 판매 기회에 대하여 더 높은 가격을 제시하면서, 즉 상품 값을 인하하면서 경쟁한다. 만약 수요와 공급이 완전 일치하여 부족사태가 나타나지 않으면 경쟁은 일어나지 않고 상품은 그 가격에서 거래된다. 이것이 소위 수요공급의 법칙이다.

호가경쟁의 질서가 유지되는 시장은 약육강식의 정글이 아니다. 그러나 호가경쟁의 경쟁력은 결국 각자의 소득이다. 그렇다면 시장의 경쟁규칙은 결국 부자가 강자로 군림하는 규칙이다. 강자가 약자를 약탈하는 시장이라면 정글과 무엇이 다른가?

남을 위해 일해야
내가 이익을 얻는 시장경제

시장의 자원배분 원리는 '1인1표'가 아닌 '1원1표'의 원칙에 따른다. 이 원리를 영어로는 '달러 보팅(dollar-voting)'이라고 한다. 이처럼 시장 경제는 분명히 부자들이 더 큰 힘을 쓰도록 된 경제다. 시장경제가 민주주의 기본 원리인 '1인1표'를 버리고 황금만능주의에나 어울릴 법한 '1원1표'의 원칙을 따르는 까닭은 무엇일까? 결론부터 말하자면 시장에서 부자가 더 큰 힘을 쓰지 못하는 사회에서는 모두가 함께 가난해져 버리기 때문이다.

현대는 분업의 시대다. 로빈슨 크루소처럼 필요한 물자를 각자 스스로 생산 조달하는 자급자족시대가 아니다. 사람마다 생업으로 소득을 얻고 그 돈으로 시장에서 필요한 물자를 구입해 생활한다. 더 많은 물자를 구입하려면 소득이 그만큼 더 많아야 하기 때문에 사람들은 더 많은 소득을 얻기 위해 노력한다. 사람들이 자신의 생업으로부터 얻는 소득의 크기는 각자 무슨 일을 하는지에 달려 있다.

내가 하는 일의 성과를 원하는 사람들이 많으면 시장은 내 일을 비싼 값에 사 가고 나는 높은 소득을 얻는다. 내 일을 원하는 사람이

별로 없으면 내 소득도 낮다. 시장에서 높은 소득을 얻고 싶으면 많은 사람들이 원하는 일을 해야 한다. 사람마다 자신의 이익을 추구하지만 남을 위해 일해야 내가 이익을 얻는 곳이 바로 시장인 것이다. 뒤집어 말하면 시장에서는 내가 이익을 얻기 위해 남들이 원하는 일을 하는 것이다. 만약 내가 이익을 얻을 수 없다면 남들을 위해서 일할 까닭도 없다.

시장이 '1원1표' 대신 '1인1표'의 민주적 원칙을 따른다면 돈을 아무리 많이 벌어도 아무 소용이 없다. 남들이 원하는 일을 찾아서 열심히 해준 사람이나 아무 일도 하지 않은 사람이나 시장경쟁에서 우열이 없이 마찬가지기 때문이다. 세상이 원하는 일을 열심히 했는데도 아무 일도 하지 않은 사람에 비해 조금도 유리한 점이 없다면 누가 남을 위해 일할까? 민주주의적 '1인1표'의 원칙을 시장에 강요하면 사람들이 남을 위해 일할 유인을 잃는다.

'1원1표'의 시장원칙은 경제를 부자중심으로 운용한다. 부자가 온갖 부정한 방법을 동원해 재산을 축재했다면 이 원칙은 분명히 문제다. 그러나 시장에서 재산을 모으는 방법은 많은 사람들이 원하는 일을 찾아서 수행하는 것뿐이다. 그런데도 현실적으로 부정축재자가 많다면 그것은 허술한 법치가 책임져야 할 일이지 시장원칙을 나무랄 일이 아니다. '1원1표'의 원칙이 문제가 아니라 부정축재를 방치하는 치안이 문제이기 때문이다. 문제의 근원을 잘못 파악해 부자 중심의 '1원1표'를 폐기하고 민주적 '1인1표'의 원칙을 채택한 사회에서는 사람들의 근로유인이 소멸한다. 그리고 모든 시민이 근로유인을 잃은 사회는 함께 가난할 수밖에 없는 것이다.

가격상한제의
경제학

아파트 가격이 요즈음에는 여러 이유로 주춤하고 있지만 그래도 여전히 너무 높다는 것이 일반적 인식이다. 투기꾼들의 농간과 건설업자들의 폭리 추구 때문에 집 한 칸 구하려는 서민들만 죽어난다는 것이다. 여러 가지 대책이 제시된 바 있지만 분양가 상한제가 그 하나였다. 몇 년 전에 화제였던 분양가 공개도 결국은 분양가를 너무 높게 책정하지 못하도록 하자는 발상에서 제기된 것이다.

분양가를 시장균형가격 이하로 책정하면 초과수요가 발생하므로 추첨이 불가피하다. 분양만 받으면 더 높은 시가로 전매할 수 있으므로 실수요자가 아닌 사람까지 투자 목적으로 달려든다. 이래저래 아파트 분양 당첨은 매우 어려운 일이 되고 만다. 실수요자를 위해 분양가를 낮추어 주었는데 정작 투기꾼이 당첨되었을 수도 있다. 실수요자가 당첨되었더라도 내 집 삼아 장기 거주하기보다는 높은 값에 혹하여 전매해 버리기로 마음을 바꿀 수도 있다. 아파트를 시세에 분양하면 사람들은 건설업자가 폭리를 누린다고 비난한다. 그래서 분양가를 시세 이하로 낮추면 건설업자 아닌 당첨자가 시세와 분양가의 차이만큼 이익을 본다. 결국 이 차이를 건설업자가 누려야 하느냐 아니면 당첨자가 누려야 하느냐 하는 문제로 귀결된다. 분양가를 낮춘다고 아파트 값이 떨어지는 것도 아닌데 사람들이 굳이 분양가를 낮추라고 목소리를 높이는 것은 혹시 내가 그 차이를 누리는 횡재를 얻을 수도 있다는 기대 때문이리라. 비싼 물건을 싸게 사는 것을 싫어할 사람은 없다.

그러나 비싼 물건을 싸게 산다면 산 사람은 좋지만 이 물건을 만드는 사람은 시큰둥하다. 비싼 물건의 값이 비싼 까닭은 많은 사람들이 이것을 사자고 몰려드는데 공급이 부족하기 때문이다. 물건이 모자라서 값이 오르면 이 물건을 만들어 파는 사업의 수익성이 좋아진다. 생산자는 신이 나서 생산을 확대하고 이 물건을 생산하지 않던 사업자까지 생산에 가세하여 공급을 늘린다. 이렇게 공급이 늘어나야 가격도 점차 낮아지는 것이다. 그런데 처음부터 정부가 나서서 가격의 상한을 정해 버리면 생산자들은 별로 남지도 않는데 이 물건을 더 만들 신명도 나지 않는다.

특정 아파트 값이 비싼 것은 기본적으로 그런 아파트 물량이 부족하기 때문이다. 이 문제를 해소하려면 해당 아파트의 공급을 확대하는 것이 정확한 해법이다. 그런데 아파트 건설업자들을 시큰둥하게 만들면 공급이 충분히 늘어날 리 없고 따라서 아파트 값이 낮아지기 어렵다. 아파트 값 안정을 목표로 한다는 분양가 상한제가 오히려 아파트 값을 올리는 원인이 된다. 최근 전국적으로 아파트 미분양 사태가 발생한 것은 부동산 세제가 바뀌는 과정에서 불확실성이 증폭되고 이에 금융위기가 가세하여 구매의욕을 위축시켰기 때문이다. 수도권, 특히 서울 강남의 중대형 아파트는 사람들의 소득이 계속 높아지는 한 값이 낮아지기 어렵다. 분양가 상한제를 정비해야 하는데 여론이 동의하지 않으니 딱하기만 하다.

가격신호를 이용하는
시장의 분업주도

현대의 생산방식은 분업이다. 분업이 가장 효율적인 노동방식이기 때문이다. 근로자의 작업배치는 공장의 분업체계에 따라서 결정되고 공장 전체의 생산활동은 사회적 분업체계 내 한 부문의 활동이다. 핀 공장의 근로자들은 자신에게 맡겨진 일만 하는데 각자의 일이 모여서 핀을 만들어 낸다. 그리고 각각 몇 개의 상품만 생산하는 공장들이 모여서 사회 전체가 필요로 하는 모든 상품을 생산해 낸다.

그런데 개인이 각자 자기 일에만 몰두하는 분업은 공장 또는 사회 전체적 시각에서 적절히 조율돼야 효능을 발휘한다. 예컨대 핀 공장에서 끝을 뾰족하게 가는 일을 맡은 사람이 게으름을 피우면 철사 줄을 자르는 사람이 아무리 부지런을 떨어도 핀 생산량은 감소한다. 핀 공장에서는 공장장의 지휘와 명령이 조정 역할을 담당한다.

핀 공장의 분업과는 달리 사회적 분업에서는 조정 역할을 담당하는 사람이 따로 없다. 누가 업무를 배정해 주기 전에 각자 자기 생업을 구하여 일하고 각 공장은 스스로 생산물을 결정하여 생산한다. 어느 부문이 부진하더라도 핀 공장처럼 채근하는 공장장도 없다. 그런데도 시장에 가면 그럭저럭 생활에 필요한 물자를 구할 수가 있다. 도대체 사회적 분업은 어떻게 조정되는 것일까?

시장경제의 사람들은 일의 대가로 돈을 받고 그 돈으로 생활한다. 그러므로 누구나 많은 대가를 주는 좋은 일을 하고 싶어 한다. 문제는 좋은 일거리가 적다는 점이다. 하고 싶은 사람은 많은데 일거리가 적으면 경쟁이 벌어진다. 시장경제의 경쟁은 그 일을 감당할 수 있는 사람들 중에서 더 적은 대가로도 일하겠노라고 나서는 사람이 결국 그 일거리를 차지하도록 유도한다. 그리고 경쟁에서 탈락한 사람들은 그보다 못한 다른 일거리를 찾아 나서야 한다. 이것이 바로 시장경쟁의 생업 배정방식이다.

기업이 물자를 만들어내면 사람들은 이것을 시장에서 구입한다. 시장경쟁은 사겠다는 물량이 더 많은 상품의 값은 올리고 반대로 팔려는 물량이 더 많은 상품의 값은 내린다. 그 결과 팔고 사겠다는 물량이 서로 정확히 일치하는 수준에서 가격이 정해지고 상품은 이 가격에서 사가는 사람들에게 배정되는 것이다.

만약 사람들이 어떤 상품을 더 이상 원하지 않게 되면 시장은 그 가격을 뚝 떨어뜨린다. 생산비도 못 건질 정도로 가격이 떨어지면 그 상품을 만들던 공장은 폐업해야 하고 근로자들은 일거리를 잃는다. 반대로 시장이 환영하는 신상품이 개발되면 초과수요가 그 상품의 값을 올리고 새 일거리가 생겨난다. 가격은 이처럼 사람들이 무슨 일을 해야 하고 무슨 일을 하지 말아야 하는지 알려주는 신호등 역할을 한다. 시장은 바로 이러한 가격신호에 의하여 사회적 분업을 주도하는 것이다. 이처럼 시장에는 공장장이 없어도 분업의 조정이 이루어지는데 애덤 스미스(Adam Smith, 1723~1790)는 이것을 '보이지 않는 손'이라고 불렀다.

가격신호를 왜곡하고
거부하면

시장경쟁은 상품이 모자라면 값을 올리고 남아돌면 값을 내리는 방식으로 가격을 정한다. 이 가격결정 방식은 결국 소비자들이 상품의 필요성과 유용성을 투표로 결정하도록 이끈다. 어떤 상품이 필요하면 공급원가보다 더 높은 수준의 가격을 정해주고 매우 유용하다면 값을 더 높게 처주어 증산을 유도한다. 반대로 필요성이 소멸한 상품의 값은 공급원가 이하로 낮추어 퇴출을 유도하는 것이다. 그러므로 시장가격을 소비자들의 투표 결과와 다르도록 왜곡한다면 자원배분의 질서가 교란될 수밖에 없다. 자원은 필요 없는 상품의 생산에 낭비되고 정작 요긴한 물자는 자원을 못 구해 공급하지 못한다.

사회주의경제는 시장경쟁을 배제하므로 그 가격체계는 국가가 결정한다. 과거 모든 공산국가들은 '생필품은 싸게, 사치품은 높게'라는 표어를 가격정책의 기본으로 삼았다. 시장경제라면 그 결과 생필품은 모자라고 사치품은 남아돌도록 공급이 결정되었겠지만 계획경제였던 만큼 국가기업은 생필품 생산의 손실을 감수하고 이익이 나더라도 사치품 생산은 줄이는 생산체제를 유지했다. 그러나 사회주의체제라도 자원을 소모하는 기업은 제품 판매를 통해 비용을 회수해야 존속할 수 있다. 이익의 기회는 외면하고 손실의 의무만 감수하는 사회주의 국가 기업체제가 지속가능할 리 없었다.

과거 정부는 농민들로부터 높은 값으로 양곡을 수매해 도시민들에게 싼값으로 판매하는 이중곡가(二重穀價)제도를 시행했다. 농민들의 쌀농사에는 소득을 보조해 주고 도시민의 생계에도 도움을 주자는 발상이었다. 우루과이라운드 이후 조만간 쌀 개방이 불가피한 상황인데 이중곡가제도는 대규모 재정적자를 유발하면서 자원을 쌀농사에 계속 배정함으로써 우리나라의 쌀농사 중심적 농업구조는 더욱 강화되고 있었다. 결국 재정적자를 감당하지 못한 정부는 이중곡가제도를 포기했다. 농촌에 대한 가격정책이 가격신호를 왜곡하는 일은 세계도처에서 볼 수 있다. 멕시코 정부는 비료를 싸게 팔고 사탕수수는 비싸게 수매하는 농민 보호적 가격정책을 시행하기 위해 비료공장과 제당공장에 방대한 규모의 보조금을 제공했다. 멕시코 경제가 고전하는 것은 결코 우연이 아니다.

우리나라의 산업용 전기요금은 공급원가의 90%정도 수준으로 유지되어 왔다. 국가경제를 이끄는 산업용 전력은 매우 필요한 것이고 전력산업이 시장으로 작동했다면 요금은 당연히 원가 이상으로 책정되어 왔을 것이다. 그러나 전력산업은 독점 공기업 한국전력 체제로 운영되어 왔고 정부는 제조업을 돕기 위해 산업용 전기요금을 낮게 책정해 왔다. 그 결과 한국은 GDP 1,000달러 생산에 세계에서 가장 많은 전력을 소비하는 전력 낭비국이 되어 있다. 앞에서 살펴본 아파트 분양가 상한제도 가격신호를 왜곡하는 사례다. 아파트 공급에 자원을 필요한 만큼 배정하지 못하게 하는 분양가 상한제는 결국 아파트 가격을 높게 만드는 부메랑으로 되돌아온다.

생업의 권리,
생산적 생업

각자 생업에 종사하면서 소득을 얻고 그 소득으로 다른 생업의 생산 제품을 구입해 살아가는 것이 시장이 주도하는 사회적 분업의 생활방식이다. 시장이 원하는 생업은 안정된 소득을 얻지만, 외면하는 생업은 소득을 보장받지 못한다. 사람들의 필요를 충족하는 생산적 생업은 시장이 원하는 생업이고, 외면하는 생업은 자원만 낭비하는 비생산적 생업이다. 끊임없이 새로운 생산적 생업들이 등장하였고, 이들에 밀린 기존 생업들은 비생산적 생업으로 전락하고 소멸해 갔다.

그 와중에서 생업을 잃은 개인은 항상 새로운 생산적 생업을 찾아서 옮겨가야 한다. 불경기의 총수요 감소는 단기적이나마 많은 생업활동을 비생산적으로 만들어 실업자를 양산한다. 재정지출 확대는 결국 사람들이 사주지 않는 물량을 정부가 대신 구입함으로써 생산과 고용 수준을 유지하자는 정책이다. 시장신호가 접도록 권하는 생산을 오히려 부추기므로 총수요관리정책은 기본적으로 반(反) 시장적이다.

실직자가 되어 익숙한 생업을 버리고 새로운 생업을 찾는 일은 누구에게나 고통스럽다. 동병상련(同病常鱗)의 인지상정(人之常情)은 이심

전심으로 통하여 기존의 생업을 기득권으로 인정해야 한다는 사회적 공감을 형성한다. 총수요관리정책이 생업을 기득권으로 인정한다고 말하면 지나치지만 고용보호법과 같이 생업을 권리로 대우하는 조치가 실제로 시행되는 경우는 적지가 않다. 농업의 신토불이(身土不二)와 영세상인의 전통형 유통업에 대한 사회정치적 지지 정서도 본질은 마찬가지다.

만든 제품이 팔리지 않으면 어떠한 생산활동도 생업으로 존속할 수 없다. 권리로 인정한 생업이 존속하기 위해서는 그 제품이 어떻게든 팔려나가야 한다. 시장이 구매를 거부하면 정부라도 나서서 사주어야 하는 것이다. 시장신호가 특정 생업을 접도록 권고하는데도 정부가 그 제품을 사주면 그 생산활동은 사람들의 필요충족과는 무관한데도 그대로 지속된다. 생업을 종사자들의 기득권으로 인정하면 자원을 낭비하는 비생산적 생업이 증가하는 것이다.

생업의 소임은 사람들이 값을 지불하고 사가는 상품을 생산하는 일이다. 그 소임을 다하는 생산적 생업은 소득을 누리면서 존속하지만 그렇지 못한 비생산적 생업은 소멸하는 것이 순리이다. 해오던 생업을 접고 새 일을 찾는 일이 고통스러워도 시장이 외면하는 생업을 언제까지나 그대로 존속시킬 수는 없는 일이다. 물론 총수요확대정책으로 단기적 고통을 줄이고 고용보험으로 실업자들을 도와주는 일도 필요하다. 그러나 고용정책의 핵심은 새로운 생산적 생업이 나오도록 투자를 장려하고 사람들이 쉽게 새 생업을 찾도록 알선하는 것이어야 한다.

생업은
누가 결정하는가?

국민정서의 주류는 중소기업형 '포장마차' 사업까지 넘보는 대기업을 곱게 보지 않는다. 한때 폐지되었지만 몇몇 업종을 중소기업의 영역으로 지정하고 대기업의 해당 업종 진출을 금지하는 방안이 동반성장 방안으로 거론된다. 대기업과의 경쟁을 견디지 못하는 중소기업들을 보호한다는 것이 그 명분이다.

대기업의 '포장마차'가 문제되는 것은 소비자들이 대기업의 '포장마차'를 더 많이 찾기 때문이다. 사람들이 외면한다면 아예 문제 삼을 일도 아니다. 사람들은 스스로 대기업의 '포장마차'를 더 많이 애용함으로써 문제를 만들어 놓고, 다른 한편으로는 중소기업들이 살아갈 기회마저 박탈한다고 대기업 독식체제를 규탄한다.

그런데 소비자는 각자 필요하기 때문에 상품을 구입할 뿐 상품 생산자나 상점을 도와주는 일에는 관심이 없다. '포장마차'만 해도 소비자들은 분위기와 서비스가 더 좋고 값이 저렴한 포장마차를 찾을 뿐이다. 중소기업 '포장마차'가 고전한다면 그 까닭은 서비스나 가격에서 불리하기 때문이다.

시장경제는 '포장마차' 사업을 누가 할 것인지를 소비자들이 결정하도록 하는 경제이다. 정부가 경쟁력 강한 대기업 '포장마차'를 금지하면, 소비자들에게 나쁜 서비스를 더 비싼 값에 사도록 강요하는 셈이다. 대기업이라고 해서 모든 것을 다 잘할 수는 없지만 본업 이외에 '포장마차' 사업까지도 잘 감당할 수 있고, 소비자들도 대기업 '포장마차'를 환영한다면 정부가 나서서 금지할 이유가 없다.

군소 '포장마차'가 대기업 '포장마차'에 의하여 퇴출당한다면 그 주인은 다른 생업을 찾아나서야 옳다. 경쟁력 강한 대기업 '포장마차'에 취업할 수도 있을 것이다. 정부가 반소비자적 대중 정서에 영합하면 '중소기업 고유 업종' 형태의 반시장적 조치에 함몰되기 쉽다. 정부의 임무는 퇴출되는 사람들이 경쟁력을 발휘할 수 있는 다른 생업을 쉽게 찾을 수 있도록 재훈련과 취업알선 등을 강화하는 일이다.

때마침 정부는 공정사회의 슬로건을 내세우면서 대기업과 중소기업 간의 상생을 권장하는 중이다. 대기업이 하도급거래관계의 우월적 지위를 악용하여 경쟁력 있는 중소기업을 부당하게 압박하면 경쟁의 공정성이 무너진다. 그러나 경쟁력 있는 '포장마차' 경영으로 경쟁력 약한 중소기업의 '포장마차'를 압박하는 것은 공정한 경쟁을 실천하는 일이다.

시장의 공정경쟁은 대기업이든 중소기업이든 경쟁력 우수한 기업에게 보상할 뿐이다. 중소기업도 살아야 한다는 윤리강령은 언뜻 타당하게 들리지만, 경쟁력 없는 중소기업까지 살아야 한다는 선까지 이르면 시장경제의 공정경쟁에도 어긋난다.

진입장벽과
협상력

거래를 원하는 사람이 시장에 참여하지 못하도록 제한하는 요인들을
총괄하여 진입장벽이라고 한다. 진입장벽의 유형에는 두 가지가 있다.
하나는 내가 원하는 거래조건으로 거래하려는 사람이 애초에 없기 때
문에 시장에 진입할 수 없는 경우의 장벽이다. 다른 하나는 그렇게 거
래하려는 사람이 있는데도 그 사람에게 접근하지 못하도록 가로막는
진입장벽이다. 전자의 진입장벽은 문제될 것 없지만 후자는 부당하다.
부당한 진입장벽은 시장경쟁의 공정성을 훼손하여 가격을 왜곡한다.

　　현실의 시장에서는 많은 사람들이 모여서 거래하기도 하지만 그
렇지 않은 경우도 적지 않다. 단 두 사람 간의 협상, 한쪽은 한 사람이
지만 반대쪽은 여럿이 경쟁하는 입찰이나 독점, 그리고 양쪽 모두에
여러 사람들이 서로 경쟁하는 일반 시장거래 등 현실 상거래에서 사람
들이 경쟁하는 모습은 매우 다양하다.

　　그러나 이 다양해 보이는 경쟁의 모습은 사실은 동일한 경쟁이 시
장 상품별로 다양한 진입장벽에 의해 각기 다른 모습으로 표출된 것일
뿐이다. 두 사람 간 협상은 양쪽 모두에 진입장벽이 있는 경우이고 독

점은 판매 측에 진입장벽이 있는 경우이다. 양쪽 다 여러 사람이 경쟁하는 거래에서도 부분적으로나마 진입을 제한하는 장벽이 다양한 형태로 존재하는 경우가 허다하다.

진입장벽이 존재하는 쪽의 협상력은 그만큼 강하다. 상대방이 나 이외의 다른 대안에 접근할 수 없거나 접근이 제한되기 때문이다. 내가 파는 물건이 꼭 필요한 사람은 나보다 더 싸게 파는 사람을 찾지 못하거나 찾더라도 접근할 수 없으면 내가 값을 비싸게 불러도 내게서 살 수밖에 없는 것이다. 그러므로 현실의 시장에서 사람들은 나름대로 진입장벽을 구축해 자신들의 협상력을 높인다. 호가경쟁의 규칙에 맞게 협상력을 강화하는 데에는 나 이외의 대안을 가급적 배제하는 진입장벽 구축이 가장 효과적이다.

활발한 연구 개발로 기술력의 우위를 확보하거나 꾸준히 좋은 제품을 공급함으로써 좋은 평판을 구축해 놓으면 진입장벽이 자연스럽게 형성된다. 분명히 경쟁 사업자의 진입을 막고 나의 협상력을 강화하는 진입장벽이지만 이것은 정당한 경쟁의 성과라고 봐야 한다. 그러나 경쟁 사업자들에 대한 필수원료의 공급을 거부함으로써 구축하는 진입장벽은 부당한 것이다. 평판 좋은 필수 상품에 내 상품은 끼워팔면서 경쟁자의 상품을 구입하는 사람에게는 필수 상품의 판매를 거부하는 경우도 있다. 이렇게 구축된 진입장벽도 정당한 것이 아니다.

사람들이 자발적으로 내 경쟁자와의 거래를 마다하고 나하고만 거래하려 한다면 나는 정당한 경쟁에서 이긴 것이다. 그러나 내 조건대로 나와 거래하려는 사람이 있는데도 그 사람에게 접근할 수 없게 만드는 진입장벽은 시장경쟁을 훼손한다. 공정한 시장경쟁은 부당한 진입장벽이 협상력을 남용하지 못하도록 막아야 가능하다.

비정규직의
경제학

시장 임금이 10인데 어느 기업이 노조의 요구로 급여를 15로 인상한다면 11이나 12라도 받고 일하겠다는 외부근로자들이 몰려올 것이다. 그러나 인력이 더 필요하지도 않고 기존 직원들을 교체할 수도 없기 때문에 낮은 임금도 좋다는 외부 근로자를 채용하지 못한다. 시장경쟁을 훼손한 노조나 다른 제도적 이유 때문에 기존 직원들만 15를 받고 일할 뿐이다.

근로자로 하여금 자신의 업무능력을 향상시키는 데 노력하도록 만드는 가장 강력한 유인은 시장경쟁이다. 나보다 우수한 경쟁자가 나보다 낮은 임금으로도 일하겠다고 나설 때 내 일자리가 보장되지 않는다면 나는 업무능력 개선에 부단히 노력하지 않을 수 없다. 그러나 더 낮은 임금에도 일하겠다는 동급 근로자들이 있어도 나의 고임금 일자리가 보장된다면 나는 굳이 내 업무능력을 향상시키려고 노력하지 않아도 된다. 근로자들이 이렇게 안이하면 노동생산성은 부진할 수밖에 없고 기업은 노동생산성이 높은 근로자들을 찾아서 다른 나라로 옮겨간다. 기업이 옮겨가면 일자리가 줄어들고 전체 근로자들의 형편은 오히려 더 나빠진다. 이처럼 사업이 잘 되었다고 직원들의 임금을 시장임금보다 더 높게 책정하고 번 돈을 나누어 주는 것이 반드시 바람직한 것만은 아니다.

2011년 하반기에 우리나라 임금 근로자는 1,751만 명인데 그중 34.2%에 이르는 약 599만5,000명이 소위 비정규직이다. 비정규직 근로자들은 정규직 근로자들보다 낮은 임금을 받고 의료보험이나 국민연금 가입율이 정규직의 1/3에 불과한 가운데 계약기간 종료 후 아무도 재계약을 보장해 주지 않는다. 같은 근로자이면서도 정규직보다 훨씬 열악한 근로조건을 감수해야 하는 비정규직 근로자들의 시름은 현재 한국 노동시장의 가장 우울한 모습이다. 그런데 비정규직 문제는 우리 노동시장의 특이한 진입장벽에서 비롯한다. 근로기준법은 기업이 일반직원을 함부로 해고하지 못하도록 규정하고 있는데, 이렇게 고용보호를 받는 직원이 정규직이다. 반면 고용계약에 고용기간을 명시하고 채용된 근로자가 비정규직이다. 기업은 정규직 직원이 시장임금보다 높은 임금을 요구해도 이 직원을 해고하고 외부 인력으로 대체할 수 없다. 그렇기 때문에 정규직 근로자들은 자신들의 임금을 시장임금보다 더 높은 수준으로 관철시킬 수 있다. 고용보호법 조항은 일종의 진입장벽을 형성하여 정규직 근로자의 임금 협상력을 높여준다.

따라서 기업은 기간제 비정규직 고용을 선호한다. 논란 끝에 제정된 최근의 '비정규직법'은 비정규직 근로자를 채용하여 2년이 경과한 뒤에 재고용하려면 반드시 정규직으로 채용하도록 규정했다. 그러나 올바른 해법은 부당해고를 엄금하고 모든 근로자에게 의료보험과 퇴직연금을 보장하면서 고용보호법제를 폐지하는 것이다. 노동시장의 경쟁이 활성화되면 노동생산성이 오르면서 투자가 늘고 임금과 근로조건, 그리고 고용안정성이 함께 개선될 것이다.

개인의 과욕과
시장의 복수

재산권 보호와 무관한 정부의 시장 개입은 반드시 부작용을 빚는다. 소위 '시장이 복수하는(Market strikes back)' 것이다. 그런데 '시장의 복수'는 정부의 부당한 개입뿐만 아니라 개인들의 과욕도 응징한다. 가격을 정하고 거래를 촉진하는 시장경쟁은 더 비싸게 팔고 더 싸게 사려는 개인행동들로 이루어진다. 대부분의 사람들은 경쟁의 결과를 승복하므로 각자의 경제생활은 시장이 이끄는 대로 펼쳐진다. 빌 게이츠는 길바닥의 100달러짜리 지폐를 줍는 대신 그 시간에 일을 하면 더 많은 돈을 번다고 한다. 누구나 그렇게 벌고 싶지만 시장은 빌 게이츠가 하는 일에 대해서만 그 많은 돈을 대가로 지불한다. 시장의 처사가 못마땅하여 항의하는 뜻에서 일하기를 거부한다면 그 기간 동안 한 푼도 못 벌 뿐이다.

　더 많은 로열티를 바라고 특허의 면허를 거부하는 '역(逆)공유자산의 비극'(3부 40절 참조)도 그 본질은 특허권자의 고집이다. 특허권자는 독점 공급자인 만큼 자신의 고집스런 과욕이 결국 관철될 것이라고 믿는다. 서로에게 유리한 교환에 참여하여 이익을 실현하는 것이 시장경제의 순 기능인데, 누군가가 지나치게 과욕을 부려 거래를 무산시키면 어느 누구도 이익을 거두지 못하는 결과로 끝나고 만다. 개인의 과욕에 대한 시장의 응징이라고 할 수 있다.

최근 파산 지경에 내몰린 어느 자동차 회사 노조원들이 정리해고를 거부하고 집단 농성을 벌였다. 구체적인 사정이야 어떻든 결국 회사가 현재의 상태로도 견딜 수 있을 만큼 그 제품이 충분히 팔리지 않는 것이 문제였다. 회사에 대한 시장의 요구는 조직을 축소하여 경비를 절감하거나 사람들이 더 많이 사도록 품질을 높이라는 것이다. 당장의 품질 혁신이 쉬운 일이 아닌 만큼 회사는 정리해고를 선택했다. 그런데 노조원들은 시장의 뜻을 거부하고 정부의 공적 자금 지원을 요구했다. 어려운 기업마다 공적 자금을 투입하는 경제는 이미 시장경제가 아니다. 기업이 어렵다면 그 까닭은 이 기업의 현재 활동 방식을 시장이 더 이상 전처럼 용납하지 않기 때문이다. 달라진 사람들의 요구를 무시하고 옛날식 생산만을 그대로 고수하던 사회주의 계획경제는 세계가 주시하는 가운데 무너졌다. 지난 세기말 공산권의 대붕괴는 사상 최대의 '시장의 복수'였다.

수요 침체로 물건이 안 팔려도 기업들이 생산을 줄일지언정 값 인하를 거부하고, 실업이 넘쳐나도 근로자들이 임금 인하를 거부하면 가격은 경직화하고 '수요공급의 법칙'은 무력해진다. 파는 사람들이 여럿이라도 어려워진 여건을 무시한 채 그동안 받아오던 대접을 그대로 받겠다고 암묵적으로 담합하면 얼마든지 일어날 수 있는 일이다. 개인 간 암묵적 담합이 경쟁을 무력화하면 그 효과는 정부의 부당한 가격하한 설정과 다를 바 없다. 케인스의 설명대로 공황은 가격 경직성 때문에 지속되는데 그 본질은 시장의 뜻을 거스르고 전처럼 계속 높은 값을 받으려는 개인들의 탐욕에 대한 '시장의 복수'인 것이다.

공정거래와
카르텔

시장거래는 공정하게 이루어져야 한다. 사고파는 사람은 서로 속이지 말고 공정한 대가를 주고받아야 하며 계약 이행이 차질을 빚을 때에도 일을 공정하게 해결해야 한다. 그런데 공정함의 구체적 내용이 문제다. 철이네 공장에서는 바지를 제조하는데 이 바지가 어느 수준의 값으로 팔려야 공정한가?

철이네 바지는 처음에는 같은 용도의 다른 회사 바지와 마찬가지로 한 개에 2만 원에 팔리고 있었다. 그러나 품질과 디자인이 호평을 받으면서 주문이 몰려들었고 철이네 바지는 공장을 완전가동해도 주문을 소화할 수 없는 지경에 이르렀다. 결국 물량을 얻지 못한 사람들이 더 높은 값에라도 사겠다고 나서는 통에 철이네 바지는 다른 바지보다 5배나 비싼 10만 원의 값으로 팔리고 있다. 생산 원가는 전과 마찬가지인데 2만 원 하던 바지가 10만 원짜리로 그 값이 올라버린 것이다. 이렇게 올라버린 가격 10만 원은 공정한 가격일까?

다른 바지는 2만 원에 팔리는데 철이네 바지만 10만 원에 팔리는 까닭은 철이네가 강요했기 때문이 아니라 소비자들이 그 값을 내고도 자발적으로 사가기 때문에 형성된 것이다. 그러므로 바지 가격 10만 원을 불공정한 가격이라고 말할 수는 없다. 철이네 바지에 대한 소비자들의 평가가 다른 회사의 바지보다 월등하게 좋으면 그 가격은 공정한 경쟁을 거쳐서 높게 결정되는 것이다.

그런데 철이네 바지가 다른 회사의 바지와 같은 평가를 받을 정도로 평범한 품질이더라도 10만 원의 가격을 받아낼 수 있는 방법은 있다. 수요의 법칙에 따르면 사람들은 바지 값이 오르면 덜 사고 내리면 더 산다. 이 사실은 모든 바지생산업자들이 일제히 공급량을 줄이면 바지 값이 올라가고 늘이면 내려감을 뜻한다. 만약 모든 바지생산업체들이 모여서 바지 값이 10만 원으로 유지되도록 공급량을 줄이기로 합의한다면 바지 가격은 10만 원으로 실현되고 어느 누구도 합의사항을 위반하지 않는 한 그대로 유지된다. 그렇다면 이때의 가격 10만 원은 공정한 가격일까?

바지생산업체들이 모여서 가격을 올리기 위해 공급량을 줄이기로 합의하면 사업자들 간의 시장경쟁은 소멸한다. 이처럼 경쟁을 없애고 책정한 가격 10만 원은 공정한 시장경쟁을 통해서 형성된 가격이 아니기 때문에 공정한 가격이 아니다. 일반적으로 사업자들이 합의하여 시장경쟁을 없애는 행위를 담합(collusion) 또는 카르텔(cartel)이라고 한다. 담합은 시장경쟁을 부당하게 제한하는 행위이기 때문에 세계 각국은 예외 없이 법으로 금지하고 있다. 우리나라에서는 담합에 참여한 사업자들에게는 벌칙으로 과징금을 부과한다. 그러나 미국에서는 징역형과 같은 형사처벌까지 함께 부과한다. 미국 반도체시장의 담합에 참여한 우리나라 반도체 수출업체의 임원도 미국에서 징역형을 산 적이 있다.

기업합병과 카르텔

기업들이 경쟁을 제한하기 위해 자주 이용하는 전형적 방법에는 담합 이외에도 기업합병(merger)이 있다. 모든 바지생산업자들이 하나의 기업으로 합병해 버리면 기업 간 경쟁은 사라지고 합병기업은 바지시장을 독점하게 된다. 독점시장에서는 독점 판매기업이 가격을 책정하므로 2만 원 하던 바지를 10만 원에도 판매할 수 있는 것이다. 단 바지가격을 10만 원으로 인상하면 바지 판매량의 감소를 감수해야 한다.

독점기업은 바지 가격을 바꿀 때 판매량이 어떻게 변하는지를 고려하여 이윤이 최대가 되도록 가격을 책정하는데 이 가격을 독점가격이라고 부른다. 일반적으로 독점기업은 무조건 값을 올리려고만 한다고 아는 사람들이 적지 않다. 그러나 바지 값을 12만 원으로 올리면 판매량이 너무 많이 줄어들어 가격 10만 원 때보다 기업이윤이 더 적을수 있다. 이러한 경우에는 독점가격은 12만 원보다는 낮게 책정된다.

기업합병을 통한 독점은 기업 간 경쟁을 없애고 상품 가격을 인상한다는 점에서는 담합과 다를 바 없다. 그러나 각 개별 기업이 가지고 있던 생산경험과 재능을 통합하면 시너지(synergy)효과를 유발하여 생산 효율성을 개선할 수도 있다. 경쟁을 없애는 '반경쟁성 효과'와 효율성을 높이는 '효율성 효과'가 함께 나타나는 것이다. 효율성 개선효과가 반경쟁성 효과를 능가하는 기업합병은 사회적으로 오히려 바람직하다고 볼 수 있다. 반면에 어떠한 시너지 효과도 기대할 수 없는 카르텔은 오직 반경쟁성 효과만 유발할 뿐이다.

따라서 카르텔은 담합의 증거만 확보되면 '당연위법(per se illegal)'으로 유죄처리된다. 그러나 당연위법 처리 관행이 처음부터 도입되었던 것은 아니다. 초기에는 가격인상의 담합도 기업 간 계약이라고 보았기 때문에 계약서를 작성하고 카르텔을 결성하는 '명시적 담합(explicit collusion)'이 성행하였고, 영국의 경우에는 법원이 이 계약을 보호하기까지 했다. 그러나 사회가 담합의 폐해에 대해 눈뜨기 시작하면서 카르텔을 처벌하기 시작하였는데 그 결과 처벌을 피하기 위해 서로 명시적으로 협의하는 절차를 우회한 채 눈치만으로 담합하는 '암묵적 담합(implicit collusion)'이 성행하고 있다.

반면에 기업합병에 대해서는 사안별로 효율성 효과와 반경쟁성 효과를 비교분석할 필요가 있다. 각국은 모든 기업합병을 사전에 신고하도록 하여 심의한 다음에 효율성 효과가 더 큰 합병만 허용하는 합리원칙(rule of reason)에 따라서 기업합병을 처리한다.

효율성 효과를 기대할 수 없는 카르텔의 당연위법 처리 원칙에도 예외는 있다. 노동조합은 분명히 노동자들의 카르텔이지만 세계 각국은 카르텔 금지 대상에서 제외하고 있다. 사용자에 비해 교섭력이 열악한 노동자들을 배려하는 노동3권을 인정하기 때문이다. 또 수출업체들이 해외시장을 겨냥하여 결성한 수출 카르텔을 허용하는 나라도 적지 않다.

시장지배적 지위의 남용

어느 시장의 공급을 한 기업이 전담하고 있으면 독점(monopoly)이라고 하고 몇 개의 대기업들이 분점하고 있으면 과점(oligopoly)이라고 한다. 독과점시장의 특징은 공급기업(들)이 공급량을 조절해 상품가격을 경쟁시장의 가격보다 더 높게 책정할 수 있다는 점이다. 이렇게 시장가격에 영향력을 행사할 수 있는 독과점공급자를 시장지배적 사업자라고 부른다. 시장지배적 사업자가 시장지배적 지위를 이용해 자신의 이익을 도모하는 행태에는 크게 두 가지 유형이 있다. 첫 번째는 소비자들보다 우월한 협상력을 행사하여 독과점가격을 책정하는 행동이며, 두 번째는 라이벌 기업들의 시장진입을 방해하고, 진입하더라도 부당하게 압박하고 심지어 퇴출까지 유도하는 행동으로서 결국 시장지배적 지위의 취득, 유지, 그리고 강화를 목적으로 한다.

시장지배적 사업자의 협상력은 시장지배적 지위에서 나온다. 그러므로 시장지배적 지위를 정당하게 취득했다면 그 협상력도 정당한 것이고, 독과점가격이라도 정당한 협상력으로 얻어낸 것이라면 부당하다고 말하기는 어렵다. 가령 남들이 못한 신기술 개발로 시장을 독점하고 책정한 독점가격을 부당하다고 비난할 수는 없다. 그러나 나보다 더 유능한 라이벌 사업자가 필수원료를 구입하지 못하도록 방해하거나 라이벌 사업자의 제품을 구매하지 말도록 구매자들을 압박하여 취득한 나의 시장지배적 지위는 결코 정당한 것이 아니다.

예컨대 내가 필수원료 생산기업을 '수직적 통합(vertical integration)'으로 인수한 다음 외부공급을 거절하면 라이벌 사업자는 필수원료를 달리 조달해야 한다. 그러나 기술적으로 불가능하거나 가능하더라도 엄청난 자금을 투자해야 한다면 라이벌 사업자는 감당하지 못한다. 이런저런 이유로 조달이 불가능하면 라이벌 사업자는 나보다 더 유능하더라도 내가 독점공급하고 있는 상품을 생산할 수 없으므로 나는 시장지배적 지위를 유지할 수 있다.

내 상품은 반드시 내가 독점적으로 생산하는 다른 상품 X와 함께 사용해야 한다고 하자. 이 경우 내가 내 상품을 구입하는 구입자에게만 X를 판매하는 '끼워팔기(tying-in)'전술을 사용하면 라이벌 사업자는 내 상품시장에 진출할 수 없다. '수직적 통합'이나 '끼워팔기'는 라이벌 사업자의 시장접근을 봉쇄하는 '시장차단(market foreclosure)' 행위로서 나의 시장지배적 지위를 부당하게 유지할 수 있도록 만든다. 시장차단은 보통 한 시장의 지배적 지위를 남용하여 다른 시장의 지배적 지위를 부당하게 얻는 방법이다.

또 나의 자금력이 풍부하다면 나는 상품가격을 한동안 원가 이하로 책정하는 '약탈가격책정(predatory pricing)'의 전술로 라이벌 사업자들을 퇴출시킬 수도 있다. '약탈가격책정'은 지배적 지위를 남용하여 시장을 독점화하려는 행동이다. 각국의 공정거래법은 '시장차단'과 '약탈가격책정'을 모두 금지하고 있다.

카우보이 자본주의 대
신사 간 경쟁

아무리 노력해도 제품의 생산원가를 현재의 시장가격 이하로 낮추지 못하는 기업은 누적되는 손실을 필경 견디지 못한다. 저비용 기업들의 생산량만으로도 공급이 충분하면 시장은 그 제품의 값을 낮게 결정하여 고비용 기업들의 생산을 중단시킨다. 생산원가가 시장가격보다 조금이라도 더 높으면 시장은 그 기업에게 어김없이 손실을 주고 손실이 누적되는 기업은 시장에서 퇴출되기 마련이다. 시장경쟁은 이처럼 무자비할 정도로 엄격하다.

엇비슷한 기업들이 함께 이윤을 누리면서 공존하다가도 어느 한 기업이 획기적인 혁신에 성공하면 경쟁의 칼바람이 몰아친다. 혁신에 성공한 기업은 단연 시장지배적 사업자로 나서게 되고 그렇게 하지 못한 기업들의 시장점유율은 급격히 줄어든다. 원가절감의 폭이 크면 모든 라이벌 사업자들을 몰아내고 독점기업으로 군림하기도 한다. 경쟁의 최종적 승리와 동시에 승자에 의한 독점이 구축되고 라이벌 기업들은 사라지고 만다. 결국 치열한 시장경쟁의 결과는 독점화와 이에 따른 경쟁의 소멸처럼 보인다. 그러나 또 다른 기업이 새로운 획기적 혁신에 성공하여 시장에 진입해 오면 이 독점도 무너지고 만다. 기존의 독점기업이 새로운 혁신에 맞서지 못하고 퇴출당하면 신규기업에 의한 새로운 독점이 시작된다. 물론 부당한 진입장벽이 끼어들어 경쟁력 강한 기업의 신규 진입을 어렵게 만든다면 기존 기업의 독점체제가 그대로 유지될 것이다. 그러나 그렇지 않다면 새로운 혁신이 기존 독점을 무너뜨리는 일이 반복될 것이다.

시장차단과 같은 부당한 진입장벽만 없다면 현재의 독점기업은 호시탐탐 진입을 노리는 잠재적 진입자들과 치열한 혁신경쟁을 계속해야 한다. 혁신경쟁에서 이기는 기업이 새로운 독점사업자로 군림하는 일이 반복되므로, 어느 한 시점에서만 보면 시장은 항상 하나의 독점사업자가 공급을 독점하고 있다. 그러나 경제학자 슘페터(Joseph Alois Schumpeter, 1883~1950)는 외견상 독점이라도 독점사업자가 수시로 교체되기 때문에 치열한 경쟁이 벌어지고 있다고 설명한다.

미국의 공정거래법은 정당한 경쟁 결과로 얻은 독점적 지위와 그에 따른 독점기업의 협상력은 그대로 존중한다. 약탈가격은 금지하지만 가격을 낮추어 라이벌 사업자를 퇴출시키거나 독점력을 행사하여 가격을 인상하는 행위는 허용된다. 이처럼 승자독식을 허용하는 미국의 제도를 유럽의 언론들은 '카우보이 자본주의(cowboy capitalism)'라고 비꼬았다. 반면에 EU의 경쟁법은 슘페터적 경쟁을 부정하고 한 기업이 시장을 독점하고 있으면 경쟁이 소멸했다고 판단하여 독점기업의 협상력 행사에 제재를 가한다. 이처럼 시장경쟁의 승자가 라이벌 기업들의 명맥은 지켜주어야 하는 유럽식 경쟁을 미국인들은 '신사 간 경쟁(gentlemen's competition)'이라고 마주 비꼬고 있다. 우리나라의 공정거래법은 모든 시장지배적 사업자의 협상력을 제재하기 때문에 미국보다는 EU의 경쟁법에 더 가깝다.

재래시장의
비경제학

유행을 따르는 옷은 세 차례에 걸쳐서 팔린다. 처음 나와서 새로운 유행을 형성하면 매우 높은 값을 매겨도 잘 팔린다. 그러나 한차례 초기 매출의 바람이 가라앉고 나면 애초의 인기가 시들해지는 것이 유행의 속성이다. 그렇게 되면 가격을 상당히 할인하여 판매하는 2차 매출인 '대 봉사 바겐세일'이 시작된다. 그래도 팔리지 않고 남은 옷은 마지막 제3단계의 재고정리 매출에서 아주 싼값에 처분된다.

공장 출고시의 옷값을 100이라고 할 때, 이 단계별 판매가격을 평균한 값은 얼마나 될까? 품목에 따라서 다르겠지만 대체로 250 정도 된다고 한다. 제조단계에서 생산한 가치가 100인데 비해 유통단계는 150의 가치를 생산하는 것이다. 제조단계보다 유통단계에서 일하는 사람의 숫자가 더 많다는 사실을 상기하면 유통단계에서 더 많은 가치를 생산한다는 사실이 크게 의외는 아닐 것이다. 전체 GDP에서 2차 산업의 비중이 40% 정도인데 비해 3차 산업은 56%에 이르는 우리나라 산업구조도 이 점에서 일치한다.

그러나 우리가 입는 것은 결국 공장에서 생산한 옷이다. 사람들이 특정한 옷을 좋아하는 까닭은 공장에서 이 옷을 잘 만들었기 때문이지 유통단계가 많은 가치를 생산하였기 때문이 아니다. 같은 옷에서 유통단계의 마진이 하락하면 하락할수록 오히려 최종 판매가격은 하락하기 때문에 소비자로서는 더 좋다. 도요타 자동차의 물류전략은 결국 같은 품질의 자동차를 만드는 데 소요되는 물류비용을 줄이는, 즉 '유통마진'을 줄이는 전략이었다. 제조 단계의 원가절감이 한계에 이르렀을 때 자연스러운 다음 전략은 유통과정의 합리화이다.

재고관리, 대량구매, 그리고 특성화 판매 등 유통과정을 관리하는 기술과 경영기법은 최근 들어서 크게 발전했다. 그러나 재래시장의 전통 상인들은 신 유통기술의 등장에 대해 격렬하게 반발하고 있다. 자고로 상인들은 다른 상인들이 자신들의 시장에 침투해 오는 것에 대해 결사적으로 저항한다. 그 결과 형성된 균형이 각자 다른 이들의 영역을 서로 존중하면서 자신의 시장을 지키는 지금의 모습이다. 유통과정은 이처럼 가장 시장경쟁이 제한된 곳이다. 농수축산물은 산지가격이 떨어져도 소매가격은 좀처럼 떨어지지 않는데 그 까닭은 폐쇄된 독과점적 유통과정 때문이다. 악명 높은 권리금 관습도 이러한 유통과정의 산물이다.

새롭게 등장한 대형 할인마트와 편의점은 전근대적 유통과정에 일대 혁신을 불러오고 있다. 값도 싸고 선택의 폭이 커져 소비자들로서는 대환영이다. 그러나 이 변화에 대한 전통 상인들의 저항이 만만치 않다. 영세 상인들은 생존을 내세워 대형 할인마트 입주에 결사적으로 저항한다. 정치인들은 툭하면 재래시장에 나타나서 인간미 넘치는 시장의 존속과 영세상인의 생존권 보장을 역설한다. 그러나 그보다는 영세 상인들을 규합하고 이들이 합동으로 출자하여 그 지역 대형 할인마트와 편의점 체인에 직접 참여하도록 도와주는 것이 더 옳다.

016

정보비대칭성과
시장

물건을 사고파는 사람들은 대체로 거래하는 물건이 무엇인지를 알고 있다. 값을 지불하고 물건을 구입하는데 헛돈을 쓰려할 사람이 없고 다이아몬드를 팔면서 유리알 값에 넘길 사람도 없다. 쌍방이 거래가격에 합의했다면 사는 사람은 그 값만큼의 돈보다 물건이 더 좋았고 파는 사람은 반대로 물건보다 돈이 더 좋았기 때문이다. 이처럼 자발적 거래는 거래 쌍방 모두를 만족시킨다.

물론 사는 사람은 더 싼값에 샀다면 더 좋았을 것이고 파는 사람은 더 비싸게 팔 수 있었기를 바랐을 것이다. 그러나 자발적 거래에서는 어느 한쪽이 일방적으로 피해만 입는 일은 절대로 없다. 해를 당할 쪽은 결코 거래에 동의하지 않을 것이기 때문이다. 시장이 자원을 효율적으로 배분한다는 설명은 시장 교환이 이처럼 매매 쌍방을 거래 이전보다 더 만족스럽게 만든다는 사실에 근거한다.

그런데 현실의 시장거래를 보면 거래 당사자들조차 스스로 거래하는 상품의 진정한 내용이 무엇인지를 모르면서 거래해야 하는 경우가 많다. 새로 나온 가전제품이나 가구는 사용자가 한동안 직접 써보아야 그 본질을 알 수 있는 경험재(experience goods)이다. 매장에서는 그 럴듯해서 사기로 결정했지만 정작 집에 들여놓고 써보니 실망인 경우 가 자주 있다.

의약품은 또 어떤가? 감기 기운이 있을 때 아스피린을 복용하지 만 내가 복용한 아스피린이 진짜 아스피린인지를 정확히 가려낼 사람 이 있는가? 아스피린 복용 이후에도 열이 내리지 않는 경우는 얼마든 지 있다. 일반인은 직접 복용한 뒤에도 과연 이것이 진품 아스피린인 지 아닌지 알지 못한다. 아마 의사조차 그럴 것이다.

값이 비싼 경험재를 구입했다가 실망하는 일이 잦으면 사람들은 경험재 구입을 망설이게 된다. 가짜 아스피린이 판을 친다면 아스피린 거래 또한 위축될 수밖에 없다. 이처럼 구입하는 사람들이 상품의 내 용을 정확히 파악하기 어려운 경우라면 그 시장거래가 원활하게 이루 어지기 어렵다. 매매 쌍방이 상품의 본질을 정확히 파악하고 있다면 상품거래를 성사시켜 양쪽의 만족도를 모두 더 높일 수 있는데도 상품 정보가 불완전하면 이처럼 거래 자체가 아예 이루어지지 않기도 한다.

이러한 시장 실패는 불완전한 상품 정보에서 비롯한다. 경험재나 의약품의 경우에 파는 사람은 상품의 본질을 정확히 파악하고 있지만 사는 사람은 그렇지 못하다. 상품 정보가 파는 사람에게 집중되어 있 는 '정보비대칭성(asymmetry of information)'이 시장의 작동을 방해하는 것 이다. 상품 정보를 가진 판매자는 그렇지 못한 구매자를 속일 수 있는 데 그렇게 당할 가능성이 높으면 구매자는 아예 시장 참여를 단념하는 것이다. 그러므로 정보비대칭성으로 위축된 시장을 활성화하기 위해 서는 별도의 대책을 마련해야 한다.

017

정보비대칭성을
해소하는 방법

고급 가구나 고가의 가전제품에는 무료 애프터서비스 기간이 제공된다. 때로 구입 제품을 마음에 들어하지 않는 소비자에게는 다른 물건으로 바꾸어 주거나 환불해 주기도 한다. 소비자들은 이러한 사후관리 서비스를 환영하지만 공급자에게는 그에 소요되는 비용이 적지 않은 부담이다. 그러므로 생산자가 사후관리를 책임지겠다고 나선다면 제품에 그만큼 자신 있기 때문이다. 소비자들도 역설적으로 애프터서비스가 제공되는 상품은 그렇지 않은 상품보다 양질일 것이라고 믿고 안심하고 구입한다. 사후관리 약속은 상품의 품질과 내용에 대한 정보를 소비자들에게 성공적으로 전달하는 신호 역할을 하는 것이다.

경험재에 대한 사후관리 강화는 매출 확대를 위한 공급자의 마케팅 전략이기도 하다. 실제로 발생하는 애프터서비스는 고객별로 다르지만 전체 애프터서비스 대비 비용은 해당 상품의 전 수량으로 나누어 그 가격에 반영된다. 소비자들은 상품 한 단위에 일정하게 반영된 애프터서비스 비용을 보험료로 지불하고 상품에 문제가 발생하면 보험 혜택을 받듯이 애프터서비스를 받는 것이다. 상품의 내용과 품질에 대해서 잘 모르는 소비자들이 그에 대한 정보와 사후 보장을 얻기 위해 치르는 대가가 바로 애프터서비스 비용이라고 할 수 있다. 경험재의 공급자들이 자발적으로 애프터서비스를 시행하는 경우도 적지 않다. 그러나 자발적 시행이 전체 소비자들을 보호하는 데 미흡하다고 판단한 정부는 '제조물 책임법'을 입법 시행함으로써 공급자들이 소비자들에게 애프터서비스는 물론 자신의 생산품에 대한 모든 책임을 지도록 규제한다. 아파트의 하자 보수를 의무화하는 주택법도 그 본질은 제조물 책임법과 다르지 않다. 이러한 정부 조치는 소비자 보호를 목표로 삼지만 경제적으로는 정보비대칭성에 따른 시장실패를 보정하는 효과를 거둔다.

식약청의 임무도 마찬가지다. 식약청은 신약을 인증하고 시중에 유통되는 약품이나 식품을 감시한다. 수시로 무작위로 수거·검사한 다음 기준 위반 제품은 압수 폐기하고 해당 사업자를 처벌하는 등 엄격히 규제한다. 최근의 멜라민이나 석면 탤크 소동에서 보듯이 식약청은 항시 시장을 감시하고 불량 식약품을 걸러냄으로써 식약품 시장의 정보비대칭성 문제를 해소한다. 사람의 육안으로는 도저히 진위를 식별할 수 없는 아스피린이나 소화제 등 의약품이 시장에서 별문제 없이 거래되는 것은 식약청의 활동 덕분이다.

그러나 공급자의 애프터서비스 제공이나 정부의 상품품질 관리 등의 조치만으로 정보 비대칭의 시장실패를 모두 보정할 수 있는 것은 아니다. 정보비대칭성은 한쪽만 알고 있는 정보를 다른 쪽에까지 알림으로써 해소시킬 수 있다. 그러나 현실에는 이러한 정보 전달이 구조적으로 불가능한 경우가 적지 않다. 정보를 전달받는 쪽이 전달하려는 쪽의 진정성을 의심할 수밖에 없는 상황이면 정보 전달이 불가능하고 정보비대칭성은 결코 해소되지 않는다.

018

도덕적 해이와
대리인 문제

보험은 일찍부터 시장에서 정보비대칭성이 문제를 일으킬 수 있음을 보여주었다. 예컨대 일단 화재보험에 가입하고 나면 집주인이 불조심하는 자세는 전과 같지 않다. 집을 나와 한참 가다가 전열기 스위치를 끄지 않은 것 같은 기분이 들 때 옛날 같으면 당장 다시 집으로 돌아가던 사람도 보험에 가입한 뒤에는 가던 길을 그냥 가기 쉽다. 혹시 화재가 나더라도 가입해 둔 보험이 보상해 주기 때문이다. 집주인의 불조심 자세가 이완되더라도 보험회사 측에서는 그 사실을 알 수가 없기 때문에 보상을 거부하기도 어렵다. 사고예방 노력 정도를 보험 가입자만 알고 있는 상황, 즉 정보의 비대칭성은 일반 보험가입자로 하여금 가입 이후 예방 노력을 등한히 하도록 방임하는 '도덕적 해이(moral hazard)'를 야기한다.

　　도덕적 해이는 보험에만 국한하지 않고 다른 대리인에게 권한을 위임하는 형태의 모든 거래에서 두루 나타난다. 주주들은 기업의 최고 경영자가 과연 성실한 노력을 들여 경영에 임하고 있는지를 알기 어렵다. 직장 상사는 부하 직원에게 근무 시간 모두를 업무에 투입하도록 감독하지만 틈틈이 인터넷에 빠지는 것을 적발하기 어렵고 외부 출장 길에 사적인 용무를 보는 것도 통제하지 못한다. 대리인의 행태를 주인이 모르는 정보비대칭성 때문에 발생하는 도덕적 해이를 특히 '대리인 문제(agency problem)'라고 한다.

대리인들은 주인들이 모르고 있는 가운데 자신들의 사적 이익을 추구하고 그로 인한 피해는 모두 주인들에게 돌아간다. 일 저지르는 사람이 그로 인한 피해를 부담하지 않는다면 이 피해가 자기가 얻는 사적 이익보다 훨씬 더 크더라도 일을 저지르게 마련이다. 가령 대리인은 자신의 지위가 안전한 가운데 사적 이익이 1원 더 늘어난다면 그 때문에 주인이 10원 손해 보더라도 개의치 않는다. 이처럼 도덕적 해이는 보험 가입자와 대리인이 보험회사와 주인의 재산권을 침해함으로써 그들 간의 거래를 비효율적인 것으로 몰아간다.

대리인이 주인 모르게 취한 사적 이익을 1원어치 줄이도록 행동을 바꿀 때 주인의 피해는 10원이나 줄어드는 경우라면, 주인은 대리인이 그렇게 할 경우 늘어날 이익 10원에서 2원 정도를 떼어 대리인에게 사례할 용의가 있고, 대리인도 주인이 그렇게 한다면 행동을 바꿀 용의가 있다. 그리고 거듭 이렇게 서로 협상하면 결국 효율적 거래에 이를 것이다. 그러나 대리인 문제의 어려움은 이러한 협상이 불가능하다는 것이다. 우선 주인은 대리인 문제 때문에 발생한 자신의 피해액을 정확히 알지 못한다. 그리고 대리인에게 2원을 더 준다고 하더라도 정보비대칭성은 여전하기 때문에 대리인이 이제는 결코 도덕적 해이에 빠지지 않겠다고 맹세하더라도 믿을 수가 없는 것이다. 오직 정보비대칭성을 완전히 해소하는 완벽한 감시(monitoring)만이 대리인 문제를 해소할 수 있다. 그러나 현실적 감독은 대리인 문제를 단지 어느 정도 완화하는 수준에 그칠 뿐이다.

019

역선택과
레몬시장

화재 위험이 낮은 사람을 화재보험에 가입시키려면 보험료는 낮게, 그리고 보험금 보상은 높게 책정해야 한다. 어느 지역의 평균 화재 발생 확률이 1%인데 보험회사가 이 평균 확률 1%를 기준으로 하여 보험료와 보험금 보상을 설계한다고 하자. 보험회사가 개별 고객의 특성은 모르는 정보 비대칭적 상태에서 평균 확률 1%에 맞추어 설계한 보험 상품을 판매하면 화재 위험이 1%보다 더 높은 불량 고객들이 주로 가입할 것이다. 이러한 현상을 '역선택(adverse selection)'이라고 한다.

역선택은 보험에서만 나타나는 것이 아니다. 기업이 사람을 채용하는 까닭은 이 사람을 더 쓸 때 기업의 수입이 최소한 그 월급 이상 늘어날 것으로 기대하기 때문이다. 즉 노동생산성이 임금보다 낮지 않아야 한다. 그러나 기업으로서는 사람을 써보기 전에는 그 노동생산성을 파악할 수 없고 오직 각 취업희망자만이 자신의 노동생산성을 안다. 이와 같은 정보비대칭성은 취업희망자로 하여금 자신의 노동생산성보다 더 높은 월급을 주는 직장을 찾도록 만든다. 기업에 취업하겠다고 몰려드는 사람들은 대부분 생산성이 공시 임금 이하인 사람들일

가능성이 높다. 이것도 불량 인력만을 모으는 역선택 현상이다.

조립이 잘못된 자동차는 특정 부품이 지속적으로 과도한 힘을 받고 거듭 손상당하기 때문에 이 부품을 항구적으로 자주 교체해야 한다. 이러한 불량 자동차를 레몬(lemon)이라고 한다. 레몬인지 아닌지는 몇 달 동안 타보아야 판별 가능하므로 중고차 구매자는 정보비대칭성의 불이익을 당한다. 좋은 차라면 110의 값을 낼 용의가 있지만 레몬이라면 11밖에 낼 수 없다는 구매자와 좋은 차는 100을 받아야 하고 레몬도 10은 받아야 한다는 판매자가 만났다고 하자. 좋은 차인지 레몬인지를 쌍방이 다 알고 있다면 거래는 문제없이 성사될 것이다.

이제 구매자는 흥정 대상 차가 50%의 확률로 레몬이라고 믿는다고 하자. 판매자가 내놓은 물건이 진짜 좋은 차라고 하더라도 이것을 알 수 없는 구매자는 판매자의 말만 믿고 선뜻 100 이상의 값을 지불하고 구입하기 어렵다. 가치가 11밖에 안되는 레몬으로 판명날 확률이 50%나 되기 때문이다. 그러나 구매자가 100 이상을 지불하려 하지 않는다면 판매자는 결코 좋은 차를 내놓지 않을 것이다. 결국 중고차 시장의 정보비대칭성은 좋은 차의 거래를 불가능하게 만드는 시장실패 현상을 유발한다.

'도덕적 해이'이든 '역선택'이든 정보비대칭성이 유발하는 시장실패는 오직 정보의 성공적 소통으로만 해결할 수 있다. 감시를 강화하고 신호(signal)를 보내는 행위는 모두 정보의 소통을 겨냥한다. 기업은 취업희망자의 학력과 성적에서 노동생산성에 대한 신호를, 그리고 소비자는 애프터서비스 제공 정도에서 상품 품질에 대한 신호를 추출한다. 그러나 대리인의 다짐이나 중고차 판매인의 구두 보증은 상대방이 결코 신뢰하지 않으므로 신호의 기능 발휘에 실패한다.

2부

기업과 일자리

020

지도노동과
피지도노동

회심의 기획 상품이 뜻밖에도 번번이 실패하면 기업은 낭패한다. 해당 기업가는 결국 파산하므로 근로자 임금도 체불할 수밖에 없다. 제품을 잘못 개발한 기업가의 파산은 그렇다 치더라도 열심히 일한 것 외에 아무 죄도 없는 수많은 근로자들까지도 고생한다. 누구보다 열심히 일했는데도 보상은커녕 세상은 이들에게 오히려 크나큰 시련을 준다.

《이솝 우화》의 〈개미와 베짱이〉는 세계적으로 널리 알려진 이야기다. 여름 동안 부지런히 일한 개미는 북풍한설 겨울 속에서도 따뜻한 집에서 먹을 것이 풍족하지만 개미를 비웃으며 놀기만 하던 베짱이는 개미에게 밥을 비는 신세로 전락한다. 게으르면 베짱이 꼴이 되고 부지런히 일하면 개미처럼 부를 누리는 것이다.

그런데 현대의 근로는 이솝이 살던 고대 그리스의 근로와는 특성이 다르다. 《이솝 우화》의 개미가 한 일은 스스로 먹을 음식과 태울 땔감을 모으는 것이었다. 당연히 일을 많이 할수록 음식과 땔감은 많이 모이고 개미는 부자가 된다. 현대인은 《이솝 우화》의 개미와는 달리 내가 쓸 물자를 만드는 것이 아니라 남들이 사용할 상품을 생산하는 일을 한다. 현대사회는 자급자족하던 《이솝 우화》속의 그리스와는 달리 분업사회이기 때문이다. 나는 내가 일하여 만든 물건이 시장에서 팔려야 소득을 얻을 수 있다. 아무리 열심히 일했더라도 시장이 내 생산물을 외면하면 나는 조금의 소득도 얻지 못하는 것이다.

《이솝 우화》의 시대에는 개미처럼 열심히 일하기만 하면 풍요로운 생활이 반드시 보장되었지만 현대사회에서는 그렇지 않다. 상품을 시장이 외면해버리면 생산회사의 기업가와 근로자들이 투입한 노력은 모두 헛일이다. 이들의 땀이 헛고생으로 되고 만 것은 일감 선택이 잘못됐기 때문이다. 각자 자신이 필요로 하는 것은 스스로 제일 잘 아는 만큼 개미가 일감 선택에 실패할 일은 없다. 그러나 남들이 쓸 상품을 생산하는 현대의 근로는 일감 선택을 제대로 해야 한다. 일감 선택은 기업가의 몫이다. 기업가가 잘못 판단하면 그가 고용한 수많은 근로자들의 구슬땀이 모두 헛고생으로 끝난다.

경제학자 슘페터는 현대 경제의 근로는 기업가의 지도(directing) 노동이 근로자의 피지도(directed)노동을 이끄는 형태로 전개된다고 설명하고 지도노동이 가치창출의 핵심이라고 역설했다. 그러나 마르크스 (Karl Marx, 1818~1883)는 기업가는 가치 생산에 전혀 기여하지 않는다고 보고 기업이윤의 본질이 노동착취라는 결론에 이른다. 산업혁명 직후의 마르크스는 지도노동의 실패를 관찰할 기회가 적었고 따라서 20세기의 슘페터보다는 현대 분업사회의 근로에 대한 이해가 부족하였던 모양이다.

세계적으로 유명한 기업들을 보면 하나같이 모두 선진국기업들이다. 개발도상국이 못사는 것은 사람들이 베짱이처럼 게을러서가 아니다. 이들의 노동을 잘 팔리는 상품의 생산으로 이끄는 좋은 기업들이 없어서 안정된 일자리가 부족하기 때문이다.

021

경영권과 노동시장의 경쟁

기업이 이윤을 남기려면 우선 그 제품이 좋은 값에 많이 팔려야 한다. 그런데 사람들이 외면하는 불량 제품은 많이 팔릴 수가 없다. 근로자들이 태만하면 좋은 제품이 생산될 리 없고 사용한 부품과 원자재가 불량품이어도 역시 제품은 잘 팔리지 않는다. 무엇보다도 많이 팔리는 제품은 소비자들의 관심을 끄는 데 성공한 아이디어 상품이다. 아이디어가 부실하면 아무리 좋은 원자재로 잘 만들어도 잘 팔리지 않고 자금이 없으면 생산 자체가 불가능하다. 그러므로 잘 팔리는 좋은 제품은 기업가의 창의력과 근로자의 성실 노동, 좋은 부품과 원자재, 그리고 자금이 서로 합작한 성과다.

그렇다면 이렇게 합작해서 벌어들인 돈은 협력에 참여한 사람들 사이에서 어떻게 나누어질까? 노동자들은 정해진 임금을 받고 채권자는 정해진 이자를 받는다. 그리고 부품과 원자재 공급자도 각각 정해진 대로 대금을 받아간다. 판매 수입에서 모든 비용을 공제하고 남은 것이 이윤이다. 기업가를 제외한 모든 참여자들은 사업이 잘되든 못되든 사전에 약속된 자기 몫을 보장받지만 기업가의 몫인 이윤은 다른 참여자들의 몫을 빼고 남는 잔여(residual)다.

사업이 잘되면 이윤이 생기지만 잘못되면 이윤은커녕 이미 지불한 비용조차 감당하지 못해 새로이 빚을 지기도 한다. 지속적으로 손실을 입는 기업은 결국 파산하고 그 생산활동도 지속되지 못하므로 기업이 참여자들의 몫을 제대로 지불하려면 반드시 이윤을 남기도록 경영해야 한다. 그러므로 기업의 경영권은 이윤 동기가 가장 강한 기업가가 담당한다. 현실적으로 이윤을 얻는 주주들이 경영권을 행사하는데 주주총회에서 최고 경영자를 선임하여 그에게 경영권을 위임한다.

가끔 제기되는 노동자들의 경영참여 논의는 기업 경영을 노동자들이 좌지우지하겠다는 것보다는 그 투명성 확보를 목표로 한다. 임금 협상 과정에서 사측이 어려운 기업 형편을 내세워 임금 인상 요구를 거부하는 일이 잦기 때문에 노측이 기업 형편의 실상을 제대로 파악할 수 있도록 기회를 달라는 것이다. 이러한 상황 전개의 배경에는 임금 인상을 기업의 지불 능력에 맞추어 결정해야 한다는 인식이 자리하고 있다.

그렇지만 얼핏 보기에 합당한 것처럼 보이는 이러한 인식은 노동시장의 경쟁이 심각하게 제한된 상황에서나 관철된다. 일단 영업이 호조를 보이면 기업의 지불 능력도 커진다. 이에 따라서 임금을 인상한다면 수많은 근로자들이 이 기업에 취업하기 위해 몰려들 것이고 시장 경쟁이 정상적으로 전개될 경우 이 기업의 임금은 다시 시장균형 수준으로 하락할 수밖에 없다. 즉 경쟁이 활성화된 노동시장에서는 지불 능력에 맞춘 임금 지불이 불가능하다. 지불 능력에 맞춘 임금 지급은 내부 직원 보호를 위해 외부 인력을 차별하도록 조장하는 현행 노동시장 질서에서나 가능한 것이다.

022

경제개발과 기업가

시장경제에서 사람들은 남들이 원하는 일을 해야 소득을 얻는다. 사람들이 가장 많이 원하는 일을 하는 사람은 큰돈을 벌지만 원하지 않는 일을 하는 사람은 고생만 하고 얻는 게 없다. 다른 사람들이 많이 원하는 일을 보통 사람들은 찾기 어렵지만 유능한 기업가는 제대로 된 일을 찾는 데 전문가적 능력을 갖추고 있다. 따라서 시장경제의 사람들은 유능한 기업가가 이끄는 기업에서 일자리를 구하고 부여된 업무를 수행하면서 소득을 얻는다.

　선진국 사람들의 소득 수준이 높은 까닭은 선진국에는 좋은 기업이 많기 때문이다. 그리고 후진국 사람들이 가난한 까닭은 게을러서가 아니라 제대로 된 일자리를 주는 기업들이 크게 부족하기 때문이다. GE, 마이크로소프트, 애플, 구글, 인텔, 듀퐁, 필립스, 도요타, 소니, 폭스바겐, 노키아 등 세계적으로 유명한 기업들이 하나같이 선진국 기업들인 것만 보아도 확인할 수 있다. 그러므로 개발도상국들이 경제 발전을 이루려면 무엇보다도 좋은 기업들을 많이 가져야 한다. 우리나라의 삼성전자나 현대자동차 같은 기업들도 세계적 명성을 얻었는데 이

것은 한국의 기적적 경제개발이 일구어 낸 성과다.

　　선진국이든 개발도상국이든 사람들이 소득을 올리려면 열심히 일해야 한다. 그러나 시장경제에서는 개인의 노력에 더하여 세상이 원하는 일을 하도록 사람들을 이끄는 기업가들이 필요하다. 좋은 기업이 없다면 사람들이 아무리 열심히 일해도 세상이 외면하는 헛일로 끝나고 말 뿐이다. 개도국의 경제개발전략은 다양한 형태로 전개될 수 있지만 궁극적으로 좋은 기업가들을 갖추는 데 성공해야 소기의 성과를 거둘 수 있다. 자본과 기술을 도입하는 데는 성공했더라도 좋은 기업가들을 갖추지 못하는 개발전략은 결국 실패하고 만다. 개도국에 모자란 것은 자본과 기술만이 아니라 유능한 기업가다. 사실 유능한 기업가들만 많다면 이들이 스스로의 힘으로 자본과 기술을 끌어오고 제품을 생산하여 좋은 값에 내다 판다. 그렇다면 빈곤한 개도국들은 없는 기업가들을 어떻게 갖출까? 방법은 두 가지다. 하나는 내국인 인력 가운데 유망한 인재를 선별하여 유능한 기업가로 육성하는 것이다. 그리고 다른 하나는 외국의 성공한 기업가들을 국내에 유치하는 것이다.

　　외국인 기업가들을 국내에 유치한다는 말은 외국인 직접투자를 유치한다는 말이다. 소위 국제적으로 유명한 다국적기업들을 유치하면 이들이 자본과 기술을 가지고 와서 국내 인력을 고용하여 일자리를 준다. 그리고 생산 제품은 자신들이 이미 개발한 시장에 내다 팔기 때문에 자본, 기술, 그리고 판매 등 모든 문제를 다국적기업이 다 해결한다. 내국인은 단기적으로는 일자리를 얻고 중장기적으로는 다국적기업 내에서 일하면서 근대적 기업경영 기법을 현장 학습할 수 있다. 싱가포르는 다국적기업들을 대거 유치하여 경제개발에 성공한 대표적 사례다. 이에 비해 한국은 내국인 기업가를 육성하여 경제개발에 성공한 경우이다.

023

선별적 기업육성과
재벌체제의 형성

한국은 싱가포르보다 조금 이르게 1960년대 초부터 경제개발에 착수했다. 자본축적이 없는 상태에서 외자 조달은 필수였는데 한국은 외국인 직접투자보다는 차관 도입을 선택했다. 일제 식민지의 체험이 뼈저린지라 우리 땅에서 외국인, 특히 일본인 사장이 한국인 종업원을 부리는 기업 방식을 수용하기 힘들었기 때문이다. 외자를 도입하더라도 외국 기업을 국내에 유치하는 방식이 아니라 국내 기업이 외국 돈을 빌리는 방식을 따랐다.

그러나 유능한 기업가들이 크게 부족한 개발도상국 한국의 국내 기업들에게 산업화 주도는 힘에 벅찬 과제였다. 우선 1960년대 초반 국내 기업가들은 어느 누구도 자신들만의 힘으로 필요한 외자와 기술을 조달해 올 능력을 갖추지 못한 수준이었다. 외국인 투자를 거부하고 차관으로 외자를 조달하려는 경제개발 계획은 처음부터 난관에 봉착한 것이다. 정부는 한편으로는 한일국교를 정상화시켜 대일 경제협력의 길을 트면서 다른 한편으로는 국내 기업들의 차관 도입 계획을 심의한 다음 유망해 보이는 차관 사업에 대해서는 국가가 해당 차관의 원리금 상환을 보증하기로 했다. 물론 실제 보증 주체는 시중은행이었지만 당시에는 국가가 모든 시중은행의 경영권을 장악하고 있었기 때문에 실질적으로는 국가 지급보증이었다. 나중에는 은행이 직접 차입해온 외화 자금을 국내 기업들에게 대출해 주기도 했다.

정부 지급보증의 후광 속에서 선별된 기업들은 차관을 도입할 수 있었다. 그리고 은행이 도입한 외화 자금도 경제개발 계획상의 필요에 따라서 정부가 선정한 기업들에게 대출되었다. 당시 현대적 제조업체를 설립하여 운영하려면 외화자금이 필수적이었던 만큼 정부의 차관 지급 보증과 외화 자금 대출을 받지 못하면 산업활동 참여 자체가 어려웠다. 결국 정부는 산업화에 참여할 기업들을 일일이 심사하여 선발한 셈이다. 당연히 정경유착의 추문이 그치지 않았고 실제로 부패 사건이 터지기도 했다. 그러나 오늘의 산업국가 한국은 이렇게 선발된 기업들이 주도하여 이룩한 성과이니 결과적으로 정부의 기업 선발은 성공적이었다.

일반적으로 시장이 선택한 기업은 살아남아 번영하고 거부한 기업은 소멸한다. 정부가 아무리 면밀하게 검토하여 기업을 심사하더라도 실패하는 기업은 나오게 마련이었다. 경제개발 과정에서 있었던 수차례의 부실기업 정리는 이렇게 실패한 기업들을 처리하는 과정이었다. 그럼에도 불구하고 한국 정부의 기업 선택이 성공적이었던 이유는 정부가 성과주의의 원칙을 끝까지 지켰기 때문이다.

한번 사업을 실패로 이끈 기업에는 두 번 다시 기회를 주지 않았지만 사업을 성공시킨 기업가에게는 거듭 새로운 사업의 기회가 주어졌다. 부실기업 정리도 실패한 사업들을 성공한 기업가들에게 떠맡기는 방식이었다. 그 결과 성공한 기업가들은 수많은 기업들을 거느리는 재벌 총수로 성장했다.

024

재벌체제의
성취와 문제

개발 과정에서 한국 경제의 가장 큰 애로는 유능한 기업가가 크게 부족하다는 약점이었다. 누가 유능한 기업가인지도 잘 모르는 상황이었으므로 정부는 유망한 기업가들을 선발하는 과정에서 성과주의에 의한 선별기업 지원정책을 일관성 있게 지켰다. 그런데 조속한 산업화를 위해 시급히 건설해야 할 현대적 제조업의 숫자는 유능함이 확인된 기업가의 숫자보다 훨씬 많았다. 한국 정부의 경제개발정책은 이들 소수의 기업가들에게 수많은 현대적 제조업체를 설립하여 경영하도록 위촉할 수밖에 없었다.

그러나 당시 한국 최고의 부자였던 사람들도 스스로의 힘만으로 수십 개의 기업을 창업할 개인적 재력은 갖추지 못했다. 대체로 먼저 창업된 기업이 출자하여 새로운 기업들을 창업하는 방식이 자연스럽게 활용되었다. 재벌 총수는 먼저 창업된 기업을 지배하고 이 기업이 새롭게 창업된 기업을 지배하는 형태의 피라미드형 소유 구조가 등장한 것이다. 오늘날 재벌체제의 순환출자 소유구조는 이러한 단순 피라미드형 구조가 진화한 결과이다.

유능한 기업가가 태부족한 개발도상국이 외국인 직접투자를 기피하고 산업화를 추진하려면 이들 소수 기업가들에게 많은 사업을 맡길 수밖에 없다. 그런데 한꺼번에 많은 사업체의 지배적 주식지분을 개인 돈만으로 출자할 재력을 갖춘 기업가는 없다. 재벌그룹의 소유구조는 이러한 여건에서 유능한 기업가가 설립·지배할 수 있는 기업 숫자를 최대한 늘리는 데는 매우 효과적인 방법이라고 할 수 있다. 어쨌든 한국 기업 부문의 중추를 형성하고 있는 재벌체제는 한국 경제의 고도성장을 이룩하는 데 핵심적 기여를 했다. 그러나 그와 동시에 경제적으로는 물론 정치·사회적으로 적지 않은 부작용을 일으켰고 재벌체제 개혁의 논쟁은 아직도 그치지 않고 있다.

'경제력 집중', '무분별한 문어발식 확장', '선단식 황제경영' 등 재벌체제의 문제를 제기하는 용어들은 선정적이기까지 하다. 개방이 본격화되기 이전에는 재벌이라는 단어 앞에는 반드시 독과점이라는 수식어가 붙어서 '독과점 재벌'이라는 표현이 유행하기도 했다.

재벌체제는 개발시대 정부의 선별기업 집중지원 정책의 산물이다. 정부의 많은 특혜가 이들 선발된 기업가들에게 제공되었음은 엄연한 사실이다. 그러므로 적지 않은 사람들이 오늘날 재벌체제의 성공은 그 총수의 공로이기 이전에 전 국민적 희생이 뒷받침한 결과라고 생각한다. 기업 이윤의 사회환원을 주장하는 사회 일각의 목소리는 이러한 인식에서 비롯한다. 그러나 동시에 성공한 재벌체제는 직간접적으로 국민들에게 수많은 양질의 일자리를 제공했다. 편리한 아파트에 거주하면서 자가용 승용차를 굴리는 요즈음의 생활은 1960~70년대에는 어느 누구도 꿈조차 꿀 수 없는 남의 나라 이야기였다. 재계는 경제개발을 성공적으로 이끌어 국민적 희생에 이미 보답한 셈이라고 생각한다. 어느 쪽 주장이 옳은가?

025

세계적 수준의 기업으로 도약하려면

재벌 총수는 피라미드형 소유구조에 힘입어 평균적으로 각 계열사에 5%를 출자하고 40%의 의결권을 행사한다. 우리나라 30대 재벌이 생산하는 부가가치는 1990년대 말 기준으로 국가 GDP의 15%이다. 부가가치에서 이윤이 차지하는 몫이 보통 10% 이내임을 감안하면 30대 재벌 총수 일가의 몫은 이 가운데 5%로 GDP의 0.075% 이내인데 사내유보분을 고려하면 실제 배당액은 이보다 더 낮다. 재벌체제의 문제로 지적돼 온 경제력 집중은 바로 이 문제이다.

재벌체제의 불필요한 거대 규모가 독과점을 유발한다는 비판은 공정거래법에 재벌규제 조항을 포함시켜왔다. 이에 더해 기업 활동을 핵심역량에 집중하는 업종전문화를 주장하는 사람도 많다. 그러나 급격한 세계화로 경쟁 무대가 세계시장으로 확대되자 독과점과 업종전문화 논쟁은 잠잠해졌다. 세계시장에서 경쟁력을 발휘하려면 기업 규모가 더 커져야 하고 다각화도 강화해야 하는 시대가 된 것이다.

재벌체제의 문제는 총수가 사적 이익을 추구하면서 그룹에게 피해를 끼칠 수 있다는 점이다. 가령 총수는 계열사로 하여금 가족이

100% 소유한 외부 기업의 제품을 구입하도록 할 수가 있다. 이러한 거래를 '자기거래(self-dealing)'라고 한다. 계열사가 대금에 100억 원을 더 얹어서 지불하는 방식으로 자기거래를 시행하면 가족은 100억 원의 이익을 얻는다. 물론 계열사는 정확히 같은 크기의 손실을 입지만 총수 개인의 피해는 5%인 5억 원에 그친다. 결국 자기거래는 다른 주주들의 돈 95억 원을 부당하게 '빼돌림(tunneling)'할 수 있다.

물론 자기거래는 재벌기업만의 행태가 아니라 일반 전문경영기업에서도 발생하고 최고경영자의 소유지분이 낮으면 역시 빼돌림 행위가 일어날 수 있다. 그러나 일반 기업의 최고경영자 지위는 항구적인 것이 아니고 부당경영 행위가 적발되면 언제든 경영권을 잃는다. 이에 비해 의결권 40%를 구조적으로 확보하고 있는 총수의 경영권은 난공불락이다. 부당경영 행위를 적발하기도 어렵고 의심할 만한 일이 발생해도 퇴출시킬 수도 없다. 총수의 이러한 '황제적' 지위는 배당권 5%로 40%의 의결권을 누리는 재벌체제 소유구조에서 비롯한다.

이 소유 구조는 정부가 적은 수의 유능한 경영자들에게 수많은 사업을 수행하도록 몰아간 개발정책의 유산인데, 창업 총수들이 타계하면서 총수의 지위가 개방적 능력검증 절차 없이 2세들에게 그대로 승계되고 있다. 배당권 5%는 상속돼야 마땅하며 이것을 사회에 환원하라는 주장은 부당하다. 그러나 유능한 경영인력이 많아진 현시점에서 의결권 40%까지 상속돼야 할 까닭은 무엇인가.

몇몇 재벌기업들은 생산과 판매에서는 최고의 제품을 잘 만들고 잘 파는 세계적 기업으로 도약했다. 그러나 그렇게 번 돈을 주주들에게 안전하게 전달하는 과정은 아직도 후진적이다. 우리의 재벌기업들이 모든 면에서 세계적인 기업으로 도약하려면 효과적 지배구조를 도입하여 최소한 황제경영은 견제해야 한다.

026

일자리 나누기의
시장원리

경기 침체가 장기화되면서 실업자 숫자가 100만을 바라보는 가운데 일자리 창출이 나라경제의 최우선 과제가 되었다. 대책으로 거론되는 것 중 하나가 일자리 나누기다. 열 사람의 일자리를 열한 사람이 나누면 일자리는 10% 늘어난다는 것이다. 일감이 늘지 않는 상태에서 일자리를 나누면 각자 일의 양이 주는 만큼 임금도 낮아진다. 그러나 시간당 단위 임금은 그대로이기 때문에 기업의 노동 수요, 즉 일거리는 늘어나지 않는다.

채용 공고가 나는 곳마다 구직자가 장사진을 치는 까닭은 현재의 임금에서 노동시장이 초과 공급 상태에 처해 있기 때문이다. 노동시장이 수요공급의 법칙에 따라 작동한다면 임금이 하락해야 한다. 사실 1930년 대공황 때 시장주의자들은 조만간 임금이 하락해 실업 문제가 자연 해소될 것으로 기대했다. 이에 대해 중·단기적으로 임금은 하락하지 않으므로 정부 개입으로 경기를 진작시켜야 한다는 주장을 펼친 경제학자가 케인스(John Maynard Keynes, 1883~1946)다. 케인스는 임금의 하방 경직성이 상당 기간 지속될 것이므로 시장 법칙의 작동만을 기다린다면 불황은 계속되고 수많은 사람들이 고통받는다고 경고했다.

임금 하방 경직성은 취업자들이 임금 인하를 거부하기 때문에 나타난다. 새 사람을 쓰면 직무에 적응하도록 훈련시키는 데 적지 않은 비용이 들기 때문에 취업자들의 임금은 구직자들이 수용하는 수준보다 어느 정도는 높게 마련이다. 그러나 구직자들이 훨씬 더 낮은 임금도 좋다고 나서도 사용자가 고임금을 고집하는 취업자들을 해고할 수 없다면 임금은 낮아질 수 없다. 강력한 노조와 고용보호법제가 가세하면 임금 하방 경직성은 더욱 강화된다. 일자리 나누기에서는 근로자 개인의 임금 총액이 감소한다. 그러나 시간당 임금은 변함없는 만큼 임금의 하방 경직성은 그대로 유지된다.

하방 경직적 임금은 일거리를 구직자들이 원하는 것보다 더 적은 수준으로 묶는다. 일자리 나누기는 모자라는 일거리를 늘리지 않으므로 정상적 일자리 창출 정책이 아니다. 임금을 떨어뜨리지 않으면서 일거리를 늘리려면 투자가 늘거나 정부가 재정 지출을 확대해 공공사업을 벌여야 한다. 불황기에는 민간투자가 부진하므로 결국 공공사업 확대밖에 없다. 그러나 공공사업은 흔히 경제적 효율성에 반하는 형태로 펼쳐지는 만큼 반드시 부작용이 따른다.

최근 정부는 공공부문 신규 취업자들의 임금을 낮춰서 직원들을 뽑았다. 임금을 낮추면 더 많은 일거리가 생겨나므로 일자리 나누기보다는 더 나은 정책이라 하겠다. 현재의 취업난을 잘 아는 취업자들은 낮은 임금도 수용할 것이다. 이 기회를 이용하여 아예 임금 하방 경직성 자체를 무너뜨려 볼만하다. 그러나 그렇게 하려면 취업자 임금 삭감만으로는 안된다. 임원들 연봉부터 삭감하고 시작해야 한다. 그렇게 해도 어찌 될지 모르는 판인데 신규 취업자들에게만 양보를 강요한다면 취업 이후 이들이 어떻게 나올지는 불을 보듯 뻔하다.

027

외국인 투자의
경제학

일반 투자자들이 투자하고 수익을 거두는 것과 마찬가지로 국내에 투자한 외국인들도 수익을 거둔다. 외국인 투자자들은 당연히 자신들이 번 돈을 모국으로 반출하는데 그 금액이 크면 국부 유출을 우려하는 목소리가 높아진다. 주가가 큰 폭으로 오르면서 엄청난 이익을 거둔 '론스타'가 외환은행을 팔고 떠나려 하자 많은 국민들이 반발한다.

　외국인 투자는 무엇일까? 우리 경제에 약일까? 아니면 독일까? 투자 주체는 내국인이든 외국인이든 부가가치를 창출하면서 이윤을 겨냥한다. 제조업의 경우 생산 부가가치에서 이윤이 점유하는 비율은 평균 5~10%이고 아무리 큰 경우에도 보통 20% 이내이다. 즉 외국인 투자가 벌어가는 돈은 그 투자가 생산한 부가가치의 5~10% 정도이고 많아야 20%인 것이다. 이윤을 제외한 나머지 80~95%는 임금과 임대료 등으로 모두 국내에 남는다. 외국인이 투자하면 그 성과의 최대한 20%만 가져가고 80%는 국내에 남는 것이다. 국내에 남는 80은 보지 않고 해외로 나가는 20만을 아까워한다면 외국인 투자를 유치하기 힘들다.

정보화가 진전되면서 고용 없는 성장이 문제로 제기되고 있다. 투자가 늘어나도 고용은 오히려 감소한다는 것이다. 정보화는 한 사람 한 사람의 생산능력을 크게 늘리기 때문에 과거에는 10명이 하던 일을 이제는 예컨대 7명이 할 수 있도록 만들었다. 그러므로 정보화 투자는 고용을 10명에서 7명으로 줄이는 투자이다. 그런데 이러한 시대에 일자리를 늘리려면 더욱더 많은 투자를 유치해야 한다. 예컨대 7명이 일하는 기업을 하나 더 유치하면 14명을 고용할 수 있는 것이다.

고용 없는 성장이 정보화 시대의 보편적 현상인 만큼 세계 각국은 모두 이와 같은 투자 유치의 필요성을 절감하고 있다. 제도와 환경을 친기업적으로 정비하는 과정에서 앞서가고 뒤처진 정도의 차이가 있을 따름이지 모든 나라가 투자 유치 경쟁에 뛰어들 수밖에 없는 상황이다. 그러나 자금 여력이 유한한 각국은 국내 투자에만 의존할 수 없기 때문에 외국인 투자 유치에 눈을 돌릴 수밖에 없다. 국제 자본 이동이 어렵던 과거에는 수출 경쟁이 국제 경쟁의 핵심이었지만 지금은 투자 유치 경쟁이 경제의 사활을 결정하는 시대로 되어간다. 시대가 이렇게 변하는데도 우리 사회는 외국인 투자에 대하여 무척이나 적대적이다.

론스타는 외환은행을 인수하여 많은 이익을 남겼다. 팔고 떠나려할 때마다 여론이 반발하면서 정부는 못 떠나게 막았다. 론스타는 엄청난 이익을 챙겼지만 외환은행은 다른 주주들의 배당과 은행직원들의 월급도 주었다. 제조업이었다면 국내에 투자금의 8배 가까운 부가가치를 남겼을 것이다. 외국인 투자는 내국인을 고용하여 부가가치를 만들고 그 가운데 일부를 가져가는 윈윈게임이지 결코 일방적 수탈행위가 아니다. 진작 떠나려는 론스타를 못 가게 막은 결과 론스타의 이익은 눈덩이처럼 커져만 가니 이런 역설이 없다.

028

사치성 서비스산업과
일자리

사람들에게 유용한 생산물 가운데 유형적인 것을 재화라고 하고 무형적인 것을 용역, 또는 서비스라고 한다. 원료와 제품을 공장과 최종 매장까지 실어 나르는 물류는 서비스의 일종이다. 물류 이외에도 금융, 통신, 숙박, 음식, 부동산중개, 의료, 교육, 관광, 문화오락 등 매우 다양한 서비스 생산활동이 모두 서비스산업에 포함된다. 우리나라는 2005년 전체 취업자 가운데 19%가 제조업에 종사하면서 총생산의 28%를 생산하였는데, 56%를 생산한 서비스산업은 취업자의 65%를 고용했다. 그리하여 취업자 1인당 생산, 즉 노동생산성은 제조업이 서비스산업의 1.7배에 이른다. 이 현황은 지금도 크게 다르지 않다.

제조업보다 서비스산업의 노동생산성이 더 낮은 까닭에는 여러 가지가 있지만 대부분의 서비스가 저장 불가능하다는 점도 그중 하나다. 사람들이 저장 불가능한 서비스를 소비하려 하면 반드시 해당 서비스를 제공하는 사람이 그 시점에서 서비스를 생산해주어야 한다. 내가 머리를 다듬고 싶을 때 이용사가 내 머리를 다듬어주어야 하듯이 생산과 소비의 시점이 일치해야 하는 것이다.

그리고 이용사 한 사람이 하루에 열 사람의 머리를 다듬을 수 있다고 하더라도 일시에 몰려든 열 사람은 감당하지 못한다. 열 사람이 각자 다른 시간에 이용사를 찾는다면 혼자서도 열 사람의 머리를 다듬을 수 있지만, 이들이 동시에 몰려오면 열 사람의 이용사가 일을 해야 한다. 같은 양의 일이지만 동시에 몰려들 경우의 노동생산성은 띄엄띄엄 올 경우의 1/10로 떨어진다. 그러나 일자리는 오히려 10배로 늘어난다. 노동생산성이 낮은 서비스산업은 같은 규모의 생산활동을 펼치더라도 제조업보다 더 많은 사람이 생산에 참여해야 한다. 그렇기 때문에 서비스산업은 일자리를 창출하는 데 제조업보다 더 효과적이다. 그런데 서비스 생산이 확대되려면 수요가 그만큼 늘어나야 한다. 일자리 창출이 당면과제가 된 지금, 수요를 충분히 늘릴 수 있는 서비스 산업은 무엇일까?

우리나라는 물론이고 중국까지 고도성장에 성공하면서 동아시아 지역에는 부자의 숫자가 크게 늘고 있다. 소득이 많아진 부자들은 과거에는 하지 못하던 여러 가지 고급 서비스를 소비한다. 특히 골프, 관광, 그리고 고급 의료서비스 등 사치성 서비스에 대한 수요가 급격히 늘어나는 중이다. 이에 비해 사치성 소비를 억제하는 개발시대의 각종 규제는 여전히 유효하다. 근검절약에 익숙한 서민정서 또한 사치성 소비를 곱게 보지 않는다.

이런 저런 이유로 사치성 소비의 국내 공급단가는 매우 높고 그 산업도 발달하지 못한 채 방치되어 있다. 국내 부자들은 골프 여행 등 외국에 나가서 돈쓰기 바쁘고 중국 부자들도 한국에는 잘 오지 않는다. 각종 규제를 대폭 정비해 서비스 공급단가를 낮추고 사치성 서비스를 친절하게 제공하는 분위기를 조성하면 일자리는 크게 늘어날 것이다.

029

일자리와
일거리

2011년 11월 우리나라 실업자는 73만 명이고 실업률은 2.9%로 집계되었다. 실업은 사회적 분업으로부터 일시적 퇴출을 뜻하는데 퇴출당한 실업자는 소득을 얻을 길이 없다. 시장경제에서는 각 개인이 자신의 생계를 책임져야 하므로 실업은 실업자의 생존을 위협한다. 물론 고용보험이 한시적으로 실업수당을 지급하기는 한다. 그러나 실업자가 급증한 가운데 재취업이 지연되는 사태가 지속된다면 고용보험의 지급능력도 결국 한계에 이를 것이다.

실업자로는 분류되지 않았지만 구직단념자가 17만8,000명이고 그 대부분이 청년층이니 실업률은 낮지만 고용문제에 경보가 울렸다. 당연히 일자리 창출이 당장 시급한 정책과제로 부상했다. 일자리가 줄어든 까닭은 무엇이며 어떻게 하면 다시 일자리를 늘릴 수 있을까? 정부와 공기업 등 공공부문이 일자리 제공에 앞장서야 한다는 주장에서부터 일자리 나누기가 필요하다는 발상에 이르기까지 일자리 만들기의 제안으로 여러 가지가 제기되고 있다.

일자리가 줄어드는 이유는 간단하다. 일거리가 줄어들기 때문이다. 일거리만 늘어난다면 일자리도 금방 다시 늘어난다. 일자리 만들기 정책은 바로 일거리 늘리기 정책이어야 한다. 그렇다면 도대체 무엇이 일거리인가? 이에 대한 대답도 간단하다. 아무도 사가지 않을 것을 만드는 일은 시장경제에서는 결코 일거리가 아니다. 사람들이 돈 주면서 시키는 일이 일거리다. 서민들의 대중수요도 일자리를 만들지만 돈 많은 부자들은 일거리를 더 많이 만들어낼 수 있다.

불황에는 사람들이 지갑을 닫으므로 일거리가 줄어들게 마련이다. 특히 서민들은 불황에 더 움츠린다. 최근의 불황이 전 세계적인 것인 만큼 실업도 우리나라만의 현상이 아니라 세계적 현상이다. 세계 전체의 일거리가 줄어들면서 우리나라의 일거리도 줄어든 것이다. 불황이 끝나면 일거리도 자연히 늘어나겠지만 당장 실업사태가 절박하다는 점이 문제다.

가장 손쉽게 일거리를 만드는 방법으로 불황에 덜 민감한 돈 많은 부자들이 돈을 쓰도록 여건을 조성하면 된다. 골프 비용이 더 싸지도록 규제와 세제를 완화하고, 영리 의료법인을 허용하면 한국의 부자는 물론 중국의 부자들도 몰려와서 돈을 쓸 것이다. 교육을 자유화하면 기러기 가족들의 해외유학 비용이 국내 교육에 지출될 것이다. 이들이 국내에 푸는 돈만큼 일거리가 생기므로 그만큼 국내 일자리가 늘어날 것이다.

또 경기회복이 늦어져서 세계 전체의 일거리가 늘지 않는다면 지금 있는 일거리를 우리나라에 더 많이 끌어오는 정책이 필요하다. 세계화 시대에 일거리에는 국적이 없다. 해외로 나가려는 국내 투자를 붙잡아 두고 외국인투자를 국내에 유치해야만 국내의 일거리가 늘어난다. 세계 각국은 법인세 등 세금을 감면하고 각종 규제를 철폐하면서 서로 더 많은 투자를 유치하기 위해 안간힘을 쓰고 있다.

3부

재산권 보호와 시장의 발달

030

이기심과
재산권 보호

시장경제를 움직이는 추동력의 근본은 개인의 이기심이다. 각자 자신의 이익을 추구하여 벌이는 행동이 나라경제를 꾸려가는 것이다. 그런데 사람마다 내 이익만 생각하고 행동하다 보면 남에게 해를 끼치는 일도 마다하지 않는다. 급전이 필요한 서민이 집을 내놓으면 사정을 짐작한 투기꾼이 사정없이 값을 후려치기도 하고, 정성들여 모셔온 내 고객을 터무니없이 싼 가격으로 유혹하여 빼내어 가기도 한다. 시장경제가 동력으로 삼는 이기심은 남에 대한 배려는 전혀 없이 오직 나만을 생각하고 내 이익만 챙기는 것이다. 시장경제가 이렇게 몹쓸 체제라면 도대체 왜 세계의 거의 모든 나라들이 시장경제를 채택하고 있는 것일까?

내 이익을 챙기는 방법은 기본적으로 두 가지이다. 하나는 남의 것을 빼앗아서 내 것으로 만드는 것이고 다른 하나는 남들이 원하는 일을 해주고 대가를 받는 것이다. 남을 위해 일하고 내 이익을 얻는다면 문제될 것이 전혀 없다. 그러나 약탈과 사취(詐取)는 남의 것을 빼앗고 속여 훔치는 짓이며 편승은 아무 기여도 하지 않았으면서 이익분배에 끼어드는 짓이다. 이런 행동은 결국 다른 사람의 재산권을 유린하는 행동이다.

이기심은 남의 재산권을 유린할 수 없어야만 남을 위해 일하고 이익을 얻으려고 한다. 재산권 유린을 막는 재산권 보호는 정부의 책임이다. 재산권 보호로 이기심을 통제하면 사람들은 서로 도와가면서 이익을 얻을 수밖에 없다. 시장경제가 의존하는 것은 단순한 이기심이 아니라 정부의 재산권 보호라는 멍에를 얹은 이기심이다. 그동안 사람들이 시장에서 재산권을 일방적으로 유린당해 왔다면 아무도 시장을 이용하지 않았을 것이고 시장은 소멸했을 것이다. 현실의 시장이 번성하고 있는 것은 재산권 보호가 그런대로 되어 왔음을 뜻한다.

그런데 재산권 보호는 쉬운 일이 아니다. 우선 누구의 것인지를 잘 판정해야 한다. 누가 보아도 누구의 것인지가 분명한 경우라면 판정이 쉽고 재산권 보호도 쉽다. 예컨대 처음부터 끝까지 나홀로 만든 것이라면 그 물건은 분명히 내 것이고 남들도 그렇게 인정한다. 그런데 누구의 것인지를 분명히 말하기 어렵다면 보호대상이 분명하지 않고 따라서 보호하기도 어려운 것이다. 정부가 재산권을 제대로 보호하지 못하면 그 시장은 부진하게 마련이다.

여럿이 참여한 분업의 생산물은 사전 계약에 따라서 재산권이 결정된다. 계약시행이 어려우면 재산권 보호도 어렵다. 금융계약은 항상 사기의 위험을 부담해야 하고 보험사고도 고의성을 조사해야 한다. 분업이 고도화할수록 계약도 복잡해지고 재산권 보호도 어려워진다. 개발도상국 금융시장이 부진한 것은 저축이 모자라 자금이 근소한 탓도 있지만 개발도상국 정부가 금융자산의 재산권 보호에 미숙하기 때문이기도 하다. 시장은 정부의 재산권 보호능력에 비례하여 발달하는 것이다.

031

작은 정부의
큰 재산권 보호

보통의 경우 사람들은 누구나 각자 구입하는 물건이 무엇인지 알고 산다. 구입 후라도 사기 전에 알던 바와 다르면 즉석에서 환불받는다. 그런데 아스피린은 복용 이후에도 감기가 낫지 않을 수 있으므로 진짜인지를 정확히 알아내는 소비자는 아무도 없다. 그래도 시중 약국에서는 아스피린이 거래된다. 의술도 마찬가지다. 환자로서는 사실 의사의 치료가 제대로 된 것이었는지 확인할 수 없지만 아프면 의사를 찾는다.

소비자가 구입하는 상품의 내용과 품질을 확인할 수 없다면 가짜가 나타난다. 아스피린인 줄 알았던 알약이 밀가루이거나 횟가루인 경우가 있다. 명의로 소문이 자자하던 의원이 알고 보니 무자격 돌팔이인 경우도 종종 발생한다. 가짜임이 들통나면 해당 상품은 끝장이고 엉뚱하게 다른 진짜까지 피해를 입는다. 사람들은 멀쩡한 진짜 아스피린까지 한동안 외면하는 것이다. 이런 사고가 잦으면 관련 상품의 시장 자체가 움츠러든다. 가짜 아스피린을 진짜라고 속여 파는 행동은 사취(詐取)와 다름없이 소비자의 재산권을 유린한다. 피해가 두려운 소비자들이 아스피린 구매를 꺼리면 아스피린 시장은 존재 자체가 어렵다. 멜라민 분유 파동으로 중국제 분유는 시장을 송두리째 잃었다. 아스피린이나 분유는 모두 민생에 없어서는 안되는 상품인데 소비자의 신뢰를 잃으면 시장이 아예 서지 않는다.

이때 정부가 나서서 의약품과 식품의 안전성을 점검하고 품질을 보증하면 문제는 해결된다. 식약청이 수시로 의약품의 성분을 점검하여 불량품을 응징하고 압수하는 조치를 철저히 취하면 소비자들은 안심하고 아스피린을 구입한다. 분유와 다른 식품도 마찬가지다. 국가가 정해진 절차를 거쳐서 의사에게 자격증을 발급하고 무면허 시술을 단속하는 것도 같은 효과를 거둔다. 이러한 정부개입의 본질은 결국 재산권 보호다. 상품의 특성상 재산권 보호가 어려우면 이처럼 별도의 정부조치로 보완해야 그 시장이 작동한다.

위험부담이 본질인 금융상품에는 특히나 문제가 많다. 금융상품의 가치는 잘 되면 크게 불어나지만 잘 안되면 폭락한다. 투자실패 책임의 모호성에 편승한 방만함은 투자 위험을 높이고 이에 시세조작까지 가세하면 투자자는 부당하게 큰 손실을 입는다. 이런 일이 팽배하여 누구나 투자를 기피하는 사태가 바로 금융공황이다.

이러한 사태를 막기 위해 정부는 금융기관이 총자산의 일정비율을 항시 현금으로 보유하고 위탁받은 자금에 대해 책임지도록 하는 등 각종 건전성규제를 부과한다. 또한 방만함, 부주의 및 사기를 막아 금융시장을 정상적으로 작동시키려면 식약청이 불량약품을 걸러내듯 금융감독기관은 키코(kiko) 같은 불량금융상품을 걸러내야 한다. '큰 시장, 작은 정부'라는 구호는 정부개입이 시장을 왜곡하지 말아야 한다는 뜻이다. 그러나 건전성규제와 불량상품 감독까지 그만두라는 뜻은 아니다. 목표가 재산권 보호라면 정부개입은 클수록 더 좋다.

032

개발도상국의 빈곤과
시장 수준

현대의 경제활동은 사회적 분업의 방식으로 전개되고 이 분업을 조정하는 것이 시장이다. 분업에 참여하는 기업들과 이들의 활동을 조정하는 시장이 결국 국민경제생활의 수준을 결정한다. 잘 발달한 시장이 유능한 기업들을 주도하는 선진국 경제는 그만큼 풍요로운 경제생활을 창출하지만 개발도상국 경제의 미숙한 시장과 평범한 기업들은 국민경제생활을 빈곤선에서 구출하지 못한다. 여기에 부당한 정부 개입까지 가세하면 사정은 더욱 나빠진다. 기업은 사람들을 채용하여 제품을 만들고 그 판매 대금으로 보수를 지급한다. 좋은 기업은 많은 사람들을 고용하여 잘 팔리는 제품을 만들고 높은 보수를 지급하지만 부실한 기업은 직원들 월급 주기도 어렵다. 개발도상국 사람들이 선진국 사람들보다 더 가난한 까닭은 결국 좋은 기업이 적기 때문이다. 개발도상국 가난의 일차적 원인은 낙후된 기업이다.

시장경제에서는 거래가 성사돼야 그 상품을 만드는 활동이 일거리로 자리잡는다. 거래가 활발하면 그만큼 물건을 더 많이 만들어야 하므로 일거리도 늘어난다. 많이 팔릴 제품을 선별할 줄 아는 기업들이 많으면 많을수록 일자리도 많아지는 것이다. 그런데 팔릴 만한 상품을 만들었는데도 사람들이 몰라보거나 알아보아도 무언가 불안하여 구매하지 않는다면 일자리는 생길 수 없다. 상품만 좋으면 마땅히 유통돼야 하지만 시장이 부실하면 이런저런 이유로 좋은 상품이라도 유통에 실패하고 관련 일자리도 사라진다. 개발도상국 가난은 부실한 시장에도 책임이 있는 것이다.

예를 들어보자. 서울에서는 길가에서 떡볶이를 사먹어도 되지만 제3세계 노점 음식은 사먹지 않는 것이 좋다. 사람들이 이렇게 생각하는 한 제3세계의 노점상은 아무리 위생적인 음식을 만들더라도 많이 팔지 못한다. 서울의 떡볶이 아줌마는 제3세계 노점상보다 일을 더 많이 하고 돈도 그만큼 더 많이 번다.

노점 식품 판매는 사소한 문제다. 개발도상국의 자산거래는 훨씬 더 큰 문제를 안고 있다. 큰돈을 주고 건물을 구입했는데 난데없는 또 하나의 집주인이 나타나는 일이 개발도상국에서는 비일비재하다고 한다. 빌려준 돈을 상대방이 떼어먹을 때 보호받을 장치도 미흡하다. 일반적으로 거래과정에서 분쟁이 발생할 때 문제를 해결하는 절차와 제도가 선진국에서는 분명하지만 개발도상국에는 아예 없거나 있어도 불투명하여 어떻게 해결될지 예측 불가능하다.

사람들이 시장거래를 주저하면 그만큼 일거리도 줄어든다. 개발도상국이 선진국보다 더 빈곤한 데에는 좋은 기업이 적은 데 더하여 그 시장이 거래를 제대로 창달하지 못하는 탓도 크다. 좋은 상품인데도 사람들이 시장거래를 주저하는 까닭은 재산권과 계약권이 제대로 보호받지 못하기 때문이다. 개발도상국 정부는 재산권과 계약권을 선진국만큼 잘 보호하지 못하기 때문에 그 시장도 거래를 충분히 창달하지 못하는 것이다.

033

'워싱턴 합의'의
실패

세계은행, IMF, 그리고 미국정부는 개발도상국들의 경제개발 사업
을 지원하면서 일관성 있게 규제 철폐, 자유화, 그리고 민영화를 권고
해 왔다. 워싱턴에 소재한 이들 기관들이 경제개발전략으로 내세우는
규제철폐-자유화-민영화의 처방을 경제학자 윌리엄슨(John Williamson,
1937~)은 '워싱턴 합의(Washington Consensus)'라고 명명했다. 보통 개발도
상국 정부는 경제개발을 위해 시장에 깊이 개입하는 개발정책을 추진
하지만, '워싱턴 합의'는 기본적으로 정부 간섭을 줄이고 시장을 강화
하도록 하는 개발정책을 권장한다. 시장 개입보다는 반대로 개발도상
국 정부가 시장에서 물러날 때 오히려 더 나은 개발 성과를 얻는다는
것이다.

영리 추구를 허용하는 시장은 인간의 이기심을 가장 효과적으로
자극하여 근로 유인을 유발한다. 시장을 잘만 활용하면 개발도상국 국
민들로 하여금 더욱더 열심히 일하도록 이끌어 경이적 경제성장을 구
현할 수도 있을 것이다. 정부 개입을 줄여서 시장을 시장답게 만들자
는 '워싱턴 합의'는 결국 그렇게 하자는 처방이다. 그러나 이 처방을

충실하게 따랐던 중남미국가들의 개발 현실은 한결같이 부실하기 짝이 없다. 이기적 인간으로 하여금 가장 열심히 일하도록 만들자는 '워싱턴 합의'가 왜 현실에서는 경제개발에 실패하는 것일까?

시장이 제대로 작동하려면 정부의 부당한 개입이 없어야 한다. 정부가 시장에서 물러나야 한다고 권고하는 '워싱턴 합의'는 이 점을 지적한다. 선진국 정부는 재산권과 계약권을 잘 보호하면서 자유로운 시장거래를 허용하기 때문에 사람들이 열심히 일하도록 만든다. 정부는 권리 보호만 하면 되고 그 이외의 시장 개입은 삼가는 것이 좋다. 그러나 개발도상국 정부는 재산권과 계약권의 보호에서 그 능력이 선진국 정부에 크게 못 미친다.

능력이 부족하여 민간기업의 횡포를 단속하기 어려우면 개발도상국 정부는 아예 공기업을 설립한다. 개발도상국의 지나치게 까다로운 규제는 대개 그 정부의 규제시행 능력이 부족한 데에 대한 보완책이다. 시장이 부실하여 수요는 급증하는데 공급이 같이 늘지 못하면 개발도상국 정부는 가격 상한을 강요하기도 한다. 시장의 작동을 부당하게 침해하는 것처럼 보이는 규제와 제도 가운데 상당부분은 개발도상국 나름대로 재산권과 계약권을 보호하는 수단인 것이다.

개발도상국 정부가 '워싱턴 합의'의 권고에 따라서 시장에서 일방적으로 물러나버리면 재산권 침탈을 막기 어렵다. 그 결과 일해도 그 성과를 제대로 보호받지 못하도록 되어버린 시장에서는 근로 유인이 살아날 수가 없고 개발 성과도 부진할 수밖에 없다. '워싱턴 합의'는 개도국 정부의 시장 개입 철회가 한편으로는 시장 왜곡을 시정하지만 다른 한편으로는 재산권 보호도 약화시킨다는 사실을 간과하였기 때문에 실패한 것이다. 개도국 정부의 시장 개입 철회가 개발성과를 거두려면 재산권 보호 장치를 마련하는 작업과 맞물려야 한다.

034

거래비용의
경제학

재산권 침탈의 가능성이 높을 때 사람들은 시장거래에서 불필요한 비용을 더 감수해야 한다. 이 경우에 정부가 재산권 보호를 강화하면 거래비용(transaction cost)을 경감시켜 시장거래가 활성화된다. 그런데 정부의 재산권 보호와는 다른 방식으로 거래비용을 절약할 수도 있다. 예컨대 식당은 김치를 외부 생산자에게서 사올 수도 있고 직접 담글 수도 있다. 외주업체와의 거래에 비용이 거의 들지 않는다면 외주에 맡기고, 반대로 제때에 배달하지 않거나 품질 문제로 반품하는 사례가 잦은 등의 불필요한 비용이 자주 발생하면 아예 직접 담그는 것이다.

두 기업이 일회성 거래가 아니라 지속적으로 거래를 반복하는 경우에는 특이한 거래비용이 나타난다. 거래를 거듭하면 서로 상대방의 능력과 요구사항을 잘 알게 되기 때문에 별 문제가 없는 한 같은 상대와 계속 거래하는 것이 서로 편하고 유리하다. 이 현상을 '선점자 우위(first mover advantage)'라고 한다. '선점자 우위'의 이익을 살리려면 아예 장기계약을 체결하고 거래하는 것이 좋겠지만, 미래에 무슨 일이 일어날지도 모르는 터에 계속거래를 의무화하는 장기계약은 무리이다. 물론 사태 전개에 세부적으로 대응하는 완벽한 계약을 체결하면 되지만 인간의 '제한적 지성(bounded rationality)'으로는 불가능하다. 결국 단기계약을 체결하고 만기가 되면 다시 재계약하는 수밖에 없다.

그런데 재계약 시점에서는 '선점자 우위'가 도리어 걸림돌로 작용한다. 자신이 상대방에게 편한 거래처이고 나 이외에 다른 대안이 없음을 서로 잘 알고 있기 때문이다. 예컨대 제철업자의 용광로에서 막 나온 뜨거운 쇳물을 제강업자가 구입하는 거래를 생각해 보자. 쇳물이 식어서 선철로 되면 제강과정에서 다시 녹여야 하므로 그 가치는 그만큼 떨어진다. 그런데 제철업자 주변의 제강업자가 하나뿐이라 서로 선택의 여지가 없다. 어느 한쪽이 궁지에 몰려 크게 손해 볼 위험이 높다. 이러한 사태를 막으려면 별도의 노력을 들여야 하는데 이 노력이 바로 거래비용으로 이어지는 것이다. 이 거래비용은 매우 방대하지만 만약 한 사업자가 제철과 제강을 모두 수행해 버리면 거래비용을 부담할 필요가 없어진다.

어떤 부품을 시장에서 구입할 때 그 거래비용이 과다하면 기업들은 자체 생산체제를 갖추고 거래비용을 절감한다. 일반적으로 기업들은 모든 부품을 다 스스로 생산할 능력을 갖추고 있더라도 어떤 부품은 자체 생산하면서 어떤 부품은 외주에 맡긴다. 많은 경우에 그 까닭은 기업이 그렇게 함으로써 거래비용을 줄일 수 있기 때문이다. 기업은 자체생산에서 발생하는 거래비용과 외주의 시장거래에서 발생하는 거래비용을 비교하여 더 작은 비용의 방식을 선택하는 것이다. 윌리엄슨(Oliver Williamson, 1932~)은 특정 기업들 간에 지속적으로 반복되는 시장거래에 특이한 거래비용이 발생한다는 점에 착안하여 '거래비용의 경제학(transaction cost economics)'을 창시하였는데 그 공로로 2009년도 노벨 경제학상을 수상했다.

035

자연독점과
기본설비원칙

철도나 고압송전망 건설에는 많은 돈이 든다. 가스관, 상하수도관, 광케이블 통신망도 마찬가지다. 이들은 모두 '망산업(network industries)'으로 분류되는 산업인데 큰 비용을 들여야 건설할 수 있다. 예컨대 한국전력공사의 총자산 약 60조 원 가운데 절반인 30조 원이 송배전망 자산이다. 전력을 생산·공급하려면 발전설비와 송배전설비를 먼저 갖추어야 하므로 초기 투자비용이 엄청나다. 전력 생산비용에는 이 투자비용이 설비비 항목으로 포함된다. 따라서 전력 생산단가는 발전량이 많아질수록 하락하는 특징을 보인다. 더 많이 생산하는 사업자가 전력을 더 싼값에 공급할 수 있는 것이다.

이처럼 생산량이 증가할수록 생산단가가 하락하는 특성을 '규모의 경제(economies of scale)'라고 한다. 규모의 경제가 나타나는 산업에서는 규모가 더 큰 기업이 더 강한 경쟁력을 발휘한다. 규모가 작은 경쟁자는 손해 보는 가격이라도 규모가 큰 기업은 이익을 남길 수 있기 때문이다. 이러한 산업에서 벌어지는 경쟁은 규모 확장의 경쟁으로 귀결되고 결국 하나의 대기업만이 남아서 시장을 독점하는 형태로 끝난다.

그러나 그 과정에서 여러 기업들이 고비용의 망설비를 중복 설치했다가 해체하는 것은 큰 낭비다. 즉 규모의 경제가 나타나는 산업은 경쟁보다는 독점이 더 자연스러운 자연독점(natural monopoly)산업이다.

각국 정부는 20세기 초부터 각종 망산업을 법정 독점사업으로 운영해 왔다. 정부가 독점사업자를 지정하고 사업권(franchise)을 부여하여 다른 사업자의 진입을 막는 대신 요금을 규제하고 퇴출을 엄격하게 제한했다. 정부가 법령으로 진입장벽을 설치한 것이다. 나라에 따라서 독점사업자가 민간기업인 곳도 있었고 우리나라처럼 공기업인 경우도 있다. 그러나 규제는 쉬운 것이 아니었다. 지난 세기 말까지 규제 실패의 부작용이 속속 밝혀지면서 경쟁도입 가능성에 대한 연구가 다각적으로 전개되었다.

망설비를 이중삼중으로 가설하는 것은 여전히 낭비다. 그러나 이미 설치된 망을 망소유자가 다른 사람들과 공동으로 이용하도록 한다면 최소한 전력이나 가스 등 관련 서비스를 공급하는 부문에서는 시장경쟁을 유치할 수 있다. 망설비는 이것을 이용하지 않으면 관련 서비스를 절대로 공급할 수 없으므로 기본설비로 분류된다. 법령으로 어떤 설비를 기본설비로 규정하면 그 소유주는 소정의 사용료를 납부하는 외부인과 해당설비를 공동 이용해야 한다. 이것을 '기본설비원칙(essential facility doctrine)'이라고 한다. 통행료만 내면 누구나 이용할 수 있는 고속도로는 이 원칙이 적용되는 대표적 기본설비다.

지난 세기말부터 통신망, 송배전망, 가스관, 철도, 상하수도관 등 각종 망설비에 기본설비원칙을 적용하는 나라들이 급속히 늘고 있다. 전통적 자연독점산업은 망설비를 이용하는 서비스 공급부문부터 시장경쟁을 도입하는 방향으로 개편되고 있는 것이다.

036

외부성의
시장실패

편익(benefit)을 추구하는 사람의 행동에는 반드시 비용(cost)이 따른다. 편익보다 비용이 더 크다면 그런 행동은 비효율적이고 그 용도에 사용된 자원은 낭비되었다고 말한다. 희소한 자원을 효율적으로 활용하려면 사람들이 비용보다 편익이 더 큰 행동만을 선택해야 한다. 얼른 생각하기에 자유방임의 시장경제라면 사람들이 그렇게 행동할 것 같다. 예컨대 상품을 생산 판매하는 기업은 벌어들이는 판매수입(편익)이 생산비용보다 적으면 손해를 보기 때문에 항상 편익이 비용보다 높게 되도록 노력할 것이다.

그러나 실제의 기업활동을 보면 다르다. 활동의 비용과 편익이 실제로 기업이 부담하고 누리는 것과 반드시 일치하지 않기 때문이다. 요즈음은 많이 달라졌지만 과거의 기업들은 하천에 폐수를 방류해도 처벌받지 않았다. 그러므로 기업은 실제 유발한 비용 가운데 하천 오염의 비용 같은 것은 부담하지 않고 넘어갔다. 기업이 유발한 전체 비용을 '사회적 비용(social cost)'이라고 하고 실제로 부담하는 비용을 '사적 비용(private cost)'이라고 부른다. 공해 유발의 경우처럼 사적 비용이 사회적 비용보다 적은 행동은 자신이 부담해야 할 비용을 사회에 떠넘기는 외부불경제(external diseconomies)를 창출한다.

편익에서도 같은 경우가 나타난다. 내 돈을 들여서 나의 집에 이르는 길을 포장하면 내 이웃의 땅값도 오른다. 이 편익은 내가 도로를 포장하였기 때문에 발생한 것이겠지만 내 것이 아니라 내 이웃의 것이다. 이처럼 내가 누리는 사적 편익(private benefit)이 내가 창조한 사회적 편익(social benefit)에 미치지 못할 때 나는 내 행동이 창조한 편익을 모두 거두지 못하고 다른 사람들에게 헌납하는 외부경제(external economies)를 창출한다. 외부경제와 외부불경제를 모두 일괄하여 외부성(externalities)이라고 한다. 사적 비용·편익이 사회적 비용·편익과 괴리되는 외부성은 시장경제의 자유방임에 심각한 문제를 제기한다. 사람들이 행동할 때 기준으로 삼는 것은 사회적 비용·편익이 아니라 사적 비용·편익이기 때문이다. 사회적 비용보다 더 적은 사회적 편익을 가져오는 행동은 자원의 오용과 낭비를 유발하지만 사적 편익이 사적 비용보다 더 크기만 하다면 개인은 주저하지 않고 자원을 낭비하는 이 행동을 선택하는 것이다.

외부성이 비효율적 자원배분을 초래하는 까닭은 관련 재산권이 제대로 책정되지 않아서 그 보호가 부실하기 때문이다. 즉 외부불경제는 내가 다른 사람들의 재산권을 침해하고 외부경제는 다른 사람들이 내 재산권을 유린하는 현상이다. 재산권을 보호받지 못하는 재산은 시장에서 거래될 수가 없고 아무나 일방적으로 점유한다. 외부성은 이처럼 사회적 비용·편익과 사적 비용·편익의 차이에 대해 재산권을 명확히 획정하지 못했기 때문에 발생하는 현상이다. 외부성에 따른 효율적 자원배분의 실패는 재산권이 획정되지 못한 재산이 시장에서 거래되지 못한 결과이므로 이것을 시장실패라고 부르는 것이다.

037

시장창조의 처방과
코즈협상

외부성 때문에 생기는 시장실패는 정부가 나서서 사회적 비용·편익과 사적 비용·편익의 차이분에 대해 재산권을 분명히 해주면 해결할수 있다. 경제학자 피구(Arthur Cecil Pigou, 1877~1959)는 외부성을 일으키는 사람에게 비용의 차이만큼 조세를 부과하고 편익의 차이만큼 보조금을 지급하자고 제안했다. 이렇게 하면 행위자로서는 사회적 비용·편익과 사적 비용·편익의 차이가 없어지므로 그 행동이 비효율적으로 빗나가지 않는다.

  그러나 조세 보조금 방식은 시행 과정에서 적지 않은 어려움을 겪는다. 우선 조세와 보조금의 금액을 정확히 산정하기 어렵다. 이것을 가장 정확히 아는 사람은 실제 외부성을 일으키는 당사자일 텐데 각 개인은 자신이 부담할 조세는 줄이고 보조금은 늘어나도록 관련 정보를 왜곡할 것이기 때문이다. 그리고 이 방식은 외부성의 피해자와 수혜자들을 국가가 대리하는 방식이다. 공해를 유발한 사람에게서 세금을 거두어 해당 공해를 완전히 해소한다면 문제는 없다. 그러나 도로를 포장한 사람에게 외부경제의 수혜자가 아니라 정부가 보조금을 지급한다면 수혜자가 아닌 사람들은 이의를 제기할 것이다.

경제학자 코즈(Ronald H. Coase, 1910~)는 조세 보조금 방식에 반대하고 외부성의 문제도 그대로 시장에 맡겨두는 것이 옳다고 주장했다. 외부성이 비효율성을 일으키면 당사자들이 서로 협상하여 문제를 해결하는 시장이 생긴다는 것이다. 예컨대 A의 사업에 따르는 사회적 비용은 500인데 A는 그중 300의 사적 비용만을 부담한다고 하자. 그리고 사적 편익은 400으로 사회적 편익과 같다고 하자. A는 이 사업을 할 것이고 다른 사람들은 A가 부담하지 않는 200의 비용을 덤터기 쓸 것이다. 편의상 이 사회에는 A와 B 두 사람만 있다고 하자. 그러면 A가 100의 순편익을 얻기 위해 B가 200의 피해를 당하는 상황이다.

재산권 구조가 A의 사업을 금지한다면 아무 문제가 없지만 그렇지 않다면 B는 피해를 당해야 한다. 그러나 이 경우에도 B는 협상을 통하여 A가 사업을 하지 않도록 이끌 수가 있다. 예컨대 B가 A에게 150의 대가를 지불하면서 사업을 하지 말도록 요청한다고 하자. A가 B의 요구를 수용한다면 사업할 때의 순편익 100보다 더 큰 150의 이익을 누린다. B의 손실도 150으로서 A가 사업을 강행할 때의 200보다 더 적다. 그러므로 쌍방은 협상을 통하여 비효율적 행위를 배제할 수 있는 것이다. 이 명제가 널리 알려진 '코즈정리(Coase Theorem)'다.

어떤 사회적 상태가 비효율적이라는 말은 각자의 순편익이 지금보다 더 높아질 수 있다는 말이다. 다만 나 혼자의 노력만으로는 불가능하고 다른 사람들이 함께 협력해야 한다. 비효율성이 지속되는 까닭은 협력을 성공적으로 이끌어내지 못하기 때문이다. 시장은 결국 비효율적인 상태에 처할 때마다 사람들이 자신들의 순편익을 높이기 위해 협상을 벌이는 장이다. 이 협상을 '코즈협상(Coasian bargain)'이라고 한다. 그렇다면 코즈협상은 만능일까?

038

코즈협상과
거래비용

양봉업자가 날린 벌은 과수원의 꽃들을 오가며 꿀을 따고 꽃가루를 날라 과일의 열매를 맺게 만든다. 사과꽃 철에 양봉업자가 다녀가면 훨씬 더 많은 사과가 열리는 것은 이 때문이다. 양봉업자는 물론 꿀을 얻어간다. 그러나 이 꿀은 벌 날리는 대가로 과수업자와 계약한 몫은 아니다. 양봉업자와 과수업자의 생업이 서로 상대방에게 외부경제를 일으키는 사례라고 할 수 있다.

그런데 경제학자들이 과수원의 꿀벌을 놓고 외부경제를 논하던 시절에 알고 보니 어느 곳에서는 이미 사과밭 주인이 꽃철에 돈을 지불하면서 양봉업자들을 초청하고 있었다. 경제학자들이 외부성을 본격적으로 연구하기 이전부터 일부 지역에서는 코즈의 설명대로 시장이 형성되어 문제를 해결하고 있었던 것이다. 얼마 전 우리나라에서도 배꽃 철에 배밭 주인이 돈을 주면서 양봉업자들을 불러 모은 사실이 뉴스로 보도된 적이 있다. 이처럼 '코즈정리'대로 외부성이 해결되는 사례는 실제로 적지 않다.

그러나 현실을 보면 그렇게 풀리지 않는 경우도 많다. 만약 폐수를 버리는 공장과 주민들이 코즈의 설명대로 문제를 해결한다면 굳이 환경부가 나서서 오염 공장을 적발하고 과징금을 물릴 필요도 없었을 것이다. '코즈협상'은 항상 양쪽 모두에 유리한 것이지만 외부성을 일으킬 권리에 대해 서로 의견이 다르거나, 협상에 성공하더라도 그대로 이행된다는 보장이 없으면 문제를 해결하지 못한다. 또 개인별 피해나 이익의 크기에 대해 양쪽이 합의하지 못해도 역시 거래는 성사될 수 없다. 특히 어느 한쪽이 여러 사람이라면 그 합의가 더욱더 어려워진다. 환경부가 공해 문제에 직접 나서는 까닭은 많은 기업들과 전 국민이 관련된 탓에 시장거래가 불가능하기 때문이다.

외부성과 관련한 재산권이 제대로 획정되지 못하면 외부성을 일으킬 권리나 개인별 피해·이익의 크기에 대해 분쟁이 일어나게 마련이다. 또 계약권 보호가 불완전해도 사람들은 '코즈협상'이 계약대로 이행될 것으로 기대할 수 없고 오직 강자의 횡포만 횡행할 뿐이다. 법치를 강화하여 분쟁과 계약불이행 문제를 해결하려면 많은 비용이 소요된다. 이 비용은 시장거래를 가능케 하는 데 소요되는 거래비용의 한 부분이다. 양쪽 다 더 좋아지자는 '코즈협상'이지만 협상의 이익보다 거래비용이 더 크면 사람들은 협상을 포기한다. 결국 '코즈정리'는 큰 거래비용 없이 재산권·계약권 보호가 가능한 경우에만 성립한다.

그런데 외부성의 거래 당사자들이 모두 기업들이라면 조세·보조금이나 '코즈협상' 아닌 제3의 방법으로 외부성 문제를 해결할 수 있다. 기업 A가 전가한 비용을 기업 B가 덤터기 쓰는 외부불경제의 경우 두 기업이 합병하면 합병기업 C는 모든 사회적 비용을 사적 비용으로 부담하게 된다. 외부경제의 경우에는 모든 편익이 합병기업의 사적 편익으로 된다. 이처럼 거래비용이 커서 기업 간 '코즈협상'이 실패하면 효과적 대안은 기업합병이다.

039

공유자산의
비극

재산권 구조는 관련 자산을 효율적 사용으로 유도할 수도 있고 비효율적 남용으로 오도할 수도 있다. 코즈는 비효율적인 재산권 구조라도 당사자 간의 협상을 통하여 효율성을 실현한다고 주장하지만, 거래비용이 너무 크다면 그렇게 되지 않는다. 잘못 획정된 재산권이 높은 거래비용과 맞물려 낭비를 초래하는 대표적 사례가 널리 알려진 '공유자산의 비극(tragedy of commons)'이다.

여러 사람들이 동시에 사용권을 가지고 있는 자산을 공유자산이라고 부른다. 집단소비가 가능한 비경합재가 공유자산이라면 이것은 사용권자들 간에는 공공재이며 여럿이 함께 사용해도 각자의 사용량에는 아무 문제가 없다. 그러나 경합재라면 사정이 다르다. 다른 사람이 더 많이 사용해 버리면 내가 사용할 몫이 그만큼 적어진다. 각 사용권자는 크게 필요하지 않아도 서로 먼저 더 많이 사용해 버리기 위한 경쟁의 덫에 빠지고 만다. 결국 공유자산이 내몰리는 결말은 과다사용으로 피폐해져 버리는 '비극'이다. 어부들은 서로 어획고를 다툼으로써 그 결과 어족의 씨를 말리고 목동들은 경쟁적으로 소떼를 풀어 초원을 사막화시킨다. 만약 사용권을 가진 어부와 목동이 각각 한 사람뿐이었다면 어족을 경쟁적으로 남획하는 일은 없었을 것이고 다시 자랄 풀은 남겨두도록 소떼를 관리했을 것이다.

'공유자산의 비극'이 여러 사람들에게 사용권을 허용한 재산권 구조에서 비롯한다고 파악하는 경제학자들은 공유자산을 사유화시키는 해법을 권고한다. 이에 비해 정치학자들은 정부가 나서서 집단적 사용을 적절히 규제하는 해법을 제시한다. 이를테면 개인별로 사용량의 상한을 정해주고 그대로 따르도록 강제하는 것이다. 사유화이건 규제이건 그 본질은 모두 재산권 구조의 내용을 바꾸는 조치라는 점에서는 공통적이다.

공유자산 문제의 본질은 각자의 소비가 다른 사람들의 몫을 줄이는 외부불경제다. 만약 코즈협상이 성공한다면 내가 적게 사용하는 만큼 다른 사람도 적게 사용함으로써 공유자산의 피폐를 막고 모두 다 더 좋아진다. 실제로 사용권자의 숫자가 적은 공유자산의 경우에는 서로 절제를 합의하고 이행하는 방법으로 비극을 막아낸다. 미국 메인주의 어촌에서는 어부들이 서로 절제를 합의하고 마을 앞바다의 바닷가재 자원을 보호한다.

그러나 사용권자가 많아지면 협상비용이 크게 증가하여 코즈협상을 불가능하게 만든다. 고래나 참치를 잡는 어민들은 숫자도 많고 국적도 다양하다. 이들이 모여서 자발적으로 어획량을 줄이도록 협상하는 일은 없다. 서해 바다의 그 많던 조기떼들이 사라진 것도 우리나라와 중국 어선들의 남획 때문이다. 코즈협상은 엄청난 거래비용 때문에 수많은 사용권자들이 공유자산을 남용하는 사태를 결코 풀어내지 못한다. 현실에서 공유자산의 비극은 경합적 자원의 사용권자가 너무 많을 때 발생하는데 정부는 사유화나 규제로 대처하고 있다.

040

역(逆)공유자산의
비극

경합재는 사람이 사용하면 사용한 만큼 없어져버리는 재화이다. 이 경합재의 사용권을 여러 사람들에게 허용하는 재산권 구조는 '공유자산의 비극'이라고 부르는 과다사용의 낭비를 유발한다. 그런데 일반적으로 소유권은 소유한 자산의 사용권뿐만 아니라 다른 사람들이 그 자산을 사용하지 못하도록 거부하는 배제권까지 포함한다. '공유자산의 비극'은 사용권자들 간에는 서로 배제권을 행사할 수 없도록 된 재산권 구조에서 비롯한다.

특정한 자산에 대한 배제권을 여러 사람이 보유하는 재산권 구조는 사용권만을 공유하는 공유자산과 정확히 대칭된다. 이 경우에 자산을 이용하려는 사람은 모든 배제권자들로부터 사용 허가를 일일이 취득해야 하며 만약 어느 한 배제권자라도 거절하면 아무도 사용할 수 없다. 사용권 행사가 이처럼 제한된 만큼 자산은 과소사용으로 끝나고 만다.

사용권자가 여럿인 공유자산에 대비해 여러 사람이 배제권을 가진 자산을 '역공유자산(anti-commons)'이라고 부른다. 과다사용이 공유자산의 가치를 피폐화시킨다면 역공유자산은 필요할 때 사용하지 못하는 과소사용의 손실을 유발한다. 어느 배제권자가 역공유자산의 사용을 거부함으로써 과소사용의 비효율성을 초래하는 현상을 '역공유자산의 비극(tragedy of anti-commons)'이라고 한다. 재개발사업을 추진하는 지역에 흔히 있는 소위 '알박기'는 한 사람이 나서서 공동개발을 방해하는 '역공유자산의 비극'이다.

미국의 어느 제약회사는 기존의 여러 특허를 이용하여 알츠하이머병의 치료방법을 개발했다고 한다. 그런데 개별 특허권자들이 너무 엄청난 로열티를 요구하는 바람에 아직 이 치료법의 임상실험조차 시작하지 못하고 있다. 새로 개발된 치료법의 관련 개별 특허 하나하나가 치료제의 사용을 불허할 수 있으므로 알츠하이머 치료제는 역공유자산이다. 또한 복잡한 배제권 때문에 그 실용이 지연됨으로써 치료받지 못한 알츠하이머병 환자들의 고통은 과소사용이 유발한 손실이다.

이미 널리 보급되어 있는 랩뮤직도 과거에는 수백 개의 기존 곡에서 소절들을 뽑아서 '콜라주'한 합성품이었다. 그러나 저작권을 내세운 음반사들이 반발하자 '콜라주' 형태의 랩뮤직은 사라지고 말았다. 저작권과 특허권은 혁신을 장려할 목적으로 도입한 제도다. 그러나 이 권리가 배제권이 되어서 이들의 성과를 합성하여 고도화시키는 복합적 혁신을 오히려 방해하는 '역공유자산의 비극'을 도처에 만들어내고 있다.

역공유자산의 배제권 행사도 본질은 외부불경제를 창출하는 행동이다. 거래비용만 낮다면 코즈협상으로 풀 수 있다. 그러나 공유자산의 경우처럼 수많은 배제권자가 거래비용을 높이면 코즈정리에 따른 해결을 기대하기는 어렵다. '역공유자산의 비극'을 풀기 위해서는 정부가 배제권 행사를 적절히 제한하는 조치를 취해야 할 것이다.

041

지식재산권과
강제면허

모범이 되는 사람의 행동은 많은 사람들이 보고 배우는 대상이다. 산업혁명 시기에 영국을 여행하고 돌아온 벨기에의 한 기업인은 몰래 보고 온 영국 공장의 생산 방식을 그대로 본떠서 산업활동을 시작했는데 그것이 벨기에 산업화의 시작이었다. 그러나 영국인들은 요즈음처럼 지식재산권 침해를 이유로 소송을 제기할 수는 없었다. 당시에는 지식에 대한 재산권이 미처 사회적 합의를 얻지 못한 상태였기 때문이다.

지식은 여러 사람들이 함께 사용해도 소모되지 않는 비경합재이므로 더 많은 사람들이 사용할수록 사회적 편익도 그만큼 더 커진다. 그러나 적지 않은 비용과 노력을 들여서 개발한 지적 자산을 다른 이들이 그냥 사용하도록 허용한다면 외부경제를 방치하는 결과가 된다. 생산될 지식의 성패를 미리 알 수 없는 상태에서 개발비 분담을 위한 코즈협상은 성공하기 어렵다. 그러므로 지식 생산자가 모든 비용을 부담하고 그 성과도 모두 누리도록 하는 지식재산권이 등장했다. 지식재산권이 보장되지 않으면 지식 생산을 위한 노력은 사회적으로 필요한 수준보다 더 낮게 결정된다.

특허(patent)나 저작권(copyright)은 지식 생산을 장려할 목적으로 창안물에 대한 배타적 독점권을 일정 기간 동안 보장하는 지식재산권이다. 다른 재산권에 비해 지식재산권에 대한 법적 보호는 훨씬 늦게 시작하였는데 특허제도를 가장 먼저 시행한 나라는 19세기 말 스위스다. 그 이후 선진국들은 점차 지식재산권 보호를 제도화해 왔고 20세기 말 WTO체제가 출범하면서 지식재산권 보호는 전 세계로 확산되었다.

지식재산권은 본질적으로 다른 사람들의 무단 사용을 금지하는 배제권이므로 그 시행은 해당 지식의 과소사용으로 이어질 수밖에 없다. 실제로 과소사용이 문제되는 역(逆)공유자산의 대부분은 지적 재산이다. 모든 지식의 무료 사용을 주장하는 인터넷 공간의 접속개방(open access)운동은 지식재산권을 반대한다. 이보다는 약하지만 기본설비원칙과 같은 정신으로 지식재산권도 제약해야 한다는 원칙이 강제면허(compulsory licensing)이다. 이 원칙에 따르면 특허의 사용을 희망하는 사람들이 소정의 대가를 지불하면 해당 특허권자는 면허를 발급해야 한다. 모든 지식재산권에 대해 강제면허제도가 적용된다면 지식 자산에 관한 한 '역(逆)공유자산의 비극'은 사라질 것이다.

강제면허는 비효율적 사업자까지 동원한다는 반론이 있지만 그 비효율성이 아무리 커도 '역공유자산의 비극'보다 더하지는 않다. 질병 에이즈 퇴치 의약품에 대한 강제면허를 놓고 개도국 정부와 선진국 제약회사 간에 찬반논쟁이 팽팽한데 결국 논쟁의 초점은 로열티 수준이다. 그러나 강제면허 로열티의 적정 수준에 대해서는 아직 일반적 해법이 없다. 과다하지 않은 보상으로 적정 수준의 혁신노력을 유도하는 지식재산권 제도가 필요하다.

042

배출권 시장의
'캡거래'

지구온난화의 주범으로 알려진 온실가스의 감축은 이제 시대적 소명이 되었다. 온실가스의 대종은 연료를 태울 때 발생하는 탄산가스다. 탄산가스 배출을 줄이려면 전통적 화석연료를 저탄소 녹색연료로 대체해야 한다. 녹색화 촉진 방안으로 여러 가지가 시행되고 있지만 그중 하나가 배출권 시장이다. 연중 탄산가스 배출 상한선을 나라별로 책정하여 배출권을 배정(cap)하고, 배정량보다 더 많은 탄산가스를 배출하려면 여유 있는 다른 나라로부터 배출권을 구입(trade)하도록 강제하는 것이 캡거래(cap - and - trade)제도이다. 탄산가스를 추가로 배출하려면 돈 들여 배출권을 사와야 하고, 저탄소 노력에 성공하면 남는 배출권을 다른 나라에 팔 수 있으니 각국은 탄산가스 배출량을 감소시키는 데 노력을 기울이게 마련이다.

교토협약(Kyoto Protocol)은 1997년 37개 산업국들이 스스로 정한 온실가스 감축 목표를 의무화하도록 규정하였는데 그 시행은 2005년부터 시작되었다. '공동의, 그러나 차별화된 책임(common but differentiated responsibility)'의 원칙 아래 선진국들은 무거운 감축 의무를 지는 반면 개발도상국들에게는 감축 의무를 부과하지 않는다는 것이 협약의 기조였다. 그러나 감축 의무를 이행한 뒤에도 여전히 선진국들은 후진국들보다 더 많은 온실가스를 배출하고 있다. 전체 배출량은 미국이 1위이고 중국이 2위이지만, 2003년 현재 1인당 배출량을 보면 일본과 한국이 각각 9.4톤인데 중국은 2.8톤에 불과하다. 그리고 이 실적을 근거로 하여 배출권을 배정할 것이므로 선진국들이 더 많은 1인당 배출권을 배정받을 것이다. 배출권 시장의 캡거래는 미국이 산성비의 원인인 질소산화물(NOx) 배출을 줄이기 위해 NOx배출 기업들에게 일정 한도의 배출권을 배정하고 거래하도록 한 데서 시작했다. 과거에 많이 배출하던 업체에 더 많은 배출권이 부여되었지만 배출량을 줄이는 데는 가장 효과적이었다는 평판을 얻었다. 이 방식을 온실가스 감축을 위한 글로벌 전략으로 그대로 채택하려는 것이다. 그러나 기존 배출 실적을 반영하는 국별 배출권 배정은 불공평하고 인구 1인당 배출량이 같도록 국별 배출권을 결정하는 방안이 사실은 더 공평하다.

　실적에 따라 배출권을 배정하면 선진국은 높은 배출권을 배정받지만 고통스런 감축 의무를 지는 데 반하여 개발도상국에게 당장 감축 부담은 없다. 그러나 장기적으로는 개발도상국도 녹색화에 동참해야 하는데 그렇게 하려면 선진국의 녹색기술과 자본이 필요하다. 이것을 싼값에 얻으려는 개발도상국과 그에 반대한 선진국이 맞선 가운데 코펜하겐 기후회의는 큰 성과 없이 끝났다. 인구 1인당 기준으로 국별 배출권을 배정한다면 선진국들은 개발도상국들로부터 배출권을 대대적으로 구입해야 하므로 감축 노력을 배가할 것이다. 또 녹색기술과 자본으로 배출권 구입대금을 지불한다면 개발도상국도 항구적 녹색화에 동참할 수 있다. 실적보다 1인당 배출량 기준의 배출권 결정 방식이 공평할 뿐 아니라 감축 실효성에서도 훨씬 더 효과적일 것이다.

4부

소득분배와 사회복지

043

권리금의
본질

서울 압구정동 카페의 커피 값은 변두리 찻집의 커피 값보다 비싸다. 생맥주 값도 마찬가지다. 커피야 좀 다를 수 있지만 생맥주는 똑같은 회사제품에 같은 500cc인데도 그렇다. 어디 커피나 생맥주뿐인가. 슈퍼마켓의 식품값도 그렇고 주유소 기름값도 그렇다. 압구정동 지역 아파트에서 살면 한 달 생활비가 같은 크기의 다른 지역 아파트보다 눈에 띄게 더 많이 든다. 카페 주인에게 왜 이렇게 비싸냐고 물으면 으레 카페 임대료 탓을 한다. 손님들은 비싸다고 말하지만 이렇게 높은 값을 받아도 점포 임대료를 지불하고 나면 남는 것이 없다는 것이다. 압구정동 땅값 비싼 것을 아는 손님들에게는 그럴싸한 설명이다. 그러나 높은 임대료 때문에 커피 값이나 맥주 값이 높은 것이 아니라 오히려 그 반대. 생맥주를 다른 곳보다 더 비싸게 팔더라도 사람들이 사주는 물목 좋은 땅이기 때문에 임대료가 높은 것이다.

농부가 똑같은 노력을 투입하더라도 토지의 비옥도 차이 때문에 논 A에서는 쌀 100kg을 수확하고 논 B에서는 70kg을 수확한다고 하자. 그러면 논 A의 지대는 논 B의 지대보다 쌀 30kg 만큼 더 높아야 한다.

농부들은 만약 지대의 차이가 30kg보다 더 작으면 모두 논 A를 임대하려 할 것이므로 A의 임대료는 오른다. 반대로 더 크면 논 B의 임대료가 오른다. 결국 임대료는 A와 B의 차이가 30kg으로 되는 수준에서 결정된다. 이것이 리카르도(David Ricardo, 1772~1823)의 '지대론'이다. 압구정동 점포가 다른 지역 점포보다 물건을 더 비싸게 팔 수 있다면 그 임대료는 이 차액만큼 더 높은 수준으로 결정되는 것이다.

얼마 전 용산참사의 배경으로 '권리금' 문제가 제기됐었다. 점포에 새 입주자가 들어올 때 점포 주인에게 지불하는 임대료 이외에 기존 입주자에게 따로 지불하는 돈이 권리금이다. 평범한 점포라면 권리금도 없지만 물목 좋은 점포의 권리금은 높게 형성된다. 심지어는 시유지(市有地)의 불법 좌판상들 간에도 권리금 관행이 확고하다. 법적으로 인정되지는 않지만 기존 상인이 장사를 잘한 덕에 점포의 경제적 가치가 높아졌다는 인식이 권리금을 인정하는 관행을 낳은 것으로 보인다. 농성 세입자들이 전 입주자들에게 지불한 엄청난 권리금을 보상하라고 요구하고 점포 주인들이 이를 거부하다가 발생한 것이 이 비극적 참사다. 점포의 경제적 가치가 높은 것은 입주 상인의 능력 때문인가? 아니면 점포의 위치가 물목 좋은 곳이기 때문인가? 입주 상인의 능력 때문이라면 이 상인의 퇴거와 동시에 점포의 가치도 함께 떨어져야 할 것이다. 그렇다면 나가는 입주자가 새 입주자에게 '권리금'을 요구할 이유가 없다. 점포의 가치가 위치 때문이라면 더더욱 그렇다.

'권리금' 관행은 우리나라 재산권 제도에 남아 있는 마지막 전근대적 유물이다. 정부는 시간을 두고 점진적으로 적절한 보상으로 마찰을 줄이면서 이 전근대적 관행을 퇴출시키는 조치에 착수해야 한다. 화염병과 골프공, 새총이 난무하는 폭력도 문제이지만 정작 더 심각한 문제는 아직도 현대화되지 못한 재산권 문화를 혁신하는 일이다.

044

효율성과
공평성

나는 사과를 한 개 가지고 있고 친구는 커피 한 잔을 손에 들고 있다. 그런데 나는 사과보다는 커피를 마시고 싶고 친구는 커피보다는 사과를 먹고 싶다. 그렇다면 현재의 물자 배정은 잘 된 것이 아니다. 꼭 같은 사과 한 개와 커피 한 잔이라도 나에게 커피를 주고 친구에게 사과를 준다면 두 사람 모두 지금보다 더 좋아질 것이다.

현재의 경제활동을 달리 바꿀 때 모든 사람들의 생활이 일제히 지금보다 더 나아진다면 그렇게 개선하는 것이 옳다. 그리고 이러한 개선의 여지가 남아 있는 경제활동을 효율상태라고 말하기는 어렵다. 커피를 좋아하는 내게 사과를 주고 사과를 좋아하는 친구에게 커피를 주는 물자 배정, 즉 자원배분(resource allocation)은 비효율적인 것이다.

어떤 상태가 효율적이라면 모든 사람들의 생활을 일제히 개선할 여지가 더 이상 남아 있지 않도록 자원배분의 구조를 끝까지 개선시킨 상태라야 한다. 경제학자 파레토(Vilfredo Pareto, 1848~1923)는 이렇게 끝까지 개선된 상태를 효율상태라고 정의했다. 그의 이름을 따서 효율상태를 '파레토 효율상태', 또는 '파레토 최적상태'라고 부르기도 한다.

현재의 경제생활이 효율상태라면 더 이상 모든 사람들의 생활을 일제히 개선시킬 수 없다. 어떤 사람의 생활을 개선시키려면 반드시 다른 어떤 사람의 생활을 악화시켜야 하는 상태가 효율상태인 것이다. 예컨대 내가 사과와 커피를 모두 차지하는 배분도 효율상태다. 친구를 좋게 하기 위해 사과나 커피를 조금 주려면 내 몫이 그 만큼 줄어야 하기 때문이다. 마찬가지로 친구가 모두 다 가지는 배분도 역시 효율상태다. 이처럼 일반적으로 여러 개의 효율 상태가 가능하다.

자원은 희소하기 때문에 이것을 낭비하지 않고 효율적으로 활용하는 일이 중요하다. 경제학이 효율성을 강조하는 것은 이 때문이다. 그러나 효율성만으로 충분한 것은 아니다. 희소한 자원을 한 사람이 모두 독점해 버리면 다른 사람들의 사용은 제한당하지만 이 상태는 효율상태이다. 독점 소유자의 몫을 줄여야 다른 사람들의 생활을 개선시킬 수 있기 때문이다. 그러나 한 사람이 희소한 자원을 모두 독점하는 상태를 효율상태라는 이유로 수용할 수는 없는 일이다. 효율성(efficiency)을 보완하기 위해서는 공평성(equity)이 필요하다.

그런데 효율성과는 달리 공평성을 명확하게 합의하는 일은 대단히 어렵다. 비효율적인 상태에서 더 효율적인 상태로 개선하자는 데 반대할 사람은 아무도 없지만, 어느 효율상태가 불공평하기 때문에 다른 공평한 효율상태로 옮겨가자는 제안에는 반드시 반대자가 나타난다. 이 제안을 실행하면 어떤 사람들의 생활은 개선되겠지만 다른 일부 사람들의 생활은 반드시 악화되기 때문이다. 생활이 악화되는 사람들이 그 공평성의 기준을 수용하도록 기대하기는 어렵다. 사람들은 효율성에 대해서는 만장일치로 합의하지만 공평성에 대해서는 서로, 때로는 극렬하게 대립하는 것이다.

045

공평성의
정치경제학

희소한 자원이 어느 몇 사람만의 전유물로 되는 것은 누가 봐도 부당하다. 자원배분은 효율적이면서도 공평해야 한다. 그러나 공평성은 결국 누가 좀 더 가지고 누가 좀 덜 가져야 한다는 논의로 귀결되기 때문에 효율성과는 달리 만장일치의 합의에 이르기 어렵다. 얼핏 생각하면 희소한 자원을 모든 사람들에게 똑같이 나누는 균등배분이 공평하다고 생각해 볼 수 있다. 그러나 커피 한 잔을 더 좋아하는 나와 사과 한 개를 더 좋아하는 친구에게 똑같이 커피 반 잔과 사과 반 개를 강요하는 균등배분은 비효율적이다.

균등성의 원칙을 조금 완화하면 소득을 균일하게 나누는 것으로 바꿀 수 있다. 각자 똑같은 소득을 얻으면서 그 돈으로 자기가 사고 싶은 것을 사도록 허용한다. 이를테면 친구의 커피 반 잔을 나의 사과 반 개와 바꿀 수 있도록 허용하는 것이다. 균일한 소득분배는 효율성을 보장한다는 면에서 균등배분보다는 바람직하다. 그러나 균일한 소득분배가 과연 공평한 것인지에 대해서는 의문의 여지가 많다.

아리스토텔레스는 공평성의 기준을 '같은 사람은 같이 대우하고 다른 사람은 달리 대우한다(Equals should be treated equally, and unequals unequally.)'로 정의했다. 예컨대 20대 독신 청년 철이와 일찍이 남편을 잃고 세 아이를 부양하는 40대 가장 김씨 아줌마의 소득을 똑같이 책정하는 것은 공평하지 않다는 것이다. 그런데 초등학생인 세 아이를 부양해야 하는 김씨 아줌마의 소득이 철이보다는 더 많아야 하지만, 초등학생인 아이를 어른과 어떻게 달리 대우해야 하는지가 문제다. 어른과 아이는 분명히 다르지만 이 다름을 어떻게 분배에 반영해야 할까? 유감스럽게도 다름을 달리 대우하는 기준에 합의하는 일은 현실적으로 매우 어렵다. 아이의 몫은 어른보다 적어야 한다는 데는 모두 동의하지만 몇 퍼센트여야 하는지를 객관적으로 정당화시키는 일은 불가능하다.

공평성을 균일분배로 고집하면 모두 다 함께 더 좋아지는 협력이 불가능해지기도 한다. 각자 혼자 일할 때 철이는 10을 생산하고 영이는 16을 생산하지만 둘이 분업하여 협력하면 합계 30을 생산한다고 하자. 이 경우에 균일분배의 원칙을 적용하면 각자 15를 가지게 되어 영이의 몫은 단독 생산 때의 16보다 오히려 더 줄어든다. 이러한 분배를 찬성할 리 없는 영이는 분업 참여를 거부할 것이다. 분업을 하더라도 철이와 영이에게 각각 10과 16을 보장한 다음에 추가 생산물 4(=30-10-16)를 적절히 나누도록 분배규칙을 정해 두어야 영이의 분업참여를 유도할 수 있다.

일반적으로 사후적 성과의 분배가 공평해야 한다고 주장하면 분업의 효과를 극대화하기 어렵다. 성과를 균등하게 나누는 방식보다는 모든 사람들에게 기회를 균등하게 제공하는 방식이 더 바람직한 공평성을 실현시킬 것이다.

046

성과의 평등과
기회균등

자원은 희소한데 이것을 원하는 사람이 많다면 경쟁은 불가피하다. 사람들이 영이가 일한 성과는 외면하면서 철이의 것만 돈 내고 사간다면 경쟁의 승자는 철이다. 돈 버는 철이만 희소한 자원을 살 수 있기 때문이다. 시장의 경쟁규칙은 사람들이 원하는 일을 더 잘하는 사람에게 더 높은 소득을 허용함으로써 더 많은 자원을 얻을 수 있게 한다. 사람들이 원하는 일을 옳게 찾아내고 이 일을 잘 수행하는 능력이 시장경쟁의 경쟁력이다.

그런데 경쟁력은 사람마다 다르다. 사람들은 더 많은 소득을 얻기 위해 각자 자신의 경쟁력을 최대한 발휘하고, 시장은 각자의 능력에 맞게 일감과 소득을 배정한다. 영이의 소득이 100인데 영이보다 더 강한 경쟁력을 가진 철이의 소득은 90이라면 철이는 현재 하고 있는 일보다는 영이의 일을 하고 싶어 할 것이다. 같은 돈 100을 주더라도 철이가 영이보다 이 일을 더 잘하므로 사람들은 영이보다는 철이에게 이 일을 맡길 것이다.

그러므로 만약 영이와 철이에게 똑같은 기회가 부여되어 있다면 영이의 소득 100은 철이의 몫이 되고 만다. 기회균등이 보장된 시장경제에서는 나보다 일을 더 잘하는 사람들은 모두 현재 나보다 더 많은 소득을 얻고 있어서 내 일을 넘보지 않기 때문에 내 소득이 유지된다. 지금보다 더 높은 소득을 얻는 길은 각자 자신의 경쟁력을 더욱 강화하는 것뿐이다. 기회균등은 경쟁력 강한 사람에게 더 높은 소득을 보장한다. 만약 성과의 평등을 내세워 영이와 철이에게 더 평준화된 소득을 강요한다면 경쟁력 약한 영이는 더 받지만 강한 철이는 덜 받아야 한다. 그렇게 된다면 자신의 경쟁력을 최대한 발휘하거나 강화하겠다는 두 사람의 의욕은 모두 다 약화할 것이다. 성과의 평등에 집착하면 경제의 활력을 위축시킨다.

그런데 사람의 능력은 타고난 재능과 후천적 교육 훈련에 따라서 달리 결정된다. 순이는 높은 지능을 타고났지만 식이는 그렇지 못하고, 부잣집 아들인 철이는 가난한 집 딸인 영이보다 더 좋은 교육을 받으면서 자랐을 터이다. 경쟁력 배양의 기회를 균등하게 보장받지 못했기 때문에 이들의 경쟁력 차이를 그대로 인정하는 기회균등은 진정한 기회균등이 아니라고 주장할 수도 있다. 타고난 재능의 차이는 어쩔 수 없지만 민주국가는 적어도 국민 모두에게 균등한 교육기회를 제공할 의무가 있다. 그러나 교육기회가 균등하더라도 교육성과는 개인의 자질과 노력에 따라 다르게 나타날 수밖에 없음을 부정하면 안된다.

성과의 평등을 위해 경쟁력의 차이를 부정하면 시장경쟁은 경제에 활력을 불어넣지 못한다. 공평성은 균등한 교육기회, 각자 경쟁력을 힘껏 발휘하고 자신의 경쟁력을 강화하는 데 최대한 노력하도록 유도하는 기회균등의 보장, 그리고 사회적 보조 제공의 복지정책 수준에 그치는 '성과의 평등'으로 실현된다. 일 못하는 사람이나 잘하는 사람이나 똑같이 잘사는 사회는 허구일 뿐만 아니라 공정하지도 않다.

047

생산활동의
부가가치

사람들은 자연에서 자원을 채취하고, 이것을 가공하여 소비생활에 필요한 재화와 용역을 생산한다. '노동(labor)'은 생산활동의 주역이며, 적절한 도구를 사용하면 노동의 생산능력은 크게 늘어난다. 일찍부터 도구 사용의 지혜를 터득한 인간은 그 성능을 끊임없이 개발하여 오늘날의 첨단 전자·기계장비를 갖추기에 이르렀다. 노동이 일하는 현장의 건물과 장비는 일회성 소모품이 아니라 내구성 도구로서 이들을 총괄하여 '자본(capital)'이라고 부른다. 자본은 더 복잡한 개념이지만 내구성 생산 도구를 뜻하는 실물자본만 나타내는 뜻으로도 쓰인다. 노동, 자본, 그리고 생산활동의 공간이 되는 '토지(land)'를 합하여 '생산의 3대 요소'라고 한다. 최근 들어서는 흔히 토지까지 자본에 포함시켜 자본이라고 부른다.

　자원 채취에서 최종 소비재에 이르기까지 생산활동의 전 과정은 이어지는 수많은 중간단계의 연결체이면서, 서로 다른 수많은 과정들이 서로 얽히고 흩어지는 복합체이다. 예컨대 목재와 황산은 펄프 생산의 원료이지만 종이는 다른 많은 생산활동에 쓰인다. 각 단계의 생산은 그 전 단계의 생산물들을 중간재(intermediate goods)로 넘겨받아서 작업을 수행한다. 노동은 각 단계에서 자본을 도구로 쓰면서 중간재를 가공하는 것이다. 각 단계 생산물의 가치와 사용된 중간재 가치의 차이를 그 단계가 생산한 부가가치(value added)라고 한다.

그런데 현실에서 부가가치를 생산하는 단위는 보통 기업이다. 기업은 출자한 자금으로 생산설비를 갖춘 다음 고용한 노동자들을 생산활동에 투입한다. 이어지는 단계의 생산을 서로 다른 기업들이 담당한다면 중간재는 값을 지불하는 거래를 통하여 넘겨진다. 아직 팔리지 않고 재고로 남아 있는 생산물의 가치도 이 값에 따라서 결정된다.

그러나 만약 같은 기업이 연속된 몇 개의 중간 단계의 생산을 담당하는 경우라면 중간재는 매매과정 없이 그냥 넘겨진다. 이 경우에는 중간재의 가치가 객관적으로 결정되지 못하므로 해당 단계의 부가가치를 계산할 수 없다. 그러므로 현실적으로 부가가치는 기업단위로 계산된다. 한 기업이 일정 기간에 생산하여 판매한 생산물 가치와 다른 기업들에게서 매입한 중간재 가치의 차이가 그 기업이 그 기간에 생산한 부가가치인 것이다. 설비를 갖추고 노동자를 고용한 기업이 100억 원 어치의 원자재와 부품을 구입하여 여러 가지 제품을 500억 원어치 생산했다면 이 기업이 생산한 부가가치는 400억 원이다.

각 단계의 생산과정에서는 중간재만 소모되는 것이 아니라 기계설비 등 도구의 마모, 즉 감가상각도 발생한다. 부가가치의 계산과정에서 자본의 감가상각은 빼지 않으므로 그 값은 '조부가가치(gross value added)'이다. 단계별 생산활동의 규모를 나타내는 부가가치로는 자본의 감가상각을 뺀 '순부가가치(net value added)'가 타당하지만, 감가상각은 객관적 측정이 불가능하다. 따라서 현실에서는 부가가치의 개념으로 조부가가치를 사용한다.

048

생산성과 부가가치의 분배

부가가치는 그 단계 생산활동에 참여한 생산요소들이 창조하여 새로 추가한 가치로서 총생산물 가치에서 중간재 가치를 빼고 남은 것이다. 부가가치 생산에 참여한 생산요소들은 자신들이 창조한 부가가치를 서로 나누어 가진다. 노동을 제공한 노동자, 자본을 제공한 자본가, 그리고 토지를 제공한 지주는 각각 해당 생산요소의 몫을 받아간다. 노동자의 몫을 임금 또는 급여, 자본가의 몫을 이자, 지주의 몫을 지대라고 각각 부른다.

　노동, 자본, 그리고 토지 등 생산요소들을 갖추고 각 단계별 생산활동을 주도하는 것은 기업가다. 개인 혼자서 일감을 받아서 부가가치를 생산한다면 그 개인은 노동자이면서 동시에 기업가로서 활동한다. 기업가는 생산요소의 소유자들과 협상하여 임금, 이자, 지대 등을 결정한다. 대체로 해당 요소의 시장여건이 협상결과를 좌우한다.

　생산된 부가가치에서 임금, 이자 및 지대를 지불하고 남는 나머지, 즉 잔여를 이윤이라고 한다. 이윤은 기업의 주주들에게 귀속된다. 기업가는 주주들이 선임한 대리인인데 스스로 주주인 경우가 많다. 기업은 사업이 잘 되든 못 되든 약속한 임금, 이자, 지대 등을 지불해야 하고 사업이 잘 안되어 스스로 손실을 입더라도 고스란히 감수해야 한다. 이 책임은 경영권에 따르는 의무이기도 한데 기업가로 하여금 최대이윤을 추구하도록 몰아간다.

노동자를 한 사람 더 고용하면 이에 따라서 부가가치 생산도 증가한다. 이 부가가치 생산의 증가분을 노동의 한계생산성이라고 한다. 책정된 임금에서 노동자를 한 사람 더 고용할 때 지불하는 임금보다 노동의 한계생산성이 더 크면 기업은 노동자를 더 고용함으로써 이윤을 더 늘릴 수 있다. 다시 말하면, 기업이 최대 이윤을 누리는 고용수준에서는 임금은 노동의 한계생산성과 일치한다. 이 사실은 다른 생산요소에 대해서도 그대로 성립한다. 기업은 생산요소별 한계생산성이 그 가격과 같아지도록 생산요소를 고용하여 생산체제를 갖춘다. 사람들이 높은 소득을 얻으려면 생산요소들이 생산하는 부가가치가 높아야 한다. 선진국에서 기계와 기술, 그리고 원자재를 비싼 값에 들여와서 값싼 제품을 생산하여 수출하는 개발도상국의 산업은 저부가가치 산업에 머물게 마련이다. 저부가가치 산업이 주종인 개도국은 높은 임금을 감당하지 못한다. 이에 비해 고급부품, 기계장비, 그리고 원자재에서 첨단상품에 이르기까지 다양한 과정의 생산활동을 국내에서 수행하는 선진국의 고부가가치 산업은 높은 수준의 소득을 실현한다.

국민들의 소득이 높아지도록 국가경제의 부가가치가 높아지려면 우선 생산요소의 생산성이 높아져야 한다. 생산요소는 그 질과 어디에 쓰는가에 따라서 생산성이 달라진다. 특히 노동생산성은 국가와 기업이 교육훈련을 도와주고 노동자가 노력하면 높아질 수 있다. 생산성은 기업과 시장이 양질의 생산요소를 효율적으로 조직하여 필요한 생산에 투입할 때 최고 수준에 이른다.

049

교차보조의
경제학

KT가 공기업이던 시절 시내전화는 공공서비스였다. 공기업인 한전과 철도공사가 공급하는 전력과 철도운송은 지금도 공공서비스다. 공공서비스는 인간생활에 반드시 필요한 서비스이기 때문에 이것을 보편적 서비스(universal service)라고도 한다. 보편적 서비스는 저소득자도 소비할 수 있도록 그 요금을 정부가 낮게 결정한다. 과거에 시외전화와 국제전화의 요금은 비싼 가운데 보편적 서비스인 시내전화 요금은 원가보다도 더 낮게 책정되었다.

　짧은 배전선만으로도 수많은 가구를 연결하는 도심 지역의 가구당 전력공급비용은 긴 전선으로 겨우 몇몇 가구만 포괄하는 산간오지보다 더 저렴하다. 붐비는 경부선이나 호남선 열차에 비해 한산한 지방 철도 객차는 승객 1인당 운행비용이 훨씬 더 높다. 그러나 전력 요금과 거리당 철도운임은 보편적 서비스라는 이유로 전국적으로 낮고 균일하게 책정된다. 그 결과 오지 요금은 그 원가조차 회수하지 못하고 이에 따른 손실을 달리 보충해야 한다.

　과거 시내전화 부문의 손실은 시외전화 부문의 수입으로 보전했다. 지금은 산간오지 전력공급의 손실을 도심 소비자가 납부하는 요금으로 보전하고 지방철도의 손실은 간선철도의 이익금으로 충당한다. 도심 전력소비자가 산간오지 전력공급비용을 분담하며, 간선철도 승객이 지방철도 운행을 도와주는 것이다. 이처럼 소비자들이 납부하는 요금으로 보편적 서비스 실현의 손실을 메우는 방식을 교차보조(cross subsidization)라고 한다.

교차보조는 결국 일부 소비자들로부터 돈을 거두어 다른 소비자들을 보조하는 조치인데 이때의 보조비용을 규제세금(regulation tax)이라고 부른다. 규제세금도 본질은 세금이지만 국회의결을 거치지 않고 규제기관의 요금책정 조치만으로 결정된다. 납세자(tax payers)들의 돈이 아니라 요금 납부자(rate payers)들의 돈을 쓰는 일이기 때문이다.

지방철도 이용자와 산간오지 전력 소비자들을 보조하자는 것이 사회의 의지라면 그 비용도 사회 전체가 부담해야 옳다. 그러나 교차보조는 간선철도 이용자와 도심 소비자들에게 비용을 부담시킴으로써 그 비용조달 방식이 빈곤층의 보편적 서비스 소비를 도와주자는 원래의 정신과 어긋난다. 예컨대 간선열차를 자주 이용하고 전력을 많이 쓰는 생업의 서민은 지방철도로 산간오지 별장에 오가면서 전력을 소비하는 부자들의 휴가비용을 보조해야 한다.

이 모순을 해결하려면 보편적 서비스라도 그 요금은 원가를 회수하는 수준으로 정하고 이 요금을 감당하지 못하는 빈곤층에게는 국비로 소득을 보조해주면 된다. 오지에 산다는 이유만으로 능력 있는 사람들이 원가 이하의 철도운임과 전기요금을 누릴 수는 없다. 교차보조는 그동안 널리 통용되었지만 공공부문에 시장경쟁이 도입되면서 점차 소멸돼가고 있는 중이며, 보편적 서비스 공급은 국가 복지예산을 통한 생계비 지원으로 대체되고 있다.

050

보금자리주택 정책의
경제학

정부는 수도권 그린벨트에 아파트를 짓고 무주택 서민들에게 일반 분양가보다 훨씬 싸게 분양하는 반값의 보금자리주택을 제공하고 있다. 그동안 하늘 높은 줄 모르고 치솟은 아파트 값은 내 집을 마련해 보려는 무주택 서민들의 꿈을 가로막는 크나큰 장벽이었다. 보금자리주택의 반값분양은 이 장벽을 허물어뜨림으로써 일부 서민들의 내 집 마련을 가능하게 만드는 데 분명히 기여할 것이다. 그런데 반값분양이 어떻게 가능한가? 반값분양을 가능하게 만드는 요인은 그린벨트 해제다. 땅 주인이 마음대로 개발할 수 없는 그린벨트는 개발 가능한 주변의 다른 토지보다 값이 싸다. 그린벨트 지역을 싼값으로 보상하고 수용한 다음 그 땅에 지은 아파트를 원가로 분양한다는 것이 반값분양 보금자리주택 정책의 핵심이다. 분양가는 땅 주인에게 가는 보상금과 땅값의 차이만큼 낮아지는 것이다.

　일반 상품이라도 시세의 절반 가격으로 바겐세일하면 사람들이 모여든다. 하물며 수도권 아파트라면 더욱 그렇다. 이를 아는 정부는 실수요자를 제외한 투기꾼들은 배제하도록 분양신청 자격 요건을 엄격히 제한하고, 또 분양 후 장기간 전매하지 못하게 조치하고 있다. 장기간 전매금지는 분양 이후 보금자리주택의 값이 분양가의 두 배인 시세수준으로 뛰어오르는 데 대한 대비책이다. 분양 물량이 제한적이므로 분양가를 낮춘다고 일반 아파트 시세가 하락하지는 않을 것이라고 보는 정부의 인식은 옳다. 그러나 보금자리주택 정책의 요체는 그린벨트 해제에 따른 땅값 상승분을 그린벨트 지주 아닌 무주택 실수요자들에게 이전하는 것이다. 본질이 이러한 까닭에 갖가지 제한조치에도 불구하고 당첨자는 결국 큰 차익을 누리게 되고, 보금자리주택은 복권과 다를 바 없어진다. 보금자리주택 청약의 열풍은 규제가 까다로운 만큼 온갖 탈법 행위를 동원하여 한동안 잠잠하던 아파트 분양시장을 다시 한바탕 뒤흔들어 놓을지도 모른다.

무주택 서민의 내 집 마련은 사회적으로 바람직하다. 그리고 사회적 목표 실현에 소요되는 비용이라면 사회전체가 부담해야 옳다. 즉 그린벨트 해제로 얻는 땅값 상승분을 이용하는 보금자리주택 정책은 해제 차익이 사회의 공유인 경우에만 정당하다. 그러나 그린벨트에도 엄연히 소유주가 있다. 다른 일반 토지의 땅값 상승분은 지주의 몫으로 허용하는 나라에서 그린벨트 해제 차익만 사회의 소유로 처리할 수 있을까? 그린벨트 지주들로서는 보금자리주택 정책에 반발할 만하다.

정부는 그동안 아무 배상 없이 그린벨트 지주들의 재산권을 일방적으로 제약하여 사회적으로 필요한 녹색공간을 확보해 왔다. 이제 와서 그동안의 손실에 대한 보상은커녕 해제 차익마저 빼앗는다면 정부는 그린벨트 지주의 재산권을 철저히 유린하는 것이다. 서민주택 정책은 한편으로는 국가가 임대주택을 많이 지어 서민들의 주거공간을 마련하고 다른 한편으로는 주택공급을 늘려 아파트 값을 원천적으로 안정시키는 기조라야 한다.

051

사회적 보조의
경제학

모든 경쟁이 그렇듯이 시장경쟁에도 승자와 패자가 생긴다. 그리고 패자들 가운데에는 스스로 생계를 책임지지 못할 정도로 어려운 형편에 처하는 사람들도 있다. 시장경쟁을 잘 견뎌낸 사람이라도 불의의 재난을 당한다면 생계가 어려워질 수 있다. 이렇게 딱한 처지에 놓인 사람들을 나 몰라라 외면하는 사회는 비인간적이다. 어려운 사람들도 함께 살아갈 수 있도록 사회가 제공하는 도움을 '사회적 보조(social assistance)'라고 한다.

사회적 보조를 시행하는 데는 비용이 든다. 독지가가 기부하는 경우도 있지만 모든 사회적 보조를 감당하기에는 턱없이 부족하다. 비용을 마련하는 방도가 달리 있어야 한다. 그런데 시장은 각자 자신의 이익만을 도모하도록 유도할 뿐 어려운 사람들을 도와주는 자금을 자발적으로 모금하는 기능과는 거리가 멀다. 결국 정부가 나서서 형편이 나은 사람들에게 비용을 부담시키는 수밖에 없다.

정부가 강제력을 발동하여 필요한 자금을 모을 때 반드시 고려해야 하는 것은 사업의 정당성이다. 첫째, 사회적 보조는 사회 전체가 필요하다고 인정하는 것이어야 하고 둘째, 사회구성원 모두가 합당한 수준의 비용을 부담해야 한다. 교차보조나 보금자리주택 정책처럼 특정집단이 비용을 부담하지만 왜 그 집단이 부담해야 하는지 석연치 않으면 좋은 방식이 아니다. 이에 비해 정부가 시행할 사회복지 사업을 결정하고 예산에 반영하여 그 비용을 국고로 부담하는 방식은 여러모로 정당하다. 국회는 예산 심의를 통하여 사업의 사회적 필요성까지 공인하며 국고 부담은 모든 납세자들에게 필요한 비용을 분담시킨다.

사회가 사회적 보조의 재원을 마련하고 이 돈으로 보조가 필요한 사람을 도와주는 또 하나의 방식으로 '사회보험(social insurance)'이 있다. 국민연금, 건강보험, 고용보험, 산재보험 등 4대 보험은 대표적인 사회보험이다. 늙거나, 아프거나, 실직하거나, 또는 직무수행 중 사고를 당하여 죽거나 불구가 될 때 당사자와 가족들은 스스로 생계를 책임지기 어려운 사태에 빠진다. 이러한 재난적 사태에 대비해 소득이 있을 때 사회보험 재원 마련에 돈을 보태고 필요할 때 도움을 받는 것이다.

사회보험이 일반보험과 다른 것은 가입과 보험료 부담, 그리고 수혜 조건을 법령으로 정하고 재원 마련에 국고자금이 지원된다는 점이다. 일반보험은 보험회사가 수익을 남기도록 보험료를 책정하고 이 보험료를 부담할 수 있는 사람들만이 가입한다. 그러나 사회보험은 그 수준의 보험료를 부담할 능력이 없는 사회적 약자들일수록 가입해야 하는 보험이다. 이들이 낮은 보험료를 내고도 사회보험이 유지되려면 그만큼의 결손을 국고가 메워 주어야 한다. 사회보험은 국고사업인 만큼 국회가 심의하고, 국고지원의 부담을 모든 납세자들이 나누어지는 만큼 정당한 사회적 보조라고 할 수 있다.

052

시장경제와
사회복지

시장경제에서 정부가 해야 하는 중요한 역할 가운데 한 가지는 사회복지정책의 시행이다. 사회복지문제는 시장 스스로 해결하지 못하는 만큼 정부가 나설 수밖에 없는 것이다. 일반정부지출에서 사회보장성 지출이 차지하는 비율을 보면 2007년 기준으로 유럽대륙의 복지국가들은 스웨덴 65.1%를 필두로 대부분 5~60%를 기록하고, 이웃 일본도 60.05%이다. 한국은 32.6%로 매우 낮은데 과거 정부가 경제개발에 치중하여 사회복지사업을 영위할 여력이 없었기 때문이다. 그러나 최근 복지수요가 증가하면서 이 비율은 꾸준히 높아지고 있다.

정부의 사회복지정책이 실효를 거두려면 먼저 재산권 보호가 잘 돼야 한다. 재산권 보호가 부실한 시장경제에서는 사회복지 수혜자들의 상당수가 부당하게 재산권을 유린당한 사람들이다. 이들은 자신의 시장경쟁 패배를 수긍할 리 없고 복지혜택을 고마워할 리도 없다. 재산권만 제대로 보호받았다면 스스로의 힘으로 당당히 생활할 사람들을 패배자로 만들어 놓고 복지혜택을 제공한다면 그 사회복지정책은 근본적으로 잘못된 것이다.

그 다음으로 중요한 것은 사회복지정책에 소요되는 자금을 조달하는 방식이다. 시장은 스스로 사회복지정책 목표를 시행하지 못하므로 정부가 나서서 강제로 자금을 조달해야 한다. 정부는 어려운 사람들에게 복지혜택을 제공하기 위해 결국 경제적 능력이 있는 사람들로부터 돈을 거둘 수밖에 없다. 그러나 그 방식이 시장신호를 거스르는 방향으로 전개된다면 시장경제는 효율적으로 작동하지 못한다.

예컨대 번영하는 기업에서 돈을 거두어 어려운 기업들을 도와주는 정책은 일종의 사회복지정책이다. 잘 나가는 산업에서 돈을 거두어 어려운 산업을 도와주자는 정책도 마찬가지다. 대기업들의 돈을 거두어 어려운 중소기업들을 도와주고 번영하는 제조업의 돈으로 어려운 농업을 살리자는 발상은 실제로 많은 국민들이 공감한다.

재산권 보호가 탄탄한 시장경제에서 기업과 산업이 번영하려면 사람들이 원하는 일을 잘해야 한다. 그렇지 못한 기업과 산업은 몰락하도록 유도하는 것이 시장의 역할이다. 기업이 망하는 까닭은 고객들이 그 제품을 외면하거나 벌어들인 돈을 딴 곳에 탕진하기 때문이다. 산업이 사양길에 들어서는 이유는 더 품질 좋고 값이 싼 제품을 만들어내는 신흥산업이 나타났기 때문이다. 시장은 사회적 필요를 제대로 충족시키지 못하는 기업과 산업의 수익성을 악화시킴으로써 사업을 접도록 신호를 보낸다.

그런데 사회복지정책이 잘 나가는 기업과 산업의 돈을 거두어 퇴출해야 할 사업이 연명하도록 만든다면 어떻게 될까? 이러한 반시장적 사회복지정책은 자원낭비를 조장하여 사회 전체의 소득을 떨어뜨리고 복지정책의 재원까지 고갈시킬 것이다. 몰락하는 기업과 산업들은 몰락하도록 두고 그 종사원들의 생활을 도와주는 것이 올바른 사회복지정책이다.

053

시장 신호와 충돌하는
산업정책과 노동정책

세계 각국의 정부는 사회복지를 중요한 정책 목표로 설정하고 예산을 투입하여 각종 사업을 벌인다. 그런데 이러한 사회복지정책으로 분류되지 않으면서도 정부가 시행하는 각종 정책 가운데에는 사회복지 추구형 정책이 적지 않다. 대기업과의 경쟁에서 여러모로 불리한 중소기업들을 도와주고, 해외 농업에 비해 어려움에 처한 국내 농업을 보호하자는 정책이 그렇다. 사용자 앞에서 한없이 무력한 노동자들을 보호하자는 노동정책도 마찬가지다.

각종 사회복지형 정책을 두루 뒷받침하는 기조는 정부가 나서서 사회적 약자를 보호해야 한다는 정신이다. 사회복지정책은 그 자체가 기본적으로 약자들에 대한 사회적 보조 제공을 목표로 한다. 중소기업, 농업, 노동자들은 모두 대기업, 제조업, 그리고 사용자들에 비해 여러 모로 불리한 약자들이다. 약자를 돕는 내용으로 편성되는 산업정책과 노동정책은 그 정책 기조가 약자들에게 사회적 보조를 제공하는 사회복지정책과 크게 다르지 않다.

중소기업들이 사업하는 업종에 대기업이 진출하려고 하면 여론은 부정적이다. 실제로 정부는 대기업들이 특정 업종에서 사업하지 못하도록 하는 '중소기업 고유업종 제도'를 얼마 전까지 시행하고 있었다. 공산품 시장은 100% 개방하였지만 쌀과 같은 농산물 시장은 아직도 보호하고 있다. 근로기준법의 '고용보호법제'는 근로자가 스스로 이직할 수는 있도록 허용하지만 사용자는 그 노동자가 필요없어져도 쉽게 해고할 수 없도록 만든다.

사회적 약자를 돕자는 뜻은 숭고한 것이다. 그런데 내세운 뜻이 숭고하다고 해서 그 뜻을 추구하자고 설계한 정책까지 반드시 옳은 것은 아니다. '중소기업 고유업종 제도'는 그 업종이 대기업형으로 바뀌었는데도 대기업의 진출을 막는 부작용을 초래했다. 우리나라에서 대기업형 양판점이 늦게 나타난 까닭은 정부가 그동안 유통부문을 중소기업 고유업종으로 지정하여 대기업의 진출을 막았었기 때문이다.

영세 유통업자들이 인근에 대형 할인마트를 개점하지 못하도록 농성하는 일이 잦자 국회는 전통상업구역을 보존하자는 SSM법을 제정했다. 사람들이 영세 재래시장을 외면하고 할인마트를 찾는 까닭은 물건을 더 싸게 파는 할인마트가 더 좋기 때문이다. 그러나 여론은 물건을 믿고 싸게 사기를 원하면서도 영세 유통업자들의 처지를 동정한다. 냉혹한 시장은 재래시장을 퇴출시키려 하는데 동정적 민심에 민감한 정치권은 보호하려 한다. 시장은 대기업 제품을 선호하는데 중소기업정책은 중소기업 제품을 사도록 강요하고, 시장이 국산 쌀 대신 값싼 외국 쌀을 사려 하기 때문에 정부는 쌀시장 개방을 늦추려 안간힘이다. 시장은 불필요하고 생산성 낮은 인력을 해고하도록 신호를 보내지만 고용보호법제는 해고를 사실상 금지한다. 약자를 보호하려는 사회복지 지향적 정책들이 시장신호를 거부하고 있는 것이다.

054

시장과 사회복지추구가
함께 가려면

사회복지정책이 아니면서 사회적 약자를 보호하려는 산업 · 노동정책은 그 목표 달성에 소요되는 비용을 일부 사람들에게만 부담시킨다. 대기업 제품을 찾는 사람들이 중소기업을 위해 손실을 감수해야 하고, 재래시장을 위해 할인마트를 이용하고 싶은 사람들이 참아야 한다. 값싼 외국 쌀이 좋은 사람들은 국내 쌀농업을 위해 양보해야 하고, 사용자는 불필요한 근로자들을 해고하지 못한 채 그 비용을 상품 값에 얹어서 소비자들에게 떠넘긴다.

모든 사람들이 각자 직업을 가지고 생활에 충분한 보수를 얻는다면 사회복지정책의 필요성은 크게 줄어든다. 그러므로 일자리를 주는 것보다 더 좋은 복지정책은 없다고들 말한다. 그런데 이렇게 제공된 일자리가 생산한 물자를 사람들이 기피하는 데 문제가 있다. 사람들은 경쟁력이 떨어지는 중소기업이나 재래시장 상인들보다는 대기업이나 할인마트를 이용하고 싶어 한다. 시장은 외국보다 생산 원가가 높은 우리의 쌀 농가들이나, 기업에게 불필요한 인건비를 추가부담시키는 근로자들에게는 일을 시키려 하지 않는다. 그렇기 때문에 시장은 이들이 퇴출되도록 압박하는 것이다. 정부가 이들의 퇴출을 막고 보호하기 위해 펼치는 각종 정책은 결국 이들에게 일을 시키면서 국민들로 하여금 그 결과를 사주라고 강요한다. 시장으로 하여금 경쟁 실패자를 퇴출시키지 말고 수용하도록 종용하는 것이다.

　재산권을 유린당하기 때문에 경쟁에서 실패하는 일이 잦다면 정부는 재산권 보호를 강화해야 한다. 그렇게 하면 사람들은 부당하게 실패하는 일이 없이 자신의 일을 계속할 것이다. 재산권 보호가 잘 이루어진 경우라도 사회는 실패자를 역시 돌보아야 한다. 그러나 시장이 거부한 일을 계속하도록 보호한다면 시장과 사회복지 추구는 서로 충돌할 수밖에 없다. 납품 중소기업들 위에 군림하여 횡포하는 대기업에 대한 제재는 재산권 유린의 금지 차원에서 정당하다. 그러나 서로 경쟁하는 관계에서는 대기업의 강한 경쟁력을 배제하면 안 된다.

　대기업이 탈법행위를 할 수 없도록 만드는 것은 정부의 책임이다. 탈법이 근절된 환경에서 중소기업이 불리하다면 그것은 대기업의 잘못이 아니라 중소기업의 경쟁력이 취약하기 때문이다. 당장 경쟁력이 약한 중소기업들을 보호 육성하기 위해 대기업들의 참여를 배제한다면 중소기업들은 한숨 돌리겠지만 필경 경쟁력 배양의 유인을 잃게 마련이다. 쌀 수입 개방도 마찬가지다. 단기적으로 국내 쌀농업은 타격을 받겠지만 장기적으로는 내국인 취향에 맞는 고급 품종의 쌀을 개발하는 계기가 될 것이다. 실패자의 생계와 재활은 정부가 도와주어야 한다. 그러나 시장이 거부하는 일을 계속하도록 조장하는 정책을 남발하면 사람들은 경쟁력 강화의 유인을 잃는다. 현재에 안주하고 경쟁력 강화 노력을 게을리하는 사람이 많아져서 경제가 시들고 사회복지 재원도 고갈된다. 시장이 거부하는 일은 접도록 하고 생계와 재활을 도와주는 것이 올바른 사회복지정책이다.

055

공공재와
편승

사과는 내가 소비한 부분을 다른 사람들과 함께 소비할 수 없지만 현재 스크린에 상영중인 영화는 동시에 여러 명이 함께 즐길 수 있다. 사과처럼 특정인 한 사람만 소비할 수 있는 재화를 경합재(rival good)라고 하고 영화처럼 동시에 여러 사람들이 함께 소비할 수 있는 재화를 비경합재(nonrival good)라고 한다. 비경합재라고 하더라도 상영관의 영화는 표를 구입하지 않은 사람들의 소비를 배제할 수 있지만 한강 둔치에서 쏘아올리는 불꽃놀이는 근처의 사람들이 함께 즐기는 것을 배제할 수 없다. 남들이 함께 소비하지 못하도록 막을 수 있는 재화를 배제재(exclusive good)라고 하고 한강 둔치의 불꽃놀이처럼 그렇게 하지 못하는 재화를 비배제재(nonexclusive good)라고 한다.

보통의 재화는 경합적이고 배제적이지만 비경합적이고 비배제적인 재화도 많다. 예컨대 골목길 가로등이 그렇다. 내가 돈을 들여 가로등을 설치하면 그 혜택은 나를 포함한 내 이웃이 함께 누린다. 이처럼 비경합적이고 비배제적인 재화를 공공재(public goods)라고 하고 반대로 완벽하게 경합적이고 배제적인 재화를 민간재(private goods)라고 부른다. 비경합성과 비배제성으로 구성되는 재화의 공공성은 현실적으로 불완전한 경우가 많다. 서울 한강 둔치의 공원은 누구나 함께 이용할 수 있는 공공재처럼 보이지만 지방 주민들은 실질적으로 그 소비로부터 배제당한다. 비배제성이 그만큼 제한적이다. 그러나 국가안보와 사회안전 같은 것은 모든 국민이 차별 없이 함께 소비하는 완전한 공공재이다.

이처럼 공공재는 여러 사람들이 함께 소비하는 재화이므로 그 비용을 관련된 사람들끼리 적절히 분담해야 사리에 맞다. 그러나 사람들은 서로 다른 사람에게 비용부담을 전가하여 공공재를 얻은 다음 자신들은 그 소비에 편승 또는 무임승차(free-riding)하고 싶어 한다. 나는 사실 골목길 가로등이나 동네 앞 개울을 건너는 교량이 필요하다고 생각하고 얼마간의 공사비를 분담할 생각이 있지만 아닌 척 행동하다 보면 남들이 마련한 것에 아무 비용부담 없이 편승할 수도 있다. 사람마다 이렇게 생각하고 서로 눈치를 보기 때문에 아예 공사가 시작조차 안되는 경우도 있다. 이처럼 공공재 소비에 편승을 기대하는 사람들의 태도가 공급 자체를 불가능하게 만들 수 있기 때문에 현실적으로는 국가가 강제력을 발동하여 세금을 거두고 공공재를 공급하고 있다.

공공재 소비는 결국 외부경제를 창출하는 행위이고 사람들의 편승은 비용부담 없이 외부경제의 편익만 누리려는 행동이다. 코즈정리는 외부경제든 외부불경제든 이것이 비효율성을 유발할 때마다 관련자들이 협상을 벌여서 효율적 자원 배분을 도모한다고 설명한다. 그렇다면 편승 문제가 유달리 강조되는 공공재의 경우에 코즈정리는 어떻게 작동하는 것일까?

056

공공재의
코즈협상

내가 11의 비용을 들이면 15의 사회적 편익이 생산되지만 그 가운데 내가 누리는 사적 편익은 8에 불과하면 나는 이 행동을 외면한다. 외부경제가 비효율성을 유발하는 전형적인 경우다. 그런데 나머지 7의 편익을 누릴 사람이 내게 비용을 보조해 주면서 이 사업을 하도록 요구한다면 사정은 달라진다. 그 사람이 내게 5를 지불한다면 이 사업에서 내가 얻는 순 편익은 2(=8+5-11)로 바뀌고, 그도 2(=7-5)의 순편익을 얻는다. 두 사람 모두 다 더 좋아지므로 코즈협상은 성과를 거두고 나는 이 사업에 착수한다. 따라서 외부경제의 비효율성도 해소된다.

이 예는 A와 나 두 사람이 사는 사회에서 11의 건설비용을 들여 15의 편익을 주는 교량(공공재)을 가설하는 경우에 그대로 적용된다. 교량에서 얻는 나와 A의 편익은 각각 8과 7에 불과하므로 어느 누구도 단독으로 11의 비용을 부담하며 교량을 건설할 생각은 없다. 만약 두 사람이 모두 편승만 노리고 비용 부담을 거부한다면 이 교량은 건설되지 못한다. 그러나 위의 설명대로 코즈협상을 벌인다면 A와 나는 각각 5와 6씩 비용을 분담하고 교량을 건설하여 7과 8씩의 편익을 누릴 것이다. 이처럼 코즈정리가 훌륭하게 외부경제의 문제를 해결할 것인데 왜 공공재의 경우에는 굳이 편승이 문제되는 것일까?

코즈협상을 어렵게 만드는 요인 가운데 가장 중요한 것은 각 개인은 자신이 누릴 편익에 대해서는 잘 알고 있지만 다른 사람들의 편익의 크기에 대해서는 모른다는 점이다. 즉 편익구조에 대한 정보비대칭성이 문제다. 서로 상대방의 편익이 얼마나 되는지를 모르는 상태에서 협상을 벌인다면 불신의 덫에 빠지기 쉽다. 각자 이를 틈타 자신의 몫이 더 커지도록 협상을 진행하려 할 것이기 때문이다. 예컨대 위의 경우에 내가 나의 편익이 5밖에 안된다고 주장하면서 내가 부담할 비용의 상한으로 5를 고집하면 A는 최소한 6의 비용을 부담하겠다고 나서야 11의 비용이 조달가능해지고 협상이 타결될 것이다.

A는 6의 비용을 부담하더라도 교량을 건설하면 1(=7-6)의 순편익을 얻으므로 내 요구를 수용할 수도 있지만 만약 내가 거짓말로 3(=8+6-11)의 더 많은 순편익을 얻으려 획책한다고 의심하기 시작하면 반발할 것이다. 실제로는 A도 자신의 편익을 거짓 주장할 수 있는데 이렇게 되면 코즈협상은 더욱 타결되기 어렵다. 이에 더해 관련 당사자들의 수가 둘보다 훨씬 많은 경우에는 문제가 더욱 복잡해진다.

공공재의 편승 문제는 본질적으로 비대칭적 정보가 재산권 보호를 어렵게 만드는 데에서 비롯한다. 그동안 정보비대칭성을 해소하는 제도에 대한 이론적 연구가 많이 있었지만 아직 그 성과는 미미하다. 재산권 보호가 불가능하면 코즈협상의 거래비용이 너무 커진다. 결국 시장이 문제를 해결하지 못하기 때문에 현실의 공공재 공급은 정부가 책임진다.

057

탄소세의
경제학

이산화탄소 배출권의 거래를 허용하는 '캡거래(cap-and-trade)'는 온실가스 배출을 줄이도록 유도하는 강력한 수단이지만 결코 유일한 것은 아니다. 배출권 거래 이외에도 탄소세(carbon tax)의 부과라는 방법이 있다. 탄소세는 탄산가스 발생량에 비례하는 금액을 징수하는 세금이다. 세금인 만큼 세계정부가 없는 현재, 국제적 시행은 힘들고 국내용으로나 가능하다. 탄산가스(CO_2)는 결국 탄소(C)의 연소에서 나오기 때문에 에너지, 특히 화석연료(fossil fuel)인 석탄과 석유의 소비가 배출의 주범이다. 태우는 연료가 더 많은 탄소를 포함하고 있으면 탄산가스를 더 많이 배출한다.

석탄은 탄소를 가장 많이 포함하는 에너지 자원이고 기타 화석연료의 주성분은 탄소와 수소의 화합물인 탄화수소이다. 천연가스는 탄소보다는 수소를 더 많이 함유하고 있는 화석연료로 탄산가스 배출량이 상대적으로 더 적은 소위 청정연료이다. 화석연료가 아닌 생물연료(biofuel) 에탄올도 청정한 탄화수소 연료이다. 탄소세를 부과하면 사람들은 세금을 덜 내기 위해 탄소 함유량이 높은 화석연료의 소비를 줄이고 대신 태양광이나 풍력 등 청정연료를 사용하려 할 것이다.

　연료별 탄소함유량은 기술적으로 이미 파악되어 있으므로, 어느 연료든 그 소비량이 배출하는 탄산가스 수량을 즉시 산출하는 환산공식이 알려져 있다. 탄소세 세율이 이미 공표돼 있는 만큼 탄산가스를 유발하는 사업자는 연료를 태우기 이전에 이미 자신이 부담해야 할 탄소세 금액이 얼마인지를 안다. 반면에 캡거래 제도에서는 각자 부담없이 배출할 수 있는 수량이 얼마인지는 확실히 알고 있지만, 배출권 가격이 그때그때 다르므로 배정된 캡(cap) 이상 배출해야 할 경우 부담해야 하는 비용이 불안정하다.

　배출 비용이 확실하면 기업은 얼마나 배출할 것인지를 사전에 합리적으로 결정할 수 있기 때문에 사업자들로서는 배출권 가격 안정성이 보장되지 않는 캡거래보다는 탄소세를 더 선호한다. 그러나 배출량 감소 목표를 확실하게 달성하는 데는 기업들에게 불리한 캡거래 제도가 더 효과적이다. 탄소세 하에서 기업들이 선택한 배출량은 국가 전체의 배출한도를 초과할 수도 있기 때문이다. 배출권 시장과 탄소세는 둘 다 시행될 수도 있고 어느 하나만 시행될 수도 있지만 기업은 모든 가능성에 대비해 두어야 할 것이다.

　저탄소 녹색성장은 세계 전체적으로 보면 기회가 아니라 재앙이다. 과거와 같은 생활을 유지하려면 과거에 투입하던 노력을 모두 투입하고도 이에 더하여 환경을 유지하는 데 필요한 노력을 추가로 더 투입해야 한다. 과거에는 필요없던 환경유지 노력을 추가해야 하므로 생활수준은 변함없는데도 전보다 더 많은 일을 해야 하는 것이다. 그러나 탄소절감 기술을 남보다 먼저 개발하는 기업이나 국가에게는 엄청난 선점의 이익이 기다린다. 모든 나라, 모든 기업이 대가를 지불하고 이 기술을 사용해야 하기 때문이다.

058

세금의
경제학

세금을 좋아하는 사람은 없다. 세금을 싫어하는 사람에는 두 부류가 있는데 그것은 남자와 여자라고 하는 우스갯소리가 있을 정도다. 그럴 법도 한 것이 과거의 전제군주가 자신의 향락과 권력 유지를 위해 신민들을 수탈하던 수단이 바로 세금이었다. 민생을 위한 지출이 없었던 것은 아니지만 씨암탉을 살려두는 수준을 넘지 않았다. 민주국가가 들어서면서 세금의 용처는 국민적 필요를 충족하는 나랏일로 바뀌었지만 강제 징수의 방식에는 변화가 없다. 사람들은 각자 원하는 것을 시장에서 구입함으로써 다른 사람들로 하여금 그것을 만드는 일에 종사하도록 이끈다. 나랏일도 결국 사람들이 필요로 하는 일인 만큼 그렇게 할 수 없을까?

사람은 누구나 자신의 안전을 지켜주는 사람에게 보상할 용의가 있다. 시장에서 필요한 물건을 사듯 각자 돈을 지불하고 '안전'이라는 상품을 구입하도록 하면 군대와 경찰의 나랏일을 잘 하려는 사람과 기업들이 나타나지 않을까? 그렇게 된다면 민주국가에서는 정부가 강제로 세금을 거둬 나랏일을 하려고 나설 필요가 없어진다. 국민 개개인이 다른 상품과 마찬가지로 각자 자발적으로 합당한 가격을 지불하고 '나랏일'이라는 상품을 구입하면 된다. 이렇게 국민 각자가 나랏일에 대해 자발적으로 지불하는 합당한 가격을 '린달세금(Lindahl tax)'이라고 부른다. 문제는 현실에서는 이 방식이 불가능하다는 점이다. 내 돈 내고 산 빵은 아무나 먹을 수 없지만, 내 돈 내고 유지하는 군대와 경찰이 제공하는 안전이라는 공공재는 돈 한 푼 안낸 사람들도 함께 누리기 때문이다. 공짜로 편승하려는 사람들이 많아지게 되어 있다.

공원 조성에 대한 개인별 린달세금은 각자가 평가하는 공원의 가치이다. 조성에 10억 원이 드는 공원에 대한 개인별 린달세금을 모두 합치니 12억 원이다. 당연히 이 공원을 조성해야 하겠지만 각자 편승의 기회만 엿보기 때문에 모금 결과는 8억 원에 그친다. 10억 원 드는 일을 8억 원에 맡겠다고 나설 사람이 없다. 이처럼 나랏일을 시장에 맡기면 일이 되지 않으므로 민주국가에서도 정부가 강제로 세금을 징수할 수밖에 없다.

현실의 세금은 대단히 복잡하지만 대체로 돈을 벌 때 징수하는 소득세, 소득을 지출하여 소비할 때 부과하는 소비세, 그리고 소득을 지출하여 형성한 재산에 부과하는 재산세 등 크게 3가지로 분류할 수 있다. 소득세는 법인소득세와 개인소득세로 구성된다. 세율 10%를 부과하는 부가가치세는 가장 중요한 소비세다. 재산세는 주로 부동산에 부과된다. 소득세와 소비세는 우리나라의 경우 중앙정부가 징수하는 국세이고 재산세는 지방정부가 징수하는 지방세다. 국세와 지방세의 비율은 77 대 23 정도이다. 국세 세입 구조를 보면 2010년도에 개인소득세 21.1%, 법인소득세 21.0%, 부가가치세 27.6%로 이 세 항목이 전체 국세수입의 69.7%를 점유한다. 이 비율은 대체로 비슷하게 유지돼 오고 있다.

059

세금부담,
누가 얼마나?

자발적 '린달세금'이 불가능하므로 정부는 나랏일에 필요한 세금을 강제로 징수한다. 사람마다 더 적게 내려고 하는 만큼 세금과 세율의 결정은 사회정의에 합당하게 이루어져야 뒷말이 없다. 우선 민주국가에서는 세금을 의회에서 정한다. 영국은 명예혁명기의 '권리장전'에서 이 원칙을 확정하였고, 미국 독립전쟁도 '대의 없이 납세 없다'는 사회적 요구에서 비롯했다. 법률에 의하지 않고서는 정부가 자의적으로 세금을 부과할 수 없는데 이 원칙을 조세법률주의라고 한다.

그 다음 원칙은 담세능력이 큰 고소득자가 더 많은 세금을 부담한다는 것이다. 소득세율은 더 높은 소득구간에 더 높은 세율을 적용하는 누진세의 원칙을 따른다. 누진세는 고소득자들의 세금 부담은 단계적으로 높이면서 저소득자들은 아예 면세 처분한다. 그러나 소비세는 징세 시점에서 소비자의 소득수준을 일일이 파악할 수 없기 때문에 판매상품 한 단위당 일정한 세율을 적용하여 징수한다. 소득이 열 배로 늘 때 소비가 열 배로까지는 늘지 않으므로 소득이 높을수록 소득 1원당 지출하는 소비세는 오히려 감소한다. 즉 소비세는 역진적이다. 그러나 소비세를 덜 내는 고소득층은 소비 대신 저축으로 축적한 재산에 대해 재산세를 더 내는데, 재산세는 보통 누진적이다.

소득계층별 소득 1원에 대한 담세 규모는 소득세와 재산세의 누진성과 소비세의 역진성의 정도에 따라서 다르다. 우리나라는 2010년 현재 20세 이하 자녀가 2명인 4인 가구의 월 소득이 173만 원 이하이면 근로소득세를 면제하는데 전체 근로자의 39%가 면세자였다. 그리고 납세 실적 상위 20%의 고소득근로자들은 전체 근로소득세의 84.7%를 납부했다. 최근 추세를 보면 면세근로자의 숫자는 점차 감소하는 가운데 상위 고소득근로자의 세금부담 비중은 점차 늘어나는 중이다.

모든 국민이 주인의식을 갖고 나라살림을 감독하려면 국민 모두가 조금이나마 소득세를 내고 있는 것이 좋다. 뜨내기 외국인도 내는 소비세 납부만으로는 주인의식을 갖기에 충분하지 않기 때문이다. 저소득자의 세부담이 근소하다는 전제로 면세자 감소 추세는 바람직하다. 고소득층의 세금만 줄였다고 비판받는 최근의 세제개혁은 고소득자 세금부담 비중이 계속 늘고 있는 현실을 시정하려는 조치로 해석할 수 있다.

누진적 소득세와 재산세, 그리고 일정세율의 소비세 체제에서는 소득과 물가가 같은 비율로 증가할 때 실질소득은 변함없는데도 국민의 세금부담이 더 커진다. 우선 일정세율의 소비세 납부액은 정확히 소득증가율, 즉 물가상승률만큼 증가한다. 그러나 소득증가는 누진세율의 적용을 받아서 그보다 더 많은 소득세 증가를 불러온다. 누진적 재산세 납부액 역시 부동산 가격의 상승 비율보다 더 많이 증가한다. 결과적으로 총 납세액은 소득 증가율보다 더 큰 비율로 증가하기 때문에 국민은 소득 1원당 더 많은 세금을 부담하게 되는 것이다.

060

법인세와
투자유치

법인세는 기업 이윤에 대하여 부과하는 세금이다. 세계화가 투자의 국경을 무너뜨리면서 지난 2000~2009년 사이에 경제협력개발기구 (OECD, Organization for Economic Cooperation and Development)국가들의 법인 세율은 평균 33.5%에서 26.3%로 낮아졌다. 특히 아일랜드는 24%(2000년)이던 법인세율을 12.5%(2009년)로 낮추고 외국인투자 유치에 온 힘을 다하고 있다. 세계화와 법인세율 인하 사이에는 무슨 관계가 있는 것일까?

　경제는 성장한다는데 일자리가 없는 탓에 청년 실업이 늘고 있다. IT기술을 활용하는 투자가 늘면서 과거에는 10명이 하던 일을 7명이 해내는 시대가 되었다. 근로자 10명을 쓰던 공장이 3명을 해고해야 한다. 이러한 시대에 고용을 확대하려면 공장을 더 많이 지으면 된다. 나라마다 서로 더 많은 공장을 유치하기 위해 치열한 경쟁을 벌일 수밖에 없다. 법인세율 인하는 가장 널리 활용되는 투자유치 수단이다. 물론 세금 감면이 전체 투자 규모를 늘린다는 보장은 없다. 원래 투자할 생각이 없는 기업이라면 법인세율을 낮추더라도 투자하지 않겠지만,

투자하기로 마음먹은 기업은 기왕이면 법인세율이 낮은 나라에 공장을 세울 것이다. 세계화 시대의 기업은 세금과 임금이 높은 모국을 버리고 조건이 더 좋은 외국에 공장을 설립한다. 법인세율이 높은 나라는 그만큼 일자리를 빼앗기는 것이다.

지금은 세계적 불황이다. 그러나 아무리 불황이라도 기본 투자는 있다. 각국은 계획된 기본 투자를 내 나라에 한 건이라도 더 많이 유치하기 위해 법인세 인하경쟁을 벌이는 중이다. 우리나라는 얼마 전 세제개편의 일환으로 평균 27.5%이던 법인세율을 24.2%로 인하했다. 그러나 부자감세 정책이라는 비판이 강하게 제기되면서 그 시행이 일부 유보된 상태다. 법인세율 인하와 규제 완화를 통하여 기업환경을 개선하는 것은 '부자'들만을 위한 정책이 아니라 투자를 유치하여 일자리를 늘리고 고용을 확대하는 전략의 핵심이다. 법인세는 또 이중과세의 문제를 안고 있다. 주식회사는 영업활동으로 벌어들인 이윤에 대하여 일차적으로 법인세를 납부하고, 남은 이윤의 일부를 주주들에게 배당한다. 그런데 주주는 이미 법인세를 낸 배당금에 대해 다시 소득세를 납부해야 하는 이중과세의 부담을 진다. 반면에 개인회사 사주는 회사의 이윤에 대해 개인 소득세만 내면 된다.

회사가 파산하면 개인회사 사주는 회사의 모든 부채를 책임지지만 주식회사의 주주는 부채가 아무리 많더라도 자신의 주식만 포기하면 된다. 주식회사 이윤에 대한 이중과세는 이러한 유한책임에 대한 대가라는 것이 통설이다. 그러나 주식회사가 아니면 대규모 자금조달이 필요한 현대적 기업 활동을 감당하지 못한다. 유한책임은 이제 특혜가 아니라 대규모 자금조달에 불가피한 수단으로 자리잡았다. 이런 현실을 감안해 선진국에서는 법인세 납부액에 따라 다양한 방법으로 주주의 소득세를 감면해 줌으로써 이중과세를 해소해 주고 있다.

5부

국내총생산, 물가, 그리고 고용

061

GDP와
GNI

한 나라에서 한 해 동안 생산한 부가가치를 모두 합친 것이 그 나라의 그해 국내총생산(GDP, Gross Domestic Products)이다. 한 나라 경제활동의 규모를 추계하는 수량적 지표로는 지금까지 개발된 것 가운데 GDP가 가장 널리 쓰인다. 한국은행은 매년 국내 모든 기업으로부터 한 해 동안의 거래자료를 수합하여 개별 기업의 부가가치를 계산하고 이것을 모두 합하는 방식으로 GDP를 계산한다.

부가가치를 계산하려면 생산에 사용한 중간재와 생산해낸 생산물이 반드시 시장에서 거래돼야 한다. 그해에 생산되었으나 팔리지 않은 재고품은 팔린 제품의 가격으로 그 가치를 평가한다. 또 그해 말 현재 생산이 진행중인 반제품은 생산물과 중간재의 시장가격에 비추어 그 가치를 유추하는 방법으로 평가하여 그해의 생산물에 포함한다. 그러나 시장거래를 거치지 않는 생산물은 GDP에 포함되지 않는다. 예컨대 이발소에서 값을 치르고 하는 면도는 GDP에 포함되지만 집에서 내가 직접 하는 면도는 포함되지 않는다.

부가가치 가운데 일부분은 생산과정에서 발생한 '고정자본 소모',

즉 감가상각을 보충하는 데 쓰인다. 그렇게 해야 생산기반이 그대로 유지되기 때문이다. 감가상각 이외에도 정부는 생산과 수입에 세금을 부과하고 보조금을 지급하는 방식으로 순 세금만큼의 부가가치를 거두어 간다. 이렇게 감가상각과 순세금을 공제하고 남은 부가가치가 생산에 참여한 생산요소의 요소소득으로 분배된다. 정부가 가져가는 순세금은 부가가치 생산에 대한 정부 기여의 대가라고 해석할 수도 있다. 우리나라의 경우 2009년도 감가상각을 뺀 순부가가치의 53.3%는 '피용자보수'로 노동에 귀속되었고, 34.0%가 자본. 토지 및 기업경영에 귀속된 '영업잉여'였으며, 나머지 12.7%가 순세금이었다.

GDP는 외국인이 국내에서 생산한 부가가치까지 포함하지만 이 부분은 외국인의 소득이므로 해외로 빠져나간다. 우리나라 사람이 벌어들이는 소득을 계산하려면 외국인들이 국내에서 벌어가는 소득은 빼고, 그 대신 우리 국민이 해외에서 벌어오는 소득을 포함해야 한다. 이렇게 계산한 것이 국민총소득(GNI, Gross National Income)이다. GNI는 과거 GDP 대신 널리 쓰이던 GNP를 일컫는다. GDP와 GNI를 각각 인구수로 나누어 1인당 값으로 환산한 지표는 각국의 생활수준을 비교하는 데 널리 쓰인다.

지금까지 설명한 GDP나 GNI는 모두 해당 연도의 가격으로 부가가치를 계산하여 얻은 수치이다. 해당 연도의 가격으로 계산한 GDP를 경상가격 GDP, 또는 명목 GDP라고 한다. 물가는 해마다 변동하기 때문에 명목 GDP만으로는 작년과 올해 사이에 경제활동 규모가 어떻게 변했는지를 파악할 수는 없다. 명목 GNI도 마찬가지다. 국가 경제활동 규모, 또는 국민소득 수준이 매년 어떻게 변해왔는지를 파악하려면 명목 아닌 실질 GDP와 GNI가 필요하다.

062

실질 GDP와
실질 GNI

해당 연도의 가격으로 계산한 경상가격 GDP로는 올해의 경제활동 규모가 작년에 비해 어떻게 변했는지 비교할 수 없다. 작년과 올해의 가격이 서로 다르기 때문이다. 그러나 2005년부터 2010년까지 5년간 GDP를 각 연도의 가격이 아니라 모두 2005년의 가격으로 계산한다면 기간 중 가격 변동 효과를 나름대로 제거한다. 이렇게 계산한 값들을 서로 직접 비교하면 매해 생산 규모가 어떻게 변해 왔는지 파악할 수 있다.

기준 연도를 정해 놓고 각 연도의 GDP를 기준 연도의 가격으로도 계산한다. 기준 연도의 가격으로 계산한 GDP를 불변가격 GDP, 또는 실질 GDP라고 부른다. 실질 GDP는 명목 GDP에서 가격변화효과를 제거한 값이므로 그 변화는 그대로 경제활동 규모의 변화로 볼 수 있다. 각국의 경제성장률은 실질 GDP의 성장률로 계산한다.

그런데 기업들은 끊임없이 신상품을 개발해내기 때문에 기준 연도에는 없었던 상품이 매년 나타난다. 기준 연도에는 존재한 적이 없는 신상품에 기준 연도 가격이 있을 까닭이 없다. 이 경우에는 비슷한 용도의 현재 상품가격이 기준 연도 대비 몇 배인지를 계산하고, 신상품의 현재 가격을 이 비율로 나눈 값으로 기준 연도 가격을 유추하여 실질 GDP를 계산한다.

시간이 지날수록 출현하는 신상품은 많아지고, 이에 따라 유추 오차의 크기도 커진다. 그렇기 때문에 기준 연도는 보통 매 5년 단위로 바뀐다. 기준 연도의 변경은 경제성장률 계산의 일관성을 해치기는 하지만 대신 신상품 출현에 따른 오차를 줄인다.

실질 GNI 계산은 좀 더 복잡하다. 물가상승효과는 실질 GDP 계산에서와 마찬가지로 제거시키고, 이에 더하여 국제교역조건의 변화에 따른 소득 변화의 효과를 반영한다. 교역조건이 좋아져서 수출품의 값은 오르고 수입품의 값이 내린다면 같은 물량을 수입하기 위해 외국에 지불해야 하는 금액이 그만큼 줄어드는 셈인데 이 줄어든 지불액은 전년과 대비할 때 소득증가나 마찬가지다. 반대로 교역조건이 나빠진다면 같은 실질 GDP라도 국내 소득은 그만큼 줄어든다. 실질 GDP에서 교역조건의 변화에 따른 소득 변화를 더하거나 뺀 다음, 국내 외국인의 소득은 빼고 재외 국민의 소득을 합친 것이 실질 GNI이다.

GDP나 GNI를 국제적으로 비교할 때는 보통 명목 GDP를 미국의 달러화로 환산한 값을 사용한다. 그런데 같은 미화 1달러라도 그 구매력은 나라에 따라서 서로 다르다. 이를테면 미국의 이발료는 20달러인데 서울에서는 7달러이다. 나라별 구매력 차이를 반영한 환율을 구매력평가(PPP, purchasing power parity) 환율이라고 하고 이 환율로 나타낸 달러표시 GDP를 구매력평가 GDP, 또는 PPP GDP라고 한다. 구매력평가 GDP 역시 달러로 표시되지만 이때의 달러는 특히 국제달러(international dollar)라고 부른다.

063

연쇄가격
실질 GDP

재작년도 가격으로 작년의 GDP를 계산하고 이것을 재작년의 경상가격 GDP로 나눈 배율이 1.1이라고 하자. 이때 재작년도 가격으로 계산한 작년의 GDP는 재작년을 기준 연도로 설정했을 때의 불변가격 GDP이고, 배율 1.1은 작년 한 해의 경제성장률이 10%임을 뜻한다. 같은 방식으로 작년을 기준 연도로 잡고 올해의 불변가격 GDP를 계산하여 얻은 작년 대비 배율이 1.2라고 하면 올 한 해의 경제성장률을 20%라고 말할 수 있다. 매년 이처럼 직전 연도의 가격을 이용한 실질 GDP 배율과 성장률을 계산할 수 있다.

그런데 재작년도 가격으로 작년과 올해의 불변가격 GDP를 계산한 다음에 이로부터 올해의 경제성장률을 계산할 수도 있다. 적용한 가격이 재작년도 가격인 만큼 작년도 가격으로 계산한 성장률 20%와는 일반적으로 다른 값, 예컨대 15%를 얻게 된다. 그렇다면 20%와 15% 가운데 어떤 값이 성장률로 더 적절할까? 이 질문은 올해의 성장률을 계산할 때 재작년도 가격과 작년도 가격 가운데 어느 가격을 사용하는 것이 더 적절한지에 대한 질문으로 귀결된다. 작년과 올해의

GDP를 계산할 때 두 방법 모두 다 물가수준 변동의 거품은 적절하게 제거한다. 그러나 작년과 올해의 GDP를 계산하는 상대가격으로는 재작년도 가격보다 작년도 가격이 더 타당할 것이다.

최근까지 세계 각국은 기준 연도의 가격으로 각 년도의 불변가격 GDP와 성장률을 추계해 왔다. 그런데 이렇게 추계하면 물가수준의 변화에 따른 거품은 제거하지만 매년 변하는 상대가격 구조를 반영하지 못한다. 만약 매년 직전 연도의 가격으로 현 연도와 직전 연도의 GDP 배율과 성장률을 계산한다면 한 편으로는 물가수준 변화효과를 제거하면서도 다른 한 편으로는 상대가격 변화를 최대한 수용하는 성장률을 얻을 수 있다. 그리고 기준 연도의 경상가격 GDP에 이 배율을 연쇄적으로 곱하면 각 연도의 실질 GDP를 산출할 수 있다. 예컨대 재작년을 기준 연도로 정하면 작년과 올해의 실질 GDP는 각각 재작년도 명목 GDP의 1.1배와 1.32(=1.1x1.2) 배로 결정된다.

이처럼 직전 연도 가격을 적용하여 각 연도의 GDP 배율을 산출하고, 이 배율을 기준 연도 명목 GDP에 연쇄적으로 곱하여 얻은 실질 GDP를 해당 연도의 '연쇄가격 실질 GDP'라고 부른다. 1993년부터 UN은 불변가격 실질 GDP보다 연쇄가격 실질 GDP의 사용을 권장해 왔는데 최근 이에 응하는 나라들이 많아지고 있다. 우리나라의 한국은행도 2009년도부터 2005년을 기준 연도로 설정한 연쇄가격 실질 GDP를 추계하여 발표하고 있다.

매해의 경상가격 GDP를 불변가격 실질 GDP이든 연쇄가격 실질 GDP이든 그해의 실질 GDP로 나눈 값을 GDP 디플레이터라고 부른다. 각 연도의 GDP 디플레이터는 국가경제의 전반적인 물가수준 동향을 나타낸다.

064

물가지수와
물가변동

어느 해의 GDP 디플레이터는 그해의 명목 GDP를 실질 GDP로 나눈 값이다. 동일한 생산 결과를 그해의 가격으로 합산한 값이 명목 GDP 이고 기준 연도의 가격으로 합산한 값이 실질 GDP이다. 이 비율이 1.2 라면 그해의 물가가 기준 연도보다 20% 올랐다고 해석해도 된다. 즉 GDP 디플레이터는 국가경제의 전반적인 물가지수라고 할 수 있다. 그러나 소비자들이 느끼는 물가변동은 GDP 디플레이터의 변동과는 다르다. 일반 소비자들이 구입하는 생활 물자는 국가경제가 생산해내는 수많은 물자 가운데 극히 일부분이기 때문이다. 예컨대 산림을 벌목한 목재값이 크게 오르면 GDP 디플레이터의 값은 영향을 받는다. 그러나 목재를 이용한 가구 등 생활용품의 값이 변하지 않는 한 소비자들이 경제생활에서 느끼는 물가 감각에는 아무 변화가 없다.

소비자물가지수는 소비자들이 생활에서 느끼는 물가의 변동을 추정하기 위해 개발된 지표이다. GDP 디플레이터가 모든 품목의 가격을 다 고려하는 것과는 달리 소비자물가지수는 서민생활에 널리 쓰이는 상품들만 골라서 이들의 가격만을 고려한다. 통계청은 주요 생활용품을 선정하고(현재 489개 품목) 품목별로 현 연도 가격의 기준 연도(2010년) 대비 배율을 먼저 계산한다. 그 다음에 기준 연도의 선정 품목 전체 소비지출에 대한 품목별 비중을 계산한다. 이 비중을 가중치로 하여 품목별 가격 배율의 가중 평균을 구한 것이 그해의 소비자물가지수이다. 이렇게 계산하는 소비자물가지수는 기준 연도 소비량을 현 연도의 가격에서 구입할 때 생활비가 기준 연도의 실제 생활비 대비 몇 배인지를 나타낸다.

이에 비해 GDP 디플레이터는 현 연도 물량을 현 연도 가격으로 계산한 가치가 기준 연도 가격으로 계산했을 경우의 몇 배인지를 나타낸다. 경제학에서는 소비자물가지수 방식으로 계산한 물가지수를 '라스파이레스(Laspeyres)지수'라고 하고 GDP 디플레이터 방식으로 계산한 지수를 '파셰(Paasche)지수'라고 한다. 기준 연도와 현 연도의 물량 가운데 어느 것을 이용하는가는 다르지만 물가변동을 추계할 수 있다는 점에서는 우열을 가늠할 수 없다. 생산자물가지수, 수출물가지수, 그리고 수입물가지수 등도 같은 원리로 계산한다.

인플레이션은 물가상승을 뜻한다. 보통 소비자물가지수가 급격히 오를 때 인플레이션이 진행중이라고 말한다. 인플레이션이 일어나면 돈 가치가 떨어지므로 사람들은 불의의 손실을 당하거나 뜻밖의 이익을 본다. 현금을 가진 사람은 손해 보고 실물을 가지고 있는 사람은 이익을 본다. 남의 돈을 빌린 사람은 이익을 보고 반대로 빌려준 사람은 손해 본다. 반면에 디플레이션은 물가가 전반적으로 하락하는 현상을 일컫는다. 따라서 그 효과는 인플레이션과 정반대다. 물가변동이 돈 가치를 떨어뜨리거나 올리기 때문에 발생하는 이익과 손실은 사람의 노력과 무관한 횡재 또는 횡액이다. 국가 경제적 관점에서 결코 바람직한 것이 아니다.

065

화폐의
신비

화폐란 무엇인가? 화폐는 바로 돈이다. 돈은 개인과 나라의 살림살이에서 매우 중요한 역할을 수행한다. 경제학의 표준 교과서에 따르면 화폐는 결국 교환의 매개수단, 가치저장의 수단, 그리고 가치척도의 단위로 기능한다. 이 가운데 화폐의 핵심기능으로 평가받는 것은 교환의 매개수단이다.

상품을 거래하면서 사람들이 화폐를 거래대금으로 받아들이는 것은 그만큼의 화폐가 거래 상품만큼의 가치를 지니고 있고, 또 그 가치가 다음 거래에도 그대로 유효하기 때문이다. 물론 화폐만 가치를 지닌 것은 아니다. 사람들이 돈 주고 구입하는 모든 상품은 각각 그만큼의 가치를 지니고 있고, 그 상품이 내구적이라면 가치 저장의 수단으로 기능할 수 있다. 그런데 왜 유독 화폐만 교환을 매개하고 다른 상품은 그렇게 하지 못하는 것일까?

농부가 쌀 20kg 한 포대를 내다 팔고 대신 설탕 15kg과 쇠고기 300g을 사려고 한다. 쌀 20kg의 값이 4만5,000원인데 설탕 15kg은 1만8,000원이고 쇠고기 300g은 2만7,000원이라면 농부는 쌀 20kg으로 설탕 15kg과 쇠고기 300g을 충분히 살 수 있다. 그러나 이 농부가 정확히 설탕 15kg과 쇠고기 300g을 쌀 20kg과 맞교환하려는 사람을 만나는 일은 현실적으로 불가능하다. 그보다는 쌀가게에 들러서 쌀 20kg을 팔고 쌀값으로 받은 돈으로 식품가게와 고깃간에 들러 설탕 15kg과 쇠고기 300g을 산다면 일이 훨씬 더 간단하게 풀린다. 이처럼 화폐를 매개로 하는 교환은 물건을 물건과 직접 맞교환하는 물물교환보다 훨씬 더 쉽게 성사된다.

쌀 20kg의 가치, 설탕 15kg과 쇠고기 300g의 가치, 그리고 돈 4만 5,000원의 가치는 모두 같다. 돈 4만5,000원으로는 쌀 20kg을 즉시 살 수 있고, 설탕 15kg과 쇠고기 300g도 즉시 살 수 있다. 그런데 설탕 15kg과 쇠고기 300g을 쌀 20kg과 물물교환하기는 대단히 어렵다. 같은 가치인데 왜 교환이 어려운가?

사람들이 설탕과 쇠고기를 원하는 까닭은 그 재화를 소비하기 위해서이다. 그러나 어느 누구도 직접 소비하기 위해 화폐를 원하지는 않는다. 화폐는 소비할 재화를 구입하는 데 필요할 따름이다. 설탕과 쇠고기의 가치 4만5,000원은 이것을 소비하려는 사람이 인정하는 가치일 뿐이며 설탕과 쇠고기의 소비를 싫어하는 사람도 인정하는 가치는 아니다. 반면에 화폐 4만5,000원은 모든 사람들이 인정하는 가치이다. 누구나 이 돈을 가지고 있으면 쌀이든 설탕이든 쇠고기이든 각자 자신이 소비하고 싶은 재화를 돈만큼 구입할 수 있기 때문이다.

특정 상품의 가치는 이것을 소비하려는 특정 소비자가 부여하는 것이지만 분명히 종잇조각에 불과한 화폐의 가치는 신기하게도 모든 소비자가 수용한다. 유독 화폐만이 누리는 일반적 수용성의 신비는 무엇에서 비롯하는 것일까?

066

유동성의 본질

갑순이가 자신의 쌀을 갑돌이의 사과와 교환한다면 교환되는 쌀과 사과의 시장가치는 같다. 그러나 두 사람이 서로 교환하는 까닭은 갑순이는 사과를 더 좋아하고 갑돌이는 쌀을 더 원하기 때문이다. 시장가치로는 쌀과 사과가 서로 같더라도 개인이 평가하는 가치는 서로 다른 것이다.

일반적으로 현금 1만 원의 가치는 모든 사람들에게 똑같은 1만 원이다. 그런데 1만 원어치 쌀과 1만 원어치 설탕은 금액으로는 서로 같지만 소비자들의 쌀과 설탕에 대한 가치평가는 천차만별이다. 돈 1만 원으로 어떤 사람은 쌀을 사고, 어떤 사람은 설탕을 사는 데서 분명히 드러나듯이 쌀 1만 원어치와 설탕 1만 원어치의 가치는 사람에 따라서 서로 다르다. 그러므로 시장가치가 1만 원으로 서로 같다고 해서 내가 가진 1만 원어치의 쌀을 다른 사람이 가진 1만 원어치의 설탕과 항상 바꿀 수 있는 것은 아니다. 돈 1만 원은 1만 원짜리 상품과 항상 교환되지만 1만 원짜리 상품끼리는 잘 교환되지 않는 경우가 많다. 특히 내가 쓰기 시작한 칫솔은 1,000원짜리로서 나에게 내 칫솔의 가치는

1,000원이지만 다른 어느 누구도 내게 1,000원을 지불하고 내 칫솔을 사가려 하지 않는다.

이처럼 교환과정에서 화폐는 자신의 가치를 항상 100% 실현하지만 일반 상품은 그렇지 못하다. 상품의 유동성(liquidity)이란 교환과정에서 그 가치를 실현할 수 있는 정도를 뜻한다. 화폐의 유동성은 완전하지만 쌀이나 설탕 같은 상품의 유동성은 화폐보다 크게 떨어진다. 예컨대 내 칫솔의 유동성은 0으로 가장 낮다.

모든 사람들이 그 가치대로 인정하는, 따라서 유동성이 큰 상품 가운데 대표적인 것이 귀금속이다. 귀금속은 장신구 등으로 생활에 사용되기도 하지만 재산의 저장 수단으로도 널리 활용된다. 처분해야 할 때 제값 받고 처분할 수 있기 때문이다. 경제의 발달과 더불어 시장교환도 확대되었고 유동성 높은 금과 은이 자연스럽게 화폐로 유통되었다. 그러나 서구에서는 가치가 불안정하던 은이 점차 화폐의 기능을 상실하였고, 꾸준히 안정된 가치를 유지해 온 금만이 화폐로 통용되기 시작했다. 은행이 보관 중인 금과의 교환을 보증한 태환지폐도 금과 함께 화폐로 유통되었다. 소위 금본위제의 시대에 돌입한 것이다.

경제 규모와 더불어 시장교환의 규모도 급속히 더 커졌지만, 대규모화한 시장교환을 매개할 만큼 충분한 금을 생산해낼 금광은 발견되지 않았다. 금본위제는 결국 종말을 맞았고, 세계 각국은 금태환이 불가능한 불환지폐를 발행하기 시작했다. 각국은 지폐를 발행할 수 있는 중앙은행을 지정하고 지폐의 발행량을 조절하는 관리통화제를 채택했다. 금의 가치를 그대로 받아들이면서 금화를 화폐로 사용하던 사람들은 국가와 중앙은행의 신용을 믿고 지폐의 가치를 그대로 받아들이기 시작한 것이다.

067

도대체 화폐란
무엇인가?

시장이 주도하는 사회적 분업에서 사람들은 각자 자신의 생업에만 종사하고 생활에 필요한 물자는 모두 시장에서 구입한다. 그러므로 사회적 분업이 발달하면 할수록 교환의 범위는 확대되고 교환 물량의 규모도 그만큼 더 커진다. 범위와 규모 양면에서 교환이 확대되면 교환을 매개하는 데 필요한 화폐의 수량도 함께 늘어난다. 만약 그 사회에 유통되는 화폐의 수량이 시장교환을 매개하는 데 필요한 수준에 미달하면 교환이 위축될 것이고 나아가서 사회적 분업체제로 전개되는 생산이 차질을 빚을 것이다. 반대로 너무 과다하면 인플레이션을 유발한다. 시중에 유통되는 화폐의 수량을 통화량이라고 한다.

화폐는 시장 주도의 사회적 분업을 이끄는 핵심 요소인데 모자라도 안되고 너무 많아도 안된다. 시중에 유통되는 통화량은 그때그때 필요한 교환을 매개하는 데 적절한 수량으로 관리돼야 한다. 그런데 문제는 도대체 화폐가 무엇인지가 분명하지 않다는 점이다. 한국은행이 발행한 지폐는 분명히 화폐이지만 한국은행권 말고도 교환을 매개하는 수단에는 여러 가지가 있다. 신용카드와 기업들이 주로 쓰는 당좌수표는 매우 널리 사용되는 지불수단으로서 교환을 매개하는 기능을 완벽하게 수행한다. 백화점에서 발행한 상품권도 해당 점포에 제한되기는 하지만 교환을 매개한다는 측면에서는 돈과 다를 바 없다.

일반적으로 유동성만 높다면 어느 것이든 화폐로서 기능할 수 있다. 그러므로 시중에 유통 중인 '화폐'의 수량을 말할 때 한국은행권만을 화폐로 파악한다면 심각한 과소추계의 오류를 범하는 결과가 될 것이다. 결국 화폐로서 기능할 수 있는 유동성 수준을 발견하고 그 이상의 유동성을 누리는 것은 모두 화폐로 파악하는 것이 옳다.

경제학자들은 일차적으로 은행의 외부에서 유통되고 있는 한국은행권과 은행에 예치된 요구불예금 잔고를 합친 것으로 통화량을 추계해 본다. 이렇게 추계한 통화량을 협의통화(M1)라고 부른다. 유통 중인 한국은행권은 자명한 교환의 매개수단이며, 요구불예금을 예치한 기업들은 그 잔고 이내에서 수표를 발행하여 대금을 지불하기 때문에 요구불예금의 잔고 역시 교환의 매개수단으로 충분히 기능한다. 협의통화는 분명히 교환의 매개수단이다.

그런데 요구불예금 아닌 저축성예금 잔고라고 하더라도 예금자가 계약만 해지하면 얼마든지 화폐로서 기능할 수 있다. 그러므로 협의통화에 저축성예금의 잔고까지 포함한 것을 통화량으로 볼 수도 있다. 이렇게 추계한 통화량을 광의통화(M2)라고 부른다. 협의통화와 광의통화의 차이는 저축성예금의 유동성이다. 저축성예금의 유동성까지 과연 화폐 수준의 유동성으로 볼 것인가? 문제는 어느 누구도 저축성예금의 유동성이 화폐 수준의 유동성이라고 증명할 수 없다는 점이다. 개인생활에서도 돈이 문제인데 경제학자들에게도 돈이 문제다. 도대체 화폐란 무엇인가?

068

통화 수요의
결정 요인

세계 각국은 협의통화(M1)와 광의통화(M2) 이외에도 유동성의 수준에 따라 통화량을 다양하게 정의한다. 현금화폐만을 포함하는 통화량을 M0라고 하는 등 대체로 숫자가 낮으면 유동성이 높은 자산들만으로 구성되고 숫자가 더 높아질수록 더 낮은 유동성의 자산들까지 포함하도록 정의하는데 M3와 M4까지 정의되어 있다. 통화량을 이처럼 다각적으로 정의하는 까닭은 어느 정의를 채택하더라도 이것이 통화량을 정확히 추계한다는 보장이 없기 때문이다. 정확한 정의가 불가능한 상황이기 때문에 여러 시각에서 통화량을 고찰하면서 관리하는 것이 국가 경제적으로 적정 통화량을 유지하는 데 더 효과적일 것이다.

시중에 유통 중인 통화량이 모자라면 물가가 하락하거나 또는 교환이 부진하여 사회적 분업이 위축되기 때문에 실질 GDP가 감소하고 따라서 명목 GDP가 감소한다. 반대로 과다하면 물가상승을 유발하기 때문에 명목 GDP가 상승한다. 그러므로 제대로 된 통화량 정의라면 그 정의에 따른 통화량 규모가 명목 GDP와 안정적 정량 관계를 유지할 것이라고 상정할 수 있다. 그동안의 자료에 따르면 통화량에 대한 여러 가지 정의 가운데에서도 GDP 대비 비율이 가장 안정적인 것은 광의통화 M2인 것으로 나타났다. 따라서 많은 나라에서는 통화량을 광의통화 M2 중심으로 추계한다.

화폐는 기본적으로 상품구매나 부채상환 과정에서 지불수단으로 쓰인다. 동시에 저축으로 축적한 재산을 보유하는 수단이기도 하다. 사람들은 보통 자신의 재산을 건물이나 토지 등 부동산, 또는 주식이나 회사채 등 유동성 낮은 금융자산으로 보유하는 경우가 대부분이지만, 보유재산의 일부를 유동성 자산으로 구성하는 경우도 흔하다. 특히 주식 값이나 부동산 값이 폭락할 것을 우려하는 사람들은 해당 자산을 매각하여 현금으로 보유한다. 채권자가 채무 연장을 거부하고 부채상환을 요구할 가능성이 높아질 때에도 채무자들은 이에 대비해 유동성 자산을 확보해야 한다. 사람들이 지불수단으로, 그리고 재산보유의 수단으로 지니려고 하는 통화량의 규모를 '통화 수요'라고 한다.

사회적 분업이 더욱 발달하면 교환해야 할 필요성도 더 커지고 이에 따라서 통화 수요도 증가한다. 사회적 분업의 정도는 생산되는 GDP로 나타낼 수 있지만, 교환을 매개하는 데 소요되는 화폐의 규모는 거래금액에 비례한다. 그러므로 실질 GDP보다는 명목 GDP가 증가할 때 통화 수요도 함께 증가한다. 재산으로 보유하고자 하는 통화량은 다른 자산의 수익성과 위험에 따라 결정된다. 현재의 상태에서 이자율이 오르면 이자 없는 현금보다는 이자를 주는 수익자산을 보유하는 것이 더 낫다. 그러므로 이자율이 오르면 통화 수요는 감소하고 반대로 내리면 증가한다. 통화 수요를 결정하는 요인에는 여러 가지가 있지만 가장 중요한 것은 명목 GDP와 이자율이다.

069

통화량의
결정

통화량은 M1이든 M2이든 결국 시중에 유통되는 현금과 은행 예금 잔고의 합이다. 현금이라고 하더라도 은행 금고에 저장되어 유통되지 않는다면 통화량에서 제외된다. 영이가 100만 원의 현금을 은행에 예치하고 은행이 그 금액을 그대로 금고에 저장한다면 이 현금 100만 원은 통화량에서 제외된다. 그러나 영이의 예금 잔고가 정확히 100만 원 증가하므로 전체 통화량에는 변화가 없다.

그러나 은행이 예치된 자금을 대출하기 시작하면 사정이 달라진다. 가령 새로 예입된 100만 원을 전액 철이에게 대출한다면 철이도 이 돈을 지불수단으로 활용할 수 있다. 애초에 영이가 예금한 현금은 100만 원뿐이지만 은행이 이 돈을 철이에게 대출하면서 영이와 철이 두 사람이 모두 각각 100만 원씩 쓸 수 있게 된 것이다. 즉 현금 예금 100만 원이 새로운 통화량 100만 원을 창출한다. 철이가 대출받은 돈을 다시 은행에 예금하고 은행이 이 돈을 또 다시 누군가에게 대출한다면 통화량은 다시 100만 원만큼 더 늘어난다.

그런데 예금주의 갑작스런 인출요구에 대비해 시중은행은 예금

받은 돈 가운데 일부를 반드시 지급준비용으로 한국은행에 예치할 의무를 진다. 이 돈을 지급준비금이라고 하고 예금 대비 지급준비금의 비율을 지급준비율이라고 한다. 지급준비율은 요구불예금에 대해서는 높지만 인출요구의 가능성이 낮은 정기예금에 대해서는 낮게 책정된다. 지급준비율 제도가 시행되면 일정 금액의 현금 예금이 창출하는 통화량은 무한정 늘어날 수 없다. 가령 지급준비율이 10%라면 철이가 받는 대출은 90만 원이고, 그 다음 사람이 받는 대출은 81만 원이다. 예금과 대출이 무한히 반복되더라도 새로 창출되는 통화량은 900만 원으로 한정된다. 일반적으로 통화량은 지급준비율을 높이면 줄어들고 낮추면 늘어난다.

정부의 조세징수와 재정지출도 통화량에 반영된다. 조세를 징수하면 그만큼의 돈이 정부의 은행인 한국은행으로 유입되므로 시중의 통화량이 감소하고, 반대로 재정을 지출하면 통화량이 그만큼 증가한다. 그러므로 통화량은 재정적자일 때 증가하고 흑자일 때 감소한다. 수출이 늘고 외국인의 국내관광이 증가하면 외화를 원화로 바꾸려는 환전 수요가 늘어난다. 우리나라의 외화보유고는 늘어나지만 시중 통화량도 그만큼 늘어난다. 반대로 수입이 늘고 내국인의 해외관광이 증가하면 통화량이 감소한다.

한국은행과 시중 금융기관들 사이의 금융자산거래 또한 통화량을 결정하는 데 기여한다. 한국은행이 시중의 금융자산을 사들이면 매입금액만큼의 통화량이 시중에 풀리고, 반대로 보유 중인 금융자산을 내다 팔면 판매대금만큼의 통화량이 한국은행으로 환수된다. 매매되는 금융자산은 주로 안전성 높은 국공채인데, 한국은행은 시중 통화량의 규모를 관리할 목적으로 금융자산을 사고판다.

070

한국은행의 어음재할인과 공개시장조작

통화량을 결정하는 여러 요인 가운데 몇 가지는 한국은행이 정한다. 한국은행은 지급준비율을 조정하거나, 국공채를 사고팔거나, 시중은행에 대한 대출을 늘리고 줄이는 방식으로 통화량의 규모를 조절할 수 있다. 시중에 통화량이 부족하면 교환의 차질로 실질 GDP 생산이 감소하므로 통화량을 늘려야 한다. 반대로 과다하면 물가상승을 유발하므로 줄여야 한다. 한국은행의 임무 가운데 가장 중요한 것은 항상 적정 통화량을 유지하도록 통화정책을 시행하는 일이다. 예컨대 지급준비율을 올리면 시중은행의 대출이 감소하므로 통화량도 감소하고 반대로 낮추면 증가한다.

기업이 시중은행으로부터 대출받는 방식에는 '어음할인'이라는 것이 있다. 기업이 소지인에게 1년 뒤에 1억 원을 지불해야 하는 어음을 9,000만 원으로 시중은행에 판매한다면, 기업은 1년 이자 1,000만 원의 조건으로 9,000만 원을 대출받는 것과 같다. 이때 액면가 1억 원에 대한 이자 1,000만 원의 비율 10%가 '어음할인율'이다. 시중은행은 한국은행에 이 어음들을 다시 어음할인의 방식으로 판매함으로써 자금을 조달할 수 있는데 이러한 방식의 자금조달을 '어음재할인'이라고 한다. 어음재할인은 통화량을 유발한다. 재할인율을 낮추면 재할인 어음이 증가하여 유발 통화량도 늘어나지만, 반대로 높이면 줄어든다.

한국은행이 국공채를 사고팔면서 통화량을 조절하는 행위를 '공개시장조작'이라고 한다. 국공채를 내다팔면 통화량이 줄고 반대로 사들이면 늘어난다. 국공채 거래에서 중요한 것은 '환매조건부채권(RP)'의 매매이다. 일정 기간 뒤에 지금 파는 가격보다 예컨대 1% 더 높은 값으로 다시 사들일 것을 약속하고 파는 채권이 RP이다. 환매조건부채권 거래의 본질은 일정 기간 동안 정해진 이자율로 자금을 빌리고 빌려주는 거래이며 RP는 단순히 담보일 뿐이다. 거래되는 RP는 담보 가치가 인정돼야 하므로 보통 안전한 국공채로 구성한다.

세계 각국의 중앙은행들은 시중금리를 일정한 수준에 안정시키는 통화량을 적정 통화량으로 보고 통화정책을 펼친다. 현재 한국은행이 책정한 목표 기준금리는 연 2%이다. 한국은행은 환매조건부채권 7일물, 즉 7일 뒤의 환매 가격을 연 2%의 이자율에 맞도록 책정하고 시장의 요구에 따라서 RP를 사고판다. 즉 시중의 자금 수요에 따라서 1주일 기간으로 연 2%의 이자율을 적용하면서 자금을 '대출'하거나 '예금'을 받는 것이다.

시중금리가 높으면 시중은행은 한국은행의 '기준금리 대출'로 자금을 마련하여 시중에 대출함으로써 통화공급을 확대한다. 반대로 시중금리가 오히려 기준금리 2%보다 더 낮다면 일반은행은 시중의 대출을 한국은행의 '기준금리 예금'으로 전환할 것이므로 시중 통화량 가운데 그만큼이 한국은행으로 환수된다. 그러므로 금융통화위원회의 기준금리 결정은 바로 통화량 결정으로 직결된다. 통화량은 기준금리를 인상하면 감소하고 인하하면 늘어난다.

071

금리인상과
출구전략

한국은행은 2010년 7월 전격적으로 기준금리를 0.25% 인상한다고 발표했다. 세계 금융위기가 불러온 유동성 부족을 해소하기 위해 2%의 초저금리를 시행한 지 17개월 만이다. 지금까지 2.2% 정도의 금리로도 자금을 제공하던 금융기관이 있었다고 하자. 이 금융기관은 해당 자금을 회수하여 2.25% 금리의 한국은행 환매채를 구입할 것이다. 그만큼의 통화량이 한국은행으로 환수되므로 기준금리 인상은 통화량 감축의 효과를 불러온다. 금융위기가 어느 정도 통제되면 통화 환수의 출구전략 시행은 당연한 수순이다. 한국은행은 왜 금융위기를 맞으면 금리를 인하하고, 반대로 위기가 진정되면 출구전략으로 금리를 인상하는 것일까.

화폐는 시장교환을 매개하고 지불하는 수단이면서 동시에 가치를 저장하는 자산이기도 하다. 사람들은 기본적으로 교환을 위해 화폐를 원하지만 경우에 따라서는 자산의 한 항목으로도 화폐를 보유한다. 사람들이 그때그때 원하는 화폐의 총량이 통화 수요이며 한국은행은 이 통화 수요를 정확히 파악하고 그에 맞게 통화량을 유지하려고 한다.

그런데 금융위기를 당하면 통화 수요가 급격히 늘어난다. 빌려준 돈을 돌려받지 못하는 사태가 빈발하면서 증폭된 위기감이 금융자산의 가치를 폭락시키는 것이 금융위기다. 평상시 사람들은 자신의 재산을 현금보다 이자를 낳는 금융자산의 형태로 보유한다. 금융자산의 본질은 결국 빌려준 돈에 대한 권리증서인데 만약 돈을 되돌려받지 못한다면 휴지에 불과하다. 금융자산의 가치 폭락 가능성이 높아지는 금융위기에서는 사람들은 누구나 금융자산을 팔아치우고 이자는 없지만 안전한 현금을 보유하려고 한다.

금융기관에 대한 건전성 규제 또한 금융위기에는 통화 수요 급증을 유발한다. 보유한 금융자산의 부실화에 금융기관이 대비할 수 있도록 부실화 손실 규모에 비례해 안전한 현금자산을 갖추도록 요구하는 것이 건전성 규제다. 건전성 규제는 금융기관에 돈을 맡긴 사람들을 보호하려는 기능도 겸한다. 이러한 건전성 규제 또한 금융위기가 발생할 때 통화 수요의 증가를 유발한다.

금융위기가 발생하면 현재 유통되고 있는 통화량 가운데 상당부분이 안전자산 보유의 용도로 잠기게 된다. 그 결과 교환매개와 지불수단으로 활용되는 통화량이 급격히 감소하므로 위기가 실물경제에까지 파급되는 것이다. 실물경제로 위기가 번지는 것을 막으려면 통화공급을 확대해야 하고 이에 맞추어 한국은행은 기준금리를 인하하는 것이다. 그런데 위기가 진정되면 안전자산 보유의 필요가 완화되므로 통화 수요도 그만큼 감소한다. 만약 현재의 통화량을 그대로 방치한다면 안전자산 용도로 잠겨 있던 통화량이 급격히 풀려나면서 인플레이션을 유발할 것이다. 이러한 물가상승을 막는 것이 출구전략의 기본목표다. 기준금리 인상은 출구전략의 시작이라고 할 수 있다.

072

균형 GDP의 결정과
총수요

사람들은 생활에 필요한 재화와 용역을 구입하여 소비한다. 기업이 새로 공장을 짓고 생산설비를 확충하는 등 미래의 생산에 대비하려면 그에 필요한 재화와 용역을 구입해 투자해야 한다. 민간만이 아니라 정부도 재정사업을 수행하기 위해 재화와 용역을 구입한다. 수출은 외국인들이 국산 재화와 용역을 구입해 가는 행위이다. 국가경제는 이러한 수요를 충족하기 위하여 GDP(국내총생산) 생산량을 결정하고, 만약 물량이 모자라면 해외로부터 수입하는 것이다. 수출에서 수입을 뺀 값을 순수출이라고 하면 GDP에 대한 경제 전체의 총량적 수요는 소비수요, 투자수요, 정부재정수요, 그리고 순수출수요 등 네 부분으로 구성된다. 그리고 이 네 가지 수요를 모두 합친 것을 총수요라고 부른다.

일정 기간에 형성된 총수요는 그 기간에 생산되는 GDP의 크기를 결정한다. 기업들은 팔리는 만큼 생산하기 때문이다. 재고가 있더라도 그것이 사전에 미리 계획된 것이라면 그만큼의 재화를 투자용으로 사들인 행위와 다를 바 없다. 그러므로 투자수요는 계획된 재고까지 포함하고 총수요는 실제로 팔려 나간 부분에 계획된 재고를 합친 값과 일치한다. 원치 않는 재고가 발생한다면 기업들은 생산량을 줄일 것이므로 정상적으로 작동하는 경제에서 국내 생산활동은 총수요만큼의 GDP를 생산하려고 한다. 총수요가 부진하면 국내 생산활동도 부진하고 반대로 증가하면 생산도 활성화한다.

그런데 총수요 확대가 항상 그에 맞는 생산 증가로 이어지는 것은 아니다. 국내 인력을 총동원하고 모든 생산시설을 총가동하더라도 생산량을 늘어난 총수요에 맞출 수 없다면 실질 GDP는 결코 총수요만큼 확대될 수 없다. 과다한 총수요를 공급이 충족할 수 없으면 물가상승의 압력이 발생하고 인플레이션이 뒤따르게 마련이다. 반대로 총수요가 부실하면 이에 따라 생산활동도 함께 부진하기 때문에 실업이 증가하고 공장 가동률도 저하된다.

일반적으로 시장은 초과수요에 대해서는 가격을 인상하지만 반대로 초과공급에 대해서는 인하한다. 공급이 총수요를 못 따라갈 때 인플레이션이 발생한다는 설명은 시장기능에 부합하는 설명이다. 그런데 총수요가 공급 능력에 미치지 못하면 생산은 총수요에 맞게 줄어들고 실업이 증가한다는 설명은 그렇지 않다. 실업은 노동의 초과공급이므로 시장이론에 따르면 실업이 발생할 때마다 노동의 가격인 임금이 하락하여 실업은 결국 해소돼야 한다.

그런데 현실의 임금은 오를 수는 있어도 내려가기는 무척 어렵다. 임금 삭감에 반대하는 노동자들의 저항이 엄청나기 때문이다. 그러므로 총수요가 부진하여 생산이 위축되고 실업이 발생할 때, 시장에 맡기는 것만으로는 실업을 해소할 수 없다. 총수요를 적절히 관리하는 거시경제정책이 필요한 것이다. 총수요가 적절한 크기로 결정돼야 물가상승을 유발하지 않으면서 완전고용을 달성하는 수준의 GDP를 생산할 수 있다.

073

투자와 불황

총수요 가운데 투자수요는 단기적 경기 활성화와 장기적 성장을 이끄는 데 결정적 역할을 담당한다. 투자란 비용은 지금 부담해야 하지만 시간이 지나야 그 성과를 거두는 경제행위를 일컫는다. 현대인의 생산활동은 고성능의 기계와 장비를 도구 삼아서 전개된다. 생산하기로 결정한 물자를 직접 생산하기보다는 먼저 시간과 노력을 투입하여 도구를 생산한 다음 그 도구를 이용하여 생산하는 것이다.

맨손으로 물고기를 잡는 것보다 먼저 그물을 짜고 그 그물로 고기를 잡을 때 훨씬 더 많은 물고기를 잡을 수 있다. 먼저 도구를 생산하고 그 다음에 이 도구를 이용하여 원하는 물자를 생산하는 방식을 우회생산(roundabout production)이라고 하는데 우회생산이 훨씬 더 많은 물자를 생산함은 일찍부터 알려졌다.

그물 제작에 필요한 시간과 노동은 지금 당장 투입해야 하는 비용이다. 그 성과는 완성된 그물을 던져서 거두어 올리는 어획량으로 나타나므로 그물 제작은 바로 투자의 한 유형이다. 집을 짓고, 땅을 개간하고, 가을에 거둘 곡식의 씨앗을 봄에 파종하고, 고두밥에 누룩을 버

무려 술을 담그고, 금년 말에 가동할 공장에 기계를 들여 놓고, 신제품 연구개발(R&D)을 위해 연구소를 세우는 등 미래에 거둘 성과를 기대하고 현재 돈을 쓰는 경제행위는 모두 다 투자인 것이다. 지금 투자를 많이 하면 미래에 그만큼 많이 거둔다.

그런데 비용을 들인 한참 뒤에 성과를 거두더라도 두 시점이 같은 해에 속한다면 그 행위는 연간 통계상으로는 투자로 분류되지 않는다. 기술적으로 비용투입과 성과실현이 같은 시점에서 이뤄진 것으로 처리되기 때문이다. 투자로 처리되려면 비용투입과 성과실현이 통계자료의 기간에 비추어 다른 시점에서 이뤄져야 한다.

사람들은 지금 들이는 비용보다 앞으로 거두어들일 성과가 더 크다고 판단할 때 그 투자를 감행한다. 그물을 짜는 데 드는 시간과 노력으로 훨씬 더 많은 물고기를 잡을 수 있을 것이라고 판단하기 때문에 사람들은 그물을 짠다. 만약 같은 성과를 거둘 투자의 비용이 증가한다면 투자의욕은 줄어들 것이다. 또 같은 비용을 들여야 하는 투자인데 그 성과 전망이 나빠지는 경우에도 투자는 줄어든다.

투자자금은 많은 경우 차입하여 조달한다. 그러므로 차입비용을 결정하는 이자율은 투자비용에 직접 영향을 끼친다. 이자율이 오르면 투자비용도 오르고 반대로 내리면 같이 내린다. 그런데 이자율보다 더 중요한 것은 사업전망이다. 사업전망이 나빠져서 투자의 성과가 부진할 것 같으면 이자율이 낮아져도 기업들은 투자하지 않는다. 기업들이 투자하지 않으면 당장의 총수요가 위축되어 국내총생산(GDP)과 고용이 줄고 불황에 돌입한다. 동시에 미래의 생산력이 강화되지 못하기 때문에 장기적 성장도 둔화될 수밖에 없다.

074

총수요관리정책

총수요를 결정하는 요인은 세 그룹으로 나눌 수 있다. 물가수준, 이자율, 환율 등 가격변수들이 한 그룹을 이룬다. 기업가들의 사업전망과 세계시장의 경기 동향은 두 번째 그룹이다. 마지막 세 번째 그룹은 정부재정지출, 조세, 그리고 통화공급량으로 구성된다. 첫 번째 그룹의 물가는 소비수요, 이자율은 투자수요, 그리고 환율은 수출수요를 각각 결정함으로써 총수요 결정에 기여한다. 그러나 동시에 물가는 생산, 이자율은 자금의 공급, 환율은 수입에도 각각 영향을 끼치는데 이들 영향은 반작용을 불러온다. 예컨대 물가가 오르면 총수요가 줄지만, 동시에 생산이 늘어 물가상승이 억제당한다. 이자율과 환율도 마찬가지다. 가격변수들은 일반적으로 '수요공급의 법칙'을 따른다.

　　그러나 나머지 요인들의 영향은 상쇄적 반작용 없이 모두 일방적이다. 사업전망이 나빠지면 투자수요가 감소하고 세계경기가 나빠지면 순수출수요가 감퇴한다. 이렇게 총수요가 줄면 물가가 하락하고 생산과 고용이 줄어들어 경제는 더욱 침체한다. 반대의 경우는 물가상승과 생산 및 고용의 확대를 부르지만 이미 완전고용 상태라면 물가만 오른다.

재정지출수요는 그 자체로 총수요의 한 부분이다. 세금이 늘면 지갑이 얇아진 국민의 소비수요가 감소하고, 투자 관련 세제변화는 투자수요에 영향을 끼친다. 통화공급이 늘면 소비 및 투자수요가 함께 늘어난다. 세 번째 그룹은 정부와 한국은행의 의도에 따라서 조절 가능한 요인들이다. 정부와 한국은행은 이 요인들을 조절하여 총수요를 관리할 수 있다.

경기전망이 나빠지거나 또 세계시장이 불황에 빠져들어 총수요가 감소하면 물가가 하락하고 생산과 고용이 줄어든다. 늘어난 실업이 임금을 하락시킨다면 고용과 생산이 다시 늘어 경기를 회복시키겠지만, 임금하락을 수용하는 노동조합이나 근로자들이 있을 리 없다. 그러므로 높은 실업률의 불황이 한동안 지속된다. 반대로 총수요가 과다한데 현재 완전고용상태라면 더 이상의 고용증가와 생산증가가 불가능하기 때문에 물가만 상승한다. 이렇게 총수요가 부족하면 실업이 늘고, 과다하면 인플레이션이 발생한다.

그런데 시장은 스스로 총수요를 적정 수준으로 이끌어가지 못한다. 그런 만큼 정부는 재정지출과 조세징수를 조정하고 한국은행은 통화공급을 조절하는 방식으로 총수요 관리에 나선다. 불황 타개를 위해 총수요를 확대하려면 재정지출을 늘리고 조세징수를 줄이며 통화공급을 확대한다. 거꾸로 과열된 경기를 진정시키려면 반대의 조치를 취하여 총수요를 축소시키면 된다. 총수요의 크기를 관리하기 위해 정부가 재정지출과 조세징수의 규모를 조절하는 정책을 '재정정책(fiscal policy)'이라고 하고, 같은 목적으로 한국은행이 통화량을 조절하는 정책을 '통화정책(monetary policy)'이라고 한다. 그리고 재정정책과 통화정책을 함께 아울러 '총수요관리정책'이라고 한다.

075

케인시안과
통화주의자

재정정책이나 통화정책이나 총수요를 관리한다는 점에서는 마찬가지다. 그러나 실제 정책효과의 크기는 서로 다를 수 있다. 그동안 재정정책과 통화정책의 효과에 대한 연구는 매우 많았고, 특히 어느 정책이 더 유효한지에 대한 논쟁은 경제학계의 이목을 집중시켜 왔다. 재정정책의 유효성을 지지하는 경제학자들을 '케인시안(Keynesians)'이라고 하고 반대로 통화정책이 더 효과적이라고 믿는 경제학자들을 '통화주의자(Monetarists)'라고 한다.

투자부진은 경제를 불황에 빠뜨리는 여러 요인 가운데 가장 중요한 것이다. 재정정책은 투자수요 위축을 재정지출 수요확대로 직접 메워버림으로써 총수요를 유지한다. 통화공급 확대가 이자율을 낮춘다면 금융비용이 감소하여 투자가 살아날 수도 있다. 그러나 경제학자 케인스(John Maynard Keynes, 1883~1946)는 싼 금융비용보다는 좋은 사업전망이 투자 확대에 더 중요하다고 보았고, 또 통화정책으로 이자율을 낮추는 것도 한계가 있다고 지적했다. 예컨대 최근의 일본처럼 이자율이 0%이면 통화공급을 아무리 확대해도 이자율을 더 이상 낮출 수 없다는 것이다. '케인시안'들은 케인스의 이러한 견해를 받아들인다.

 총수요 확대를 위한 재정정책은 극단적으로 말하면 정부가 고용을 유지하기 위해 팔리지 않고 남아도는 생산물을 사주는 행위와 다를 바 없다. 순전히 고용유지를 위한 일거리 창출인 만큼 국가적으로 필요없는 생산활동까지도 지원할 가능성을 배제하지 못한다. 그런데 통화공급을 늘리면 시중의 구매력이 그만큼 증가하기 때문에 이자율을 낮추어 투자를 유발하는 경로가 아니더라도 총수요는 증가한다. 더욱이 이 수요증가는 민간부문에서 발생하므로 고용유지 효과를 거두면서도 동시에 국가경제생활의 필요를 반영한다. '통화주의자'들은 자원낭비의 가능성이 큰 재정정책보다 국가적으로 필요한 생산활동을 유발하려고 하는 통화정책이 더 바람직하다고 주장한다.

 투자수요가 10만큼 감소하여 경기가 퇴조할 때 재정정책은 재정지출수요를 10만큼 늘리는 정책인데 비해 통화정책은 소비수요와 투자수요를 합쳐서 10만큼 늘어나도록 통화공급을 확대한다. 두 정책 모두 총수요를 원래의 크기로 회복시킨다는 점에서는 마찬가지이지만 재정정책은 재정지출수요를 10만큼 더 늘리는데 비해 통화정책은 재정지출을 전과 같은 수준으로 유지하는 것이다. 그러므로 재정정책은 총수요를 관리하는 효과에 더하여 정부의 공공사업을 10만큼 더 확대하는 결과를 불러온다.

 '케인시안'과 '통화주의자' 간 논쟁의 출발점은 재정정책과 통화정책의 경기정책효과에 대한 이견이었지만, 결국 재정사업의 규모에 대한 논쟁으로까지 이어진다. 정부는 작을수록 좋다고 주장하는 시장주의자들은 '통화주의자'를 지지하고, 사회복지의 필요성을 역설하는 정부개입주의자들은 '케인시안'을 지지한다.

076

고용률과
실업률

총수요가 위축되면 국내총생산(GDP)과 고용이 감소하여 소득을 잃는 실직근로자들이 많아진다. 기본적으로 개인의 생계는 각자 스스로 책임져야 하는 시장경제에서 실업자가 많아지면 사회 불안이 야기될 수밖에 없다. 정부는 항상 고용현실을 정확히 파악하면서 총수요관리정책을 펼쳐나가야 한다. 고용현실을 반영하는 지표 가운데 가장 중요한 것이 고용률과 실업률이다.

국가 전체 인구 가운데 어린아이를 제외한 15세 이상 인구를 '생산가능연령인구'라고 한다. 국제노동기구(ILO, International Labor Organization)는 이 가운데 조사시점을 포함한 일주일 동안 최소 1시간 이상 직간접적으로 보수를 받으면서 일했거나, 또는 취업한 상태에서 단기 휴직중인 사람들을 모두 그 시점의 취업자로 분류한다. 이 분류기준은 유급취업의 기회를 전혀 갖지 못한 사람만을 실업자로 처리한다.

연령별 고용률은 같은 연령의 인구 대비 취업자의 비율이다. 보통 생산가능연령인구 대비 취업자의 비율을 국가 전체의 고용률이라고 한다. 우리나라 생산가능연령인구는 2011년 11월 현재 4,120만8,000

명이며, 같은 시기 고용률은 59.7%인데 성별로는 남성이 71.2%이고 여성이 48.7%이다. 성인 여성의 대부분은 취업하지 않는 전업주부들이기 때문에 여성의 고용률이 남성보다 훨씬 더 낮은 것이다.

전업주부 이외에도 학생과 일할 능력을 잃은 병약자 등은 당장에는 생산활동에 참여할 의사가 없거나 아예 참여할 수 없는 사람들이다. 생산가능연령인구에서 생산활동에 참여할 수 없거나 참여할 뜻이 없는 사람들을 제외한 인구를 경제활동인구라고 한다. 즉 경제활동인구는 취업자와 아직도 직장을 구하고 있는 실업자로 구성된다. 실업률은 경제활동인구 대비 전체 실업자의 비율이다. 2011년 11월 현재 우리나라의 경제활동인구와 실업자는 각각 2,531만8,000명과 73만 명이었고, 실업률은 2.9%였다. 매월 파악해야 하는 경제활동인구와 취업자 현황을 그때마다 전체 인구를 대상으로 일일이 조사하기는 어렵기 때문에 무작위로 추출한 가구들을 조사하는 표본조사 방법을 이용한다.

경제활동인구가 100명이고 취업자가 70명이면 실업자는 30명이고 실업률은 30%이다. 고용사정이 더 나빠져서 취업자가 65명으로 줄고 기존 실업자 가운데 10명이 구직을 포기하면, 실업자와 경제활동인구는 각각 25명과 90명으로 줄어들고 실업률도 27.8%로 낮아진다. 고용현실은 더 악화했지만 실업자는 오히려 줄었고 실업률도 더 낮아진 것이다. 이처럼 불합리한 결과는 구직 포기자를 경제활동인구에서 제외하는 통계기준 때문에 나타난다. 경제활동인구에 의존하는 실업률은 아직도 고용현실을 나타내는 대표적 지표이다. 그러나 이러한 결함 때문에 유럽 여러 나라에서는 경제활동인구와 무관한 고용률로 점차 그 지위를 대체하고 있는 중이다.

077
고용창출과
총수요관리정책

정부는 수시로 일자리 창출을 핵심 정책과제로 정하고 실업을 줄이기 위해 노력한다. 실직은 기본적으로 해당 근로자의 생업을 시장이 거부하기 때문에 일어나는 사태다. 총수요 감소의 원인이 무엇이든 실직은 결국 사회가 해당 근로자의 일을 같은 급여 조건으로는 더 이상 필요로 하지 않기 때문에 발생한다. 사양산업의 일거리처럼 세상이 그 일을 영구적으로 더 이상 필요로 하지 않게 되는 경우도 있고, 일상생활에 긴요한 일이라도 수요자들이 일시적으로 움츠러들어 구매를 줄였기 때문에 해당 일거리가 줄어든 경우도 있다.

항구적으로 용도 폐기된 일이라면 실직자는 빠른 시간 내에 시장이 수용하는 다른 적절한 생업을 찾아야 한다. 불황을 예상한 소비자들이 한동안 덜 쓰려고 지갑을 닫는 바람에 일시적으로 일거리가 줄어든 경우라면 해당 근로자들은 잠시 다른 일에 종사했다가 경기 회복기에 다시 원직으로 돌아가는 것이 정답이다. 그러나 실직자들의 처지에서 본다면 이 간단명료한 정답이 매우 고통스럽다.

당장 실직 기간 동안 생계유지 방안이 막막하고 다시 새로운 직장을 찾는 일도 불확실하다. 설사 새 직장을 얻더라도 낯설고 서툰 일터가 정들고 익숙한 옛 직장보다 더 나을 까닭이 없다. 근로자들은 모든 해고에 반대하고, 이러한 분위기에 휩쓸린 정치는 한 번 채용한 근로자를 함부로 해고하지 못하도록 금지하는 고용보호법제를 채택하기도 한다. 현재 선진국 가운데 고용보호법제를 채택하지 않은 나라들은 영미권과 덴마크 등 몇 나라뿐이다. 원래 시장경제에서 내가 다른 사람들의 생산제품을 구입할 권리는 그들이 원하는 상품을 나 스스로 생산했거나 그 생산에 일조하였을 경우에만 허용된다. 실직은 시장이 원하지 않는 일을 하는 근로자에게서 이 권리를 박탈하는 조치인 셈이다. 따라서 실직될 근로자로 하여금 일자리를 원래대로 유지하도록 하는 고용정책은 명백히 반시장적이다.

고용보호법제와는 다르지만 사회적 필요성이 검증되지 않은 인공적 일자리를 정부의 재량적 판단으로 제공하는 재정정책도 유사한 효과를 유발한다. 확장적 통화정책은 민간 부문의 수요를 창출하는 정책인데, 이 수요 창출도 남을 위해 생산해야 허용되는 상품구입권을 편법으로 부여한다는 점에서는 재정확대정책과 다를 바 없다. 총수요 확대에 의존하는 고용정책은 일반적으로 널리 활용되고 있지만 결국 반시장적일 수밖에 없다는 점에서 바람직하지 못하다.

어떤 산업의 사양화가 유발한 실업은 새로 출현한 신흥산업이 흡수해야 하고, 일시적 불황은 잠시 다른 일을 하며 견뎌내야 한다. 고용창출정책의 핵심은 총수요 확대보다는 신흥산업이 계속 일어나고 다른 일거리가 주변에 항상 있도록 투자요건을 조성하는 것이어야 한다. 또 실직자가 새로운 일자리를 쉽게 찾을 수 있도록 구인구직 정보를 널리 확산시켜야 하고, 구직기간 동안 실직자의 생계유지가 가능하도록 고용보험제도도 정착시켜야 한다.

078

물가안정과
고용증대

물가가 오르면 돈 가치는 떨어지고, 반대로 내리면 올라간다. 물가변동이 완만하면 사람들은 그런대로 수용하지만 변동 폭이 크고 등락이 무상하면 큰 혼란을 빚는다. 물가상승 또는 하락은 순전히 화폐가치를 변화시킴으로써 개인의 노력과 무관한 소득재분배를 초래한다. 애써 벌어놓은 소득의 가치를 도둑맞기도 하고 불로소득을 얻기도 한다. 사람들은 물가가 급등하면 현금 대신 부동산과 같은 실물을 보유하고 급락하면 현금을 택한다. 현금은 교환의 매개가 아니라 투기의 수단으로 바뀌고 기업들은 상황이 진정될 때까지 투자를 유보한다. 그렇기 때문에 급격한 물가변동은 결코 바람직한 것이 아니다.

　물가상승은 결국 생산비용의 상승, 또는 수요증대 때문에 발생한다. 생산비용이 높아져서 발생하면 '비용추상 인플레이션(cost push inflation)'이고, 수요가 증대하여 발생하면 '수요견인 인플레이션(demand pull inflation)'이다. 과거 1970년대 산유국들이 단결하여 국제 원유가를 대폭 인상하였을 때 전 세계가 겪은 물가상승이 '비용추상 인플레이션'이었다. 개발도상국이 경제개발 과정에서 통화를 증발해 부족한 저축을 메우면 '수요견인 인플레이션'이 발생한다. 우리도 1970년대에는 매년 20% 가까운 '수요견인 인플레이션'을 겪었다.

우리나라는 물가상승이 우려될 때마다 전기료와 전철요금 등 공공요금을 동결하는 조치를 취하곤 한다. 정부의 가격 통제는 반시장적이지만, 비용추상형 요인들을 통제해 물가상승의 압력을 줄이는 효과는 거둔다. 그런데 화폐경제에서 물가와 가장 긴밀한 관계를 유지하는 변수는 뭐니 뭐니 해도 단연 통화량이다. 원래 물가는 시중에 유통되는 통화량이 적정 수준보다 더 많을 때 상승한다. 물가를 관리하는 데 가장 중요한 것은 통화량을 적정 수준으로 유지하는 것이다. 통화량을 관리하는 한국은행은 물가관리의 최종 책임을 진다.

한국은행은 국민이 부당하게 소득을 빼앗기거나, 불로소득을 얻는 일이 없도록 물가관리에 만전을 기하여 투기적 요인을 배제해야 한다. 그런데 정부는 선거철만 되면 선심성 정책사업을 집행하여 표를 얻고 싶어 한다. 정부가 한국은행을 통제하면 선심사업을 벌이고 싶은 정치적 이유로 통화량을 증발해 인플레이션을 불러올 공산이 크다. 중앙은행을 정부로부터 독립시켜야 하는 까닭은 이 때문이다.

물가안정과 고용증대는 거시경제정책의 양대 목표이다. 그런데 물가안정을 위해 통화량을 긴축하면 총수요가 감소하여 실업이 늘어난다. 거꾸로 총수요 확대로 고용을 늘리기 위해 통화량을 늘리면 이번에는 물가가 상승한다. 영국의 통계자료로부터 도출한 '필립스곡선(Phillips curve)'은 물가상승률이 낮아지면 실업률이 높아짐을 보여주었다. 총수요관리정책으로는 고용과 물가라고 하는 두 마리 토끼를 함께 잡지 못하는 것이다. 반시장적 총수요관리보다는 실업은 투자 확대로 풀고 물가는 통화관리로 안정시키는 것이 정답이다.

079

스태그플레이션과
디플레이션

인플레이션에는 총수요 증가 때문에 발생하는 '수요견인형'도 있지만, '비용추상형'처럼 생산비용이 갑자기 높아지면서 생기는 경우도 있다. '비용추상 인플레이션'으로 물가가 오르면 총수요가 감소하므로 생산과 고용도 함께 감소한다. 물가가 오르는 고통에 더하여 실업률까지 증가하는 이중고를 겪어야 한다. 물가가 오르면 실업이 감소하는 필립스곡선은 '수요견인 인플레이션'에 국한된다. '비용추상형'에서는 물가가 오르면서 경제도 침체하고 실업도 늘어나는 스태그플레이션(stagflation) 현상이 나타난다.

이스라엘과의 전쟁에서 패배한 아랍 산유국들은 새로운 결속을 다짐하고 1973년 전격적으로 석유생산 감축에 합의하여 원유가격을 단숨에 4배로 인상시켰으니, 이 사태가 제1차 석유파동이다. 그 결과 세계 각국은 일제히 유가상승이 주도한 '비용추상 인플레이션'에 빠져들었다. 고유가가 유발한 고물가는 총수요를 위축시켰고 세계경제는 전례 없는 본격적 스태그플레이션을 경험하기 시작했다.

스태그플레이션을 총수요관리정책으로 다스리려고 하면 필립스곡선의 특성에 따라서 물가와 실업 가운데 어느 하나는 더욱더 악화시켜야 한다. 그러므로 총수요관리보다는 유가상승 효과를 상쇄시키는 정책이 더 바람직하다. '공급측 경제학'은 스태그플레이션에 대한 처방으로 비용감축에 기여할 것으로 기대된 조세감면을 내세웠는데, 현실에서 나타난 감세정책의 효과는 기대 이하였다. 고유가가 유발하는 비용 상승효과를 상쇄해야 한다는 원리는 옳지만 이 원리를 실현하는 정책은 아직도 개발해내지 못한 상태다.

디플레이션(deflation)은 물가가 하락하는 현상을 나타내는 말이다. 총수요가 감소하더라도 단기적으로는 물가가 하락하지 않고 대신 생산과 고용만 줄지만, 총수요 부족이 지속되면 물가도 결국 하락할 수밖에 없다. 물가하락이 총수요의 확대를 불러온다면 거시경제는 다시 균형을 회복하겠으나, 물가가 더 떨어질 것이라는 예상이 확산되면 사정이 다르다. 소비자들은 좀 더 기다렸다가 구입하려 하고 기업들도 투자를 유보하는 사태가 벌어지면서 물가가 더욱 하락하는 것이다. 물가하락이 총수요를 회복시키는 것이 아니라 오히려 더 위축시키는 '수축악순환(deflationary spiral)'으로 악화한다.

'수축악순환'은 기업의 재무구조를 악화시키고 도산을 유발하면서 결국 은행까지 부실화시키므로, 신속한 재정지출 확대와 통화공급 증대로 조기에 대처해야 한다. 그러나 기업과 은행의 부실화로 주식 등 자산가치가 폭락하면 안전자산에 대한 수요가 급증하여 확대된 통화공급을 모두 빨아들인다. 나라경제는 지불수단으로서의 화폐는 항상 부족한 '유동성 함정'에 빠진 채 총수요 위축은 풀리지 않고 디플레이션의 덫에서 헤어나지 못하는 것이다. 일본의 '잃어버린 10년'은 디플레이션의 해독을 극명하게 보여준 사례다.

080

경제성장과
그 시작

총생산은 국가경제의 생산 규모를 나타내고, 경제성장은 실질 총생산이 증가하는 현상을 말한다. 전기 대비 실질 총생산의 증가율을 경제성장률이라고 한다. 과거 고도성장기의 한국경제는 30년 이상 연 7% 이상의 성장률을 기록하였는데 현재 중국과 인도 등 후발 고도성장국가들도 비슷한 성장률을 보이고 있다. 이에 비해 일찍이 산업화에 성공한 선진국들의 성장률은 연 3% 정도로 비교적 낮다. 최근 금융위기가 강타한 나라의 경제성장률은 일시적이나마 크게 낮아진 상태다.

총생산이 증가하더라도 인구가 더 많이 증가해 버리면 1인당 총생산은 오히려 감소한다. 민생이 더 윤택해지려면 단순한 경제성장만으로는 안되고 1인당 총생산이 증가해야 한다. 그런데 세계의 인구와 1인당 총생산은 수천 년 전부터 불과 200년 전까지의 기나긴 기간 동안 줄곧 정체 상태에 머물러 왔던 것으로 추계된다. 통계자료가 구비된 것이 근래의 일인 만큼 정밀성은 다소 떨어지지만 이 추계 결과는 산업혁명기까지 절대빈곤 선을 벗어나지 못한 인류의 생활상과 잘 일치한다.

세계 1인당 총생산은 1820년 경부터 본격적으로 증가하기 시작해 2000년까지 무려 9배나 증가했다. 세계 인구도 같은 기간 동안 6배로 증가했다. 세계 인구와 1인당 총생산은 왜 19세기 초까지는 계속 일정 수준에 묶여 있다가 갑자기 급증하기 시작한 것일까?

전통적 농경사회에서 주산업은 농업이다. 일손이 늘어나면 수확량이 늘기는 하겠지만 농지면적이 일정한 한 점차 증가폭이 줄어들면서 필경 상한에 이른다. 이것을 '수확체감의 법칙'이라고 부른다. 인구가 증가하면 '수확체감의 법칙'에 따라서 1인당 소비가능한 곡식의 수량은 종내 감소할 수밖에 없고, 이 수량이 생존 유지에 필요한 최소 수준으로까지 하락하고 나면 인구도 더 이상 증가하지 못한다. 결국 인구는 각자 생존 가능한 최저생활 수준을 겨우 감당하는 규모에서 성장을 멈추고, 1인당 총생산도 최저생활을 실현하는 수준에 묶이게 마련이다.

산업혁명 이전 농경 중심의 전통사회에서 인구와 1인당 총생산이 수천 년 동안 정체 상태에 머물러 온 것은 이 때문이다. 그런데 18세기 중반 영국에서 시작한 산업혁명이 모든 것을 바꾸어 버렸다. 사회적 분업을 고도화시키고 신기술을 활용함으로써 생산능력을 비약적으로 신장시킨 것이다. 다른 나라들의 산업화가 뒤를 이으면서 인류의 생산성은 폭발적으로 증가하기 시작했다. 그 이후 세계 인구와 1인당 총생산은 전례 없이 빠른 속도의 성장에 돌입하였고 경제성장은 경제학의 주요 연구과제가 되었다.

081

경제성장의 동력은
사회적 분업의 고도화

18세기 중엽 영국의 면직·석탄·제철산업 등이 주도한 인류 최초의 산업혁명은 분업화와 기계화를 통해 생산성을 크게 신장시켰다. 때마침 중남미 식민지에서 들여온 대량의 은이 화폐 유통량을 크게 늘림으로써 시장과 유통부문은 이미 대규모 상품거래를 감당할 만큼 발달해 있었고, 또 영농기술의 발전으로 농촌 소득도 상당히 높아져 있었다.

생산이 폭발적으로 늘어났지만 그 물량은 어려움 없이 유통되었고, 이에 따라 분업화와 기계화의 생산방식은 빠르게 제조업의 다른 부문으로까지 확산되어 나갔다. 가내 생산이 어려운 특수 제품을 제외한 식품과 직물 등 생활용품을 직접 생산해 오던 일반 농가들이 자가생산을 접고 시장의 공산품을 구입하면서 상업농에 전념하는 생활로 전환하기 시작했다. 기본적으로 자급자족에 의존하던 전통적 농경사회가 사회적 분업의 시장경제로 바뀌게 된 것이다. 이 변화를 산업화라고 한다.

많은 농민들이 농촌을 이탈하여 제조업 근로자로 변신했다. 과거에는 각자 자신의 생활에 필요한 물자를 스스로 농사지어 조달하는 농민이 대부분이었지만 산업화 이후에는 식량 생산에 직접 종사하지 않는 인구가 더 많아진 것이다. 한국만 해도 60%(1960년)이던 농업인구가 8.3%(2001년)로 줄어들었다. 그런데도 농업생산은 줄어든 것이 아니라 오히려 더 크게 늘어났다. 세계적으로도 지난 200년 동안 인구는 8배 늘어났지만 식량 생산은 10배로 증가했다.

농업에 종사하는 인구는 크게 줄었는데 식량생산이 오히려 늘어난 까닭은 무엇일까? 펌프를 만들어 물을 퍼올리고, 화학비료의 성능을 개선하며, 육종학이 우량 품종을 계속 개발해 오고 있기 때문이다. 그런데 펌프, 농기계, 비료를 생산하고 우량 품종을 개발하는 활동은 농업이 아니라 제조업과 서비스업으로 분류된다. 과거에는 농업에 종사하는 농민들이 직접 이 모든 활동을 담당하였지만 산업화 이후의 사회적 분업체제에서는 각 분야 전문가들이 농업 외부의 분야에서 농업을 지원하고 있는 것이다. 결국 식량생산을 증가시킨 힘은 사회적 분업의 높은 생산성이다.

수확체감의 법칙에 함몰되어 경제성장은 결국 전 인구를 생존 가능한 최저 생활수준의 정체상태로 몰아넣고 말 것이라고 예측한 맬서스(Thomas Robert Malthus, 1766~1834)는 격동의 산업혁명기를 살면서도 사회적 분업이 어떻게 발전할 것인지를 몰랐던 것 같다. 환경과 자원의 유한성 때문에 경제성장이 결국 한계에 이를 것으로 예측한 1972년 로마클럽 보고서도 마찬가지다. 산업화가 구축한 사회적 분업체제는 생산에서 연구·개발에 이르기까지 경제활동의 생산성을 계속 혁신하면서 성장을 주도해 왔다.

082

경제성장과
요소생산성

전통적 농경사회에서는 경작지가 일정하면 '수확체감의 법칙'이 작용하여 1인당 총생산이 최저생계비까지 낮아지고, 인구는 그 수준에서 포화상태에 이른다. 인류는 산업시대에 들어선 이후부터 비로소 맬서스적 정체상태가 강요하는 절대빈곤을 탈출할 수 있었다. 각종 생산도구가 급속히 발달하고 분업이 고도화되면서 인구와 1인당 총생산이 함께 증가하는 경제성장을 시현하기 시작한 것이다.

우수한 도구는 노동의 생산성을 크게 높인다. 산업화가 우수한 도구를 공급하기 시작하면 최저생계비 수준에 묶인 1인당 총생산이 상승하고, 따라서 인구도 증가하기 시작한다. 그리고 우수한 도구가 뒷받침하는 한 인구가 증가하더라도 1인당 총생산은 항상 최저생계비를 웃돈다.

도구는 곧 자본으로서 산업사회의 모든 생산요소는 최종적으로 노동과 자본으로 귀결된다. 경제학자 솔로(Robert Merton Solow, 1924~)는 성장균형에서는 1인당 자본이 일정한 균형 수준으로 결정된다고 보고, 1인당 총생산은 결국 한 사람이 이렇게 결정된 균형 수준의 자본을 활용하여 생산하는 수량과 같다고 상정했다. 그러므로 인구가 한 명 늘면 순투자는 늘어난 한 명에게 필요한 1인당 균형 수준의 자본만큼 증가하고, 총생산은 이 사람이 이 자본을 활용하여 생산하는 수량만큼 증가한다.

솔로의 성장모형에서도 1인당 총생산은 일정한 수준에 머물지만, 그 수준은 최저생계비보다는 더 높다. 그리고 총생산은 인구가 늘어야 증가하고, 인구의 자연증가를 억제하는 장애도 없다. 솔로 모형은 산업사회에서 인구가 증가하고 1인당 총생산이 최저생계비보다는 더 높게 유지된다는 사실을 설명하는 데는 성공했지만 1인당 총생산이 증가하는 현상까지는 설명하지 못한다. 그 까닭은 솔로가 노동과 자본의 투입증가만이 생산량을 늘린다고 설정하였기 때문이다.

실제로는 같은 노동과 자본을 활용하더라도 생산기술을 개선하면 더 많이 생산할 수 있다. 성장회계(growth accounting)는 노동과 자본의 투입 증가가 생산 증가, 즉 성장률에 기여한 부분을 추출해 낸다. 노동 기여분과 자본 기여분의 합이 성장률과 정확히 일치하는 것이 솔로 경제다. 현실적으로는 보통 성장률이 더 큰데 이 차이가 총요소생산성(total factor productivity)의 기여분이다.

총요소생산성은 기술혁신의 효과를 반영하므로 그로 인한 성장을 '질적 성장'이라고 하고, 노동과 자본 투입의 증가로 이루는 성장을 '양적 성장'이라고 한다. 한국의 경제성장은 1997년 환란 시기까지는 양적 성장 중심의 고도성장이었으나 환란 이후부터는 성장률은 다소 낮아졌지만 점차 질적 성장 중심으로 바뀌어 가는 중이다.

083
잠재적
경제성장

생산요소의 질이 높아지고 투입량이 늘어날수록, 그리고 생산기술이 발달할수록 총생산의 규모는 커진다. 그러므로 생산요소의 질이 개선되는 속도, 투입량의 증가속도, 총요소생산성이 향상되는 속도가 빨라지면 그 나라의 경제성장률도 더 높아질 수 있다. 국가경제가 갖추고 있는 생산요소의 질과 수량, 그리고 생산기술의 수준은 그 시점의 공급 능력이다.

경제활동참여인구의 크기, 노동시간의 길이, 파업손실일수 등은 노동의 수량을 결정하고, 교육 훈련의 수준과 숙련도는 노동력의 질을 결정한다. 경제활동참여를 포기하는 사람이 늘어나거나 주당 근로시간이 줄어들고, 공휴일을 늘려 근로일수는 줄였는데 파업이 빈발하여 파업손실일수가 늘어나면 생산에 투입되는 노동량은 감소한다. 사용자들이 교육 훈련에 인색하고 노동자들이 태업을 일삼으면 노동의 질도 낮아진다.

그동안 투자가 충분히 이루어졌다면 생산설비를 나타내는 자본의 규모는 커진다. 단 사업성 판단을 잘못하여 실패한 투자와 낙후된 구식 설비는 현재 가동 가능한 생산설비에서 제외된다. 정부규제가 투자를 위축시키고 기업가의 투자실패가 빈발하는데 더하여 설비교체의 때까지 놓치면 자본의 규모는 그만큼 줄어든다.

기술혁신의 성과는 총요소생산성의 개선으로 나타난다. 기업마다 혁신에 노력을 기울이고 그 성과가 좋으면 같은 생산요소를 같은 규모로 투입하더라도 더 많이 생산할 수 있다. 국가경제의 공급 능력은 생산에 투입될 수 있는 노동과 자본의 규모와 질, 그리고 기술혁신의 수준으로 결정되는 것이다. 공급 능력의 성장은 국가경제의 잠재성장(potential growth)이므로 그 성장률을 '잠재성장률'이라고 부른다. 생산요소의 질과 양, 총요소생산성의 성장을 추계하면 잠재성장률을 추정할 수 있다.

그런데 실제 생산은 공급 능력을 최대한 가동하는 수준으로 결정되는 것이 아니라 그때그때 총수요가 요구하는 크기로 결정된다. 총수요는 생산물에 대한 다양한 수요를 모두 합친 것인데 이 크기가 공급 능력과 항상 일치하는 것은 아니다. 경기가 부진하면 총수요는 공급 능력을 밑도는 수준으로 결정되면서 실업을 유발하고, 반대로 과열되면 공급 능력보다 더 커지면서 물가상승을 불러온다.

현재 잠재성장률이 0%이더라도 실업률이 높고 설비가동률이 낮은 불황에서 회복하는 경제는 물가상승을 촉발하지 않으면서도 잠재성장률보다 더 높은 성장률을 기록할 수 있다.

만약 현재 나라경제가 완전고용에 가깝다면 잠재성장률은 물가상승을 유발하지 않으면서 달성할 수 있는 가장 높은 성장률이라고 말할 수 있다.

6부

금융과 국제수지

084

채권가격, 이자율, 그리고
위험 프리미엄

사람들은 보통 수입의 범위 이내에서 지출하지만, 때로는 수입보다 더 많이 지출하는 수도 있다. 수입초과지출이 필요하면 따로 자금을 조달해야 한다. 여유자금을 융통하여 초과지출에 필요한 자금으로 조달하는 활동을 금융(finance)이라고 한다. 금융상품은 자금을 조달하려는 경제 주체가 발행하는 증권이다. 금융상품에는 여러 가지가 있지만 돈을 빌리기 위해 발행하는 것이 채권(債券, bond)이다. 발행 주체에 따라서 정부가 발행하면 국공채, 은행 등 금융기관이 발행하면 금융채, 기업이 발행하면 회사채라고 한다.

채권 발행 주체는 채권에 만기일과 액면가(face value), 그리고 이자를 명시하여 만기일까지 매기 명시한 대로 이자를 지불하고 만기일에는 액면가의 금액을 지불하기로 약속한다. 각 시점의 이자 지불과 만기일의 액면가 지불은 해당 채권의 '미래소득흐름(future income stream)'을 구성한다. 자금이 필요한 경제 주체는 일정한 미래소득흐름을 약속하는 채권을 발행하여 판매함으로써 자금을 조달하는 것이다.

연 이자율이 10%이면 1년 뒤 110원은 현재 100원을 저금할 때 1

년 뒤에 얻는 원리합계금이다. 그러므로 1년 뒤 110원의 현재가치는 100원이다. 이자율이 20%라면 91.6원만 저금해도 110원이 된다. 일반적으로 미래소득의 현재가치는 이자율이 오를수록 낮아진다. 채권의 현재가치는 그 미래소득흐름을 구성하는 각 시점 소득의 현재가치를 모두 합한 것이다.

만약 어느 채권 가격이 그 미래소득흐름의 현재가치보다 낮다면 투자자들은 서로 이 채권을 구입하려 나설 것이므로 채권 값이 상승한다. 반대의 경우에는 아무도 구입하지 않을 것이므로 값이 하락한다. 그러므로 채권의 가격은 투자자들이 판단하는 미래소득흐름의 현재가치와 같은 수준으로 결정된다. 채권 가격은 채권이 약속한 미래소득흐름의 현재가치로서 이자율이 오르면 하락하고 내리면 상승한다.

두 회사 A와 B가 똑같이 1년 뒤 만기일에 월 이자 없이 액면가 1억 원의 회사채를 발행한다고 하자. 회사 A는 신용도가 높은데 비해 회사 B의 재무구조는 매우 불안하다면 비록 외견상으로는 같은 미래소득흐름을 약속하고 있지만 회사 B가 약속대로 이자와 원금을 지불할 확률은 낮다. 이 위험도의 차이 때문에 채권의 현재가치가 서로 다르고 신용 낮은 B의 회사채 가격은 A보다 더 낮게 책정된다. 즉 신용이 낮은 B사는 더 적은 돈을 조달하면서 같은 상환부담을 약속해야 하므로 더 높은 이자율로 자금을 빌리는 셈이다.

부도의 위험은 채권의 가격을 그 미래소득흐름의 기대 현재가치보다 낮게 정하는데 이 차이를 위험프리미엄(risk premium)이라고 한다. 투자자들의 위험기피성향이 두드러질수록 위험프리미엄은 커지고 고위험채권의 값이 낮아진다.

085

채권과 주식

채권과 더불어 사람들이 가장 널리 사용하는 금융상품의 기본 유형에는 주식(stock)이 있다. 주식은 주식회사의 부분적 소유권을 나타내는 증서인데 회사를 창립할 때 필요한 자본을 모으면서 발행하고, 그 이후에도 증자가 필요할 때마다 추가로 발행한다. 자본금 1,000억 원을 모으기 위해 주식 1억 주를 발행하면 1주당 1,000원의 자금을 조달해야 한다. 이 경우에 해당 주식의 정면에 1,000원을 표시하는데 이 금액이 주식의 액면가이다.

주식을 보유하면 주식회사의 주주(stockholders)가 된다. 주주는 보유주식에 비례하여 이윤을 배당받고, 또 주주총회에서 보유 주식수만큼 의결권을 행사한다. 전체 발행주식 가운데 개별 주주가 보유한 주식의 비율을 지분율이라고 한다. 개별 주주의 이윤배당과 의결권은 결국 지분율에 따라서 결정된다.

주식은 이윤배당금을 제공하는 수익자산으로서 그 수익도 채권처럼 '미래소득흐름'이다. 그런데 주식의 미래소득은 기업의 영업성과에 따라 결정되는 기업이윤이다. 영업이 잘되면 배당금도 커지지만 잘 안되면 아예 무배당일 정도로 들쭉날쭉하다. 그러므로 비록 부도의 위험은 있지만 매기 일정한 금액의 이자와 만기에 액면가를 지불하기로 약속하는 채권과는 다르다.

주식의 '미래소득흐름'이 내포한 불확실성은 보통 가능한 모든 '미래소득흐름'에 대한 확률분포로 표시할 수 있다. 주식 가격은 불확실한 '미래소득흐름'의 현재가치에 위험프리미엄을 반영하여 결정된다. 개별 특정 '미래소득흐름'의 현재가치는 채권의 경우와 마찬가지로 이자율이 오르면 낮아지고 반대로 내리면 높아진다. 그러므로 주가도 이자율이 오르면 하락하고 내리면 상승한다.

채권과 주식은 가장 기본적인 유형의 금융자산이다. 누구나 자유롭게 금융자산을 구입할 수 있지만 항상 부도의 위험을 감수해야 한다. 실제로 금융자산의 거래에는 수많은 사기성 부도사건이 발생해 왔고, 앞으로도 발생할 것이다. 사기의 피해로부터 투자자들을 보호하기 위해 각국 정부는 금융거래에 대해 각종 규제를 시행한다.

예컨대 일정 수준 이상의 요건을 갖춘 우량 자산임을 인정할 수 있는 채권과 주식은 증권거래소에 상장(listing)하여 모든 투자자들을 상대로 자유롭게 거래하도록 한다. 반면에 비상장 채권과 주식은 객관적 인증을 받지 못한 만큼 거래범위가 제한된다. 거래가 쉬운 상장자산은 유동자산(liquid assets)인 반면 비상장자산은 유동적이지 못하다.

086

주가, 시가총액,
자본조달

채권이나 주식은 소유한 사람이 언제든 판매할 수 있고 새 소유주는
해당 금융자산의 모든 권리를 그대로 승계한다. 거래소에서 매일 거래
되는 증권은 대부분 이미 발행된 증권이다. 투자자들이 보유 중인 증
권을 사고파는 까닭은 증권별 미래소득흐름의 현재가치에 대한 평가
가 투자자마다 서로 다르기 때문이다.

일반적으로 기업별 미래소득흐름에 대한 평가는 시장상황에 따라
시시각각 변한다. 이동통신기술의 국제 표준이 명확하지 않던 초기에
CDMA기술을 개발한 회사의 현재가치는 크게 평가받지 못했다. 그
러나 상용화가 가능하도록 기술이 추가로 개발되고 여러 나라의 표준
으로 채택되면서 그 가치 평가는 엄청나게 높아졌다. 반대로 테이프로
녹음·녹화하는 아날로그 기술에 전념한 전자사업체는 디지털 시대로
접어들면서 그 가치평가가 폭락했다.

또 이자율이 내리면 모든 증권의 현재가치에 대한 평가가 높아지
고 반대로 오르면 낮아진다. 사람들은 수익성이 좋아진 기업의 주식
은 사려고 할 것이고, 부도 위험이 큰 기업의 채권은 팔려고 할 것이

다. 그리고 이자율이 곧 내릴 것이라고 믿으면 증권을 사려고 하고 오를 것이라고 믿으면 팔려고 한다. 기업별 수익성과 이자율 동향에 대한 전망이 사람마다 다르기 때문에 보유 중인 증권을 서로 사고파는 것이다.

주식의 가격은 해당 기업의 가치에 대한 시장의 평가다. 자본금 100억 원으로 출발한 기업이라도 사업성이 좋아지면 시장은 1,000억 원으로 평가할 수도 있다. 총발행주식을 주식가격으로 곱한 기업의 가치를 시가총액(market capitalization)이라고 한다. 상장기업들의 시가총액을 모두 합치면 시장평가의 대상이 되는 모든 기업들의 시가총액을 얻는다. 1980년 1월 4일의 시장 시가총액을 100으로 놓고 환산한 매일의 시가총액이 그날의 KOSPI지수이다. 최근의 KOSPI지수가 1,900선을 웃돈다면, 상장기업 전체의 시가총액이 30년 전보다 19배 이상 증가하였음을 나타낸다.

투자자들이 증권가치를 옳게 평가하도록 상장기업은 정기적으로 영업실적과 재무구조를 공개하고 기업경영 관련 중대사안을 공시해야 한다. 기업경영이 투명하면 주가는 기업가치를 더 정확하게 반영한다. 주가가 높은 기업이 새로 발행한 주식이나 회사채는 사람들이 믿고 사지만, 주가가 낮은 기업은 추가 자본조달이 어렵다.

특정 기업의 경영상태가 좋은 척 꾸미는 허위정보를 유포하거나 작전세력을 동원하여 대량 매입하는 척하면 해당 주가를 높일 수 있다. 자사 주가를 억지로 높이려는 기업이나 싸게 사서 비싸게 팔아 차익을 챙기려는 투기꾼들은 이러한 사기행각을 자주 벌인다. 이 때문에 증권거래에 대해서는 특별한 관리와 규제가 필요한 것이다.

087

위험을 통합하고 분리하는 금융상품

자금을 조달하기 위해 발행한 주식이나 채권이 약속하는 미래소득은 불확실하기 때문에 그만큼 위험을 내포한다. 개별 증권의 위험구조는 조달한 자금으로 벌인 사업의 위험구조에서 파생된다. 사업이 잘되면 관련 증권의 수익이 보장되지만 잘 안되면 증권 자체가 휴지화되므로 투자자들은 사업성을 잘 살피고 투자해야 한다. 일반적으로 투자자별로 좋아하고 싫어하는 위험구조가 서로 다르다.

투자자들이 어떤 채권의 위험구조를 좋아하지 않으면 그 채권으로는 자금을 조달하기 어렵다. 그런데 이 채권을 다른 채권들과 합친 다음 투자자들의 입맛에 맞는 위험구조의 채권 몇 가지로 분할해내면 새로 만든 채권을 모두 판매할 수 있는 경우가 있다. 이렇게 새로 만들어낸 채권을 부채담보부채권(CDO, collateralized debt obligation)이라고 한다. 투자자들이 투자를 거부하는 사업이라도 다른 사업과 연결하여 적절한 부채담보부채권을 만들어내는 데 성공하기만 하면 자금조달이 가능하게 된다.

정상적 방식으로는 자금조달이 불가능하던 사업도 CDO라는 마법을 거치면 거뜬히 자금을 조달할 수 있었기 때문에 CDO는 현대 금융이 낳은 대표적 혁신 금융상품으로 인식되었다. 미국에서는 2006년 한 해 동안 1조 달러어치의 CDO가 발행될 정도로 인기를 끌기도 했다. 그러나 비우량주택담보대출이 대량 부실화하면서 이 채권을 기초로 하여 발행한 CDO도 부실화하였고 이 CDO를 대량 구입한 금융기관들의 부실화가 일파만파로 번져나간 것이 2007년의 세계금융위기였다.

CDO는 기본적으로 자금조달이 불가능한 채권을 포함한 여러 위험구조를 통합하여 몇 가지 판매 가능한 위험구조의 금융상품을 만들어내는 금융기법이다. 불가능하던 금융을 성사시키는 능력을 장점이라고 볼 수도 있겠지만 하지 말아야 할 위험한 투자에까지 자금을 조달하는 것은 문제가 아닐 수 없다. 투자자는 현재 CDO가 제시하는 최종적 위험구조만을 보고 투자하는 것이기 때문에 자신의 돈이 궁극적으로 어떤 사업에 투자되는지를 모르면서 투자한다. 만약 알았다면 투자하지 않았을 사업인데도 모르도록 만들어 놓고 투자하도록 유도하는 행위는 사기와 다를 바 없다.

과도한 규제는 금융혁신을 억제한다는 탈규제 분위기 속에서 과거 CDO는 자유롭게 발행되어 왔다. 그러나 최근 금융위기를 겪으면서 BIS 바젤위원회는 CDO 상품의 위험도를 높게 책정하도록 규정하여 그 유통 규모를 축소시키기로 결정했다. 그러나 한 걸음 더 나아가 혁신을 빙자한 사기가 출현하지 못하도록 상품의 불투명성 자체를 규제할 필요도 있을 것이다.

088

상품시장과
금융시장

시장은 자원을 효율적으로 배분한다. 그런데 이러한 경제학의 기본 시각과 크게 어긋난 사태가 지난 2007년의 세계금융위기였다. 수많은 사람들이 땀흘려 모은 저축을 순식간에 날려버렸다. 남의 돈을 날린 금융기관들은 파산으로 면책받았고, 많은 사람들이 큰 피해를 입었지만 어느 누구도 책임지지 않는다. 시장이 불량 금융상품을 여과없이 유통시켜 온 탓이다. 경제위기는 시장에 대한 세간의 믿음을 크게 뒤흔들어 놓았다.

　　일반 상품시장에서 상품을 구입하는 사람들은 자신이 구입하는 상품이 무엇인지 알고 구입한다. 좋은 상품은 원가가 높지 않더라도 값이 비싼데 그 까닭은 상품이 좋은 것을 아는 소비자들이 서로 사겠다고 몰려들기 때문이다. 비싼데도 수요가 늘면 생산도 늘어난다. 시장은 소비자들의 선택을 통해 불량상품을 걸러내고 좋은 상품만 유통되도록 하기 때문에 자원을 효율적으로 배분하는 것이다.

　　그런데 금융시장은 좀 다르다. 일반사람들은 금융상품의 좋고 나쁨을 판별하지 못한다. 대부분 은행 등 금융기관에 돈을 맡기고 그들의 '전문가적' 투자에 편승한다. 금융기관 가운데 투자은행은 일반인들에게 금융상품의 '품질'에 대한 정보를 제공하는 사업자다. 무디스나 스탠더드앤푸어스(S&P) 같은 신용평가사도 같은 기능을 수행한다. 투자은행은 우수 회사로 분류한 기업의 회사채나 주식 발행을 주관함으로써 해당 증권의 품질을 보증 추천한다. 신용평가사들은 각종 증권에 대한 신용등급을 책정한다.

이들에게 법적 권위는 없지만 투자자들은 이들의 평판을 믿고 그 평가에 따라서 금융상품을 구입한다. 그러므로 금융시장이 투자자들의 선택을 통하여 불량 금융상품을 걸러내려면 투자은행과 신용평가사들이 올바른 정보를 제공해야 하고 금융기관들은 불량 금융상품에 투자하지 말아야 한다. 이들이 잘못할 때 금융시장은 결코 불량 금융상품을 걸러낼 수 없다.

'끼워팔기'는 비인기 상품까지 함께 구입하는 고객에게만 인기 상품을 판매하는 판매방식이다. 소비자 선택의 폭을 그만큼 제한하기 때문에 불공정거래로 분류된 불법행위다. 불량 채권과 우량 채권을 합성한 부채담보부채권(CDO)의 판매도 그 본질은 '끼워팔기'와 다를 바 없다. CDO 같은 상품이 소비자 선택을 제한하도록 허용하는 금융시장이 그런 일을 금지하는 일반 상품시장처럼 잘 작동하지 못하는 것은 당연하다.

상품정보를 금융기관과 신용평가사에 크게 의존해야 하는데 이들이 정보를 왜곡해 왔고 사실상 '끼워팔기'마저 허용해 왔던 만큼 금융시장은 일반 상품시장과 달리 약육강식의 정글로 추락해버린 것이다. 금융시장이 잘 작동하려면 새로운 금융규제가 이러한 문제들을 잘 다스려야 한다.

089

금융시장과
약육강식의 정글

어떤 회사의 주식이나 회사채를 구입하면 그 회사의 사업에 투자하는 것이다. 현실 경제에서는 주식이나 회사채가 미래소득흐름에 대한 권리인 만큼 이 권리를 다른 사람에게 언제든지 매도할 수 있다. 그러므로 한번 투자하였더라도 마음이 바뀌면 언제라도 관련 증권을 다른 사람에게 팔아넘기는 방식의 투자금 회수가 가능하다.

주식을 사고판 뒤에 주가가 오르면 산 사람은 차액만큼 이익을 보고 판 사람은 정확히 그만큼 손해를 본다. 이 제로섬 상황만 놓고 보면 주식시장은 남의 이익을 빼앗아서 내 이익으로 삼는 '약육강식'의 정글이다. 그러나 주가 변동의 본질은 투자자들에게 좋은 투자 기회를 알려주는 신호로서의 기능이다.

사업이 잘 되는 기업이면 그 주식을 사겠다는 수요가 늘어나므로 해당 주가는 오르게 마련이다. 거꾸로 기업의 사업이 어려워지면 그 주가는 급락한다. 이처럼 주식시장은 각 기업의 주가를 시시각각 결정함으로써 그 사업 내용을 평가하고, 사람들은 주가를 보고 투자한다. 주식시장은 약육강식처럼 보이는 주가 형성과정을 거쳐서 사람들의 저축을 유망한 투자 기회로 안내하는 장인 것이다. 제로섬처럼 보이지만 실은 포지티브섬이다.

그런데 만약 몇 사람이 작당하여 특정 주식을 반복해서 사고팔면서 바람을 잡으면 정보에 어두운 다른 사람들이 이 주식을 유망한 줄 알고 사들이기 시작한다. 이 경우에도 해당 주가는 오르겠지만 이 주가 상승은 좋은 투자기회를 알려주는 신호가 아니다. 정보가 부족한 투자자들을 유인하는 미끼일 뿐이고 주가가 충분히 오르면 작전세력들은 일제히 팔아치우고 시장을 떠나버리므로 선량한 투자자들만 피해를 당하게 된다. 주식시장은 약육강식의 정글로 전락해 버리고 마는 것이다.

금융기관은 사람들에게 좋은 투자 기회를 알선해야 한다. 사람들이 금융기관의 신용을 믿고 그 추천 상품을 믿고 구입하면 그 상품의 값은 오른다. 금융기관이 이 점을 악용하면 자신이 투자한 금융자산을 좋은 금융상품이라고 추천함으로써 큰돈을 벌게 된다. 이러한 일이 잦은 금융시장도 약육강식의 정글이다.

금융시장은 사람들의 저축을 유망한 사업에 투자하도록 이끄는 신호를 제공하면서도, 때때로 한탕을 노리는 불순분자들이 공작하면 순식간에 약육강식의 장으로 돌변하는 위기를 맞기도 한다. 금융시장은 이러한 금융위기를 겪을 때마다 자체적으로 허점을 보완하는 제도 개혁을 통해 더 나은 금융시장으로 발전해 왔다. 작금의 금융위기도 결국 금융시장을 한 단계 더 높게 도약시키는 또 하나의 계기가 될 것이다.

090

금융이 무너진
실물경제

경제생활은 '재화와 용역을 취득하고 처분'하는 생활이다. 사람들은
의식주 등 일상생활에 필요한 물자를 취득해 소비해야 하고, 기업들은
기계 등 생산 설비를 설치한 다음 노동자들을 채용하고 원자재를 확보
해야 생산활동을 벌일 수 있다. 개인이나 기업이나 '재화와 용역을 취
득'하지 않는 경제생활은 없다.

시장경제에서 '재화와 용역을 취득'하려면 반드시 그 대가를 지불
해야 한다. 상품 구입은 시장가격만큼의 대가를 지불해야 하고, 임금
을 지불해야 노동자를 채용하며, 기계와 원자재도 돈 주고 사와야 한
다. 시장에서 사는 대신 직접 생산으로 '재화와 용역을 취득'하더라도
필요한 자재와 노동의 투입이 불가피하다.

많은 경우에 대가의 지불은 '재화와 용역을 취득'하는 즉시 이루
어진다. 그러나 외상거래도 심심찮게 일어난다. 과거에 동네 상점과
음식점은 단골 고객에게 자주 외상거래를 허용했다. 기업은 원자재나
부품의 대금을 현금이 아니라 몇 달 뒤 결제를 약속하는 약속어음으로
지불한다. 거래대금의 규모가 큰 선박이나 기계류는 물품 인도 이후

몇 차례에 걸친 분납 방식으로 대금을 지불한다. 신용카드 결제도 사는 사람의 처지에서 보면 외상 구입과 다를 바 없다.

동네 상점과 단골 고객 간의 외상거래와 기업 간 어음거래는 순전히 당사자들 간의 신뢰를 기반으로 한다. 그러나 선박·기계류와 신용카드 거래에는 중간에 은행이 개입하여 대신 값을 치러주고 나중에 사는 사람에게서 대금을 회수하는 것이다. 이 방식은 결국 은행이 사는 사람에게 물건 값만큼의 돈을 빌려주었다가 나중에 회수하는 금융과 다를 바 없다.

상환능력을 잃은 대출이 늘어나면 은행들은 쓰러지고 나라경제는 금융위기에 돌입한다. 은행권이 투자자금을 조달하지 못하는 것은 물론 외상거래를 지원하는 금융도 마비상태에 빠진다. 외상거래가 힘들게 되면 '재화와 용역을 취득'하는 경제생활도 그만큼 시들할 수밖에 없다. 투자뿐만 아니라 총수요 전반이 줄어들기 때문에 생산도 위축된다. 이처럼 금융의 붕괴는 경제 전반을 불황에 몰아넣는다.

최근의 경제위기는 선진국에서 발달한 CDO 등 첨단금융상품의 부실화에서 비롯했다. 첨단금융상품을 많이 개발하여 유통시킨 선진국 은행들일수록 타격이 컸고 많이 도산한 반면, 금융 산업이 낙후되어 첨단상품의 도입이 늦은 동아시아 경제는 역설적으로 피해가 적었다. 그 결과 은행이 온전한 동아시아권 경제는 투자회복세를 이끌어 빠른 속도로 정상화되고 있지만 금융권이 크게 망가진 선진국 경제는 투자를 살리지 못한 채 아직도 위기의 언저리를 벗어나지 못하고 있는 것이다.

091

비교우위의
국제무역

나라별로 더 잘하는 산업, 즉 비교우위(comparative advantage)를 누리는 산업은 보통 서로 다르다. 경제학자 리카르도의 '비교우위설'은 각국이 비교우위를 누리는 산업에 집중 생산하고 무역하는 것이, 모든 산업에서 산업능력이 다른 나라보다 앞서는 나라까지 포함한, 모든 나라에게 더 유리함을 밝힌 이론이다.

　미국은 자동차 1대를 생산하는 자원으로 10톤의 쇠고기를 생산하고 한국은 쇠고기 10톤을 생산하는 자원으로 자동차 5대를 생산한다고 가정하자. 같은 자원으로 미국은 쇠고기, 그리고 한국은 자동차를 각각 더 많이 생산하는 비교우위를 보인다. 자동차 1대 생산에 미국이 소모하는 자원이 한국의 절반으로 미국의 산업능력이 자동차와 쇠고기 모두에서 한국을 압도하더라도 미국이 쇠고기를 한국에 수출하고 그 대신 자동차는 한국에서 수입하는 것이 서로에게 더 낫다는 것이 비교우위설이다.

　미국은 자동차 생산을 1대 줄이면 쇠고기 10톤을 더 생산할 수 있고 한국은 쇠고기 생산을 2톤 줄이면 자동차 1대를 더 생산할 수 있다.

자동차 1대 값으로 쇠고기 5톤(또는 쇠고기 5톤의 값으로 자동차 1대)을 책정하고 무역한다면, 미국과 한국은 자동차 1대 거래마다 각각 쇠고기 5톤과 3톤만큼의 이익을 본다. 타이핑도 잘하는 사업가지만 자신보다 타이핑 실력이 못한 비서를 채용하고 자신은 비교우위를 누리는 상담과 기업경영에만 몰두하는 것이 더 유리한 것과 같은 이치이다.

2010년도 한국의 수출 실적은 4,674억 달러로 세계 7위를 기록했다. 미국, 독일, 네덜란드 및 프랑스 등 서방 4개국과 우리와 중국 및 일본 등 동아시아 3국이 세계 7대 수출국이다. 2011년에는 세계적 불경기에도 불구하고 우리의 총무역액이 크게 늘어서 세계에서 9번째로 무역규모 1조 달러를 돌파한 나라가 되었다. 2010년도 수출 7대국에서 우리를 빼고 영국과 이탈리아를 더한 8개국만이 지금까지 무역규모 1조 달러를 기록한 나라들이었다.

석유와 식량을 비롯하여 우리가 반드시 수입해야 하는 해외 상품은 한두 가지가 아니다. 수입대금은 달러나 유로와 같은 외화로 결제하는데 국내 유통화폐는 원화이다. 석유와 같은 해외물자를 수입하려면 그 대금만큼의 외화를 따로 벌어야 한다. 외화벌이 방법에는 몇 가지가 있지만 수출산업을 육성해 국산품을 수출하는 것이 가장 항구적인 대책이다.

한국은 수출주도형 성장전략을 채택하여 경제개발에 성공한 대표적인 나라다. 과거에는 수출하면서 산업역량을 배양해온 개발도상국이었지만 이제는 산업강국으로서 비교우위를 갖추고 세계분업의 한 축으로 우뚝 선 것이다.

092

자유무역의
전개

바닷가 어촌의 농가에서는 남아도는 정어리를 비료로 쓰는데 산골 농촌 사람들은 생선을 구경하기 어렵다. 어촌의 값없는 정어리를 산골에 가져가면 좋은 값을 받을 수 있으니 어민과 농민의 생활이 좋아지는 것은 차치하더라도 정어리 장사를 하는 상인들은 큰돈을 벌 수 있다. 한 나라 안의 상거래도 이런데 국제무역은 말할 것도 없다. 동서양을 막론하고 과거 전제군주들은 무역을 철저히 통제하면서 높은 관세를 부과하여 수입을 올렸다.

라인강 구비마다 옛성이 촘촘히 들어선 로렐라이 언덕 주변은 지금은 유명한 유람선 뱃길이다. 그런데 이 성들은 모두 주변지역 영주들이 지나가는 무역선에 통과관세를 물리기 위해서 지은 세관이었다. 상인들은 세금이 너무 무거워 결국 라인강 항로를 포기할 지경이었다고 한다.

산업혁명 이후 제조업이 본격적으로 발달하면서 공산품 무역이 크게 늘어났다. 최초의 산업국 영국은 자유무역을 주장하였지만 다른 나라들은 국내 제조업을 보호하기 위해 수입상품에 높은 관세를 부과하는 보호무역 정책을 실시했다. 세금수입이 목적이던 관세가 국내 유치산업 보호를 위한 보호관세로 바뀐 것이다. 선진 산업국들이 공산품 수입에 부과한 평균관세율은 1820~1980년 기간 중 11~32%였던 반면 당시 개도국들은 약 34% 수준의 관세를 부과해 왔다.

선진국 가운데 네덜란드는 스페인의 지배로부터 독립한 직후부터 일관되게 자유무역체제를 구축해 왔다. 스위스와 벨기에도 같은 길을 걸었다. 그러나 그 이외의 나라들은 대체적으로 높은 관세를 책정하는 보호무역을 시행해 왔다. 시대적으로 한참 뒤이긴 하지만 동아시아에서는 싱가포르와 홍콩의 양 도시국가가 역시 자유무역 정책을 견지해 왔다.

1930년대의 대공황은 세계 모든 나라의 총수요를 크게 위축시켰다. 각국의 총수요는 자국의 고용을 유지하고 생산력을 가동시키는데도 모자라는 형편이었다. 대부분의 나라들은 수입상품이 자국 시장을 잠식하지 못하게 일제히 관세를 40~50% 수준으로 높이는 보호무역을 시행했다. 경쟁적 관세 인상까지 가세하여 국제관계는 더욱더 적대적으로 악화됐고 끝내 제2차 세계대전으로 이어졌다.

전후 각국은 지난날을 거울삼아 평화와 자유무역 지향적 세계경제질서를 구축하기로 합의했다. 자유무역 질서를 구축하고 교역을 확대하려면 대금 결제를 원활하게 할 국제통화제도도 마련돼야 한다. 미국 달러를 기축 통화로 하는 브레턴우즈 체제(Bretton Woods system)와 자유무역의 기본질서인 GATT는 이러한 배경에서 출발했다.

093

신용장과
선하증권

상품 거래에는 반드시 대금지불이 뒤따른다. 국제거래의 대금지불은 일반 거래보다 좀 더 복잡하다. 초기에는 수입상품의 값을 현물로 지불하는 '물물교환(barter)'이 국제무역의 주류였다. 공산권이 무너지기 이전에 북한이 소련과 중국 등 공산권과 행한 무역도 물물교환이었다. 물물교환이었던 만큼 거래가 표준화되지 못하였고 거래마다 가격도 달랐는데, 예컨대 북한이 석유를 수입하면서 그 대금으로 제공한 물자의 품목과 수량에서 소련과 중국이 서로 달랐다.

물물교환 방식으로는 마땅한 거래를 찾기도 어려웠고 상담에 합의하기도 쉽지 않았기 때문에 국제무역의 규모와 범위는 크게 제약될 수밖에 없었다. 국제금본위제 시대가 시작하면서 금을 화폐로 쓰는 나라가 많아지고 국제무역의 결제도 금을 사용했다. 무역상선과 상단은 수입국에 화물을 부리고 그 대금으로 금을 인수해 실어갔다. 폭풍우와 해적, 또는 산적이 출몰하는 시대에 금의 수송은 여간 신경 쓰이는 일이 아니었다.

은행들의 국제 금융거래가 활성화되면서 수출상과 수입상이 서로 직접 찾아가 상품을 주고받으며 대금을 거두는 일은 서서히 사라졌다. 현대의 무역에서는 무역화물의 수송은 화물운송회사가 전담하고 대금결제는 은행이 대행한다. 수입계약을 체결한 수입상이 거래은행 D에 상품대금을 입금하면 은행 D는 신용장(L/C, letter of credit)을 개설하고 수출상에게 이 사실을 통보한다. 일단 L/C가 개설되고 나면 수입상은 예치한 상품대금을 인출해 갈 수 없고, 신용장을 개설한 은행 D는 수출상이 계약대로 수출화물을 발송하였음을 증명하면 상품대금을 지불할 의무를 진다.

신용장을 접한 수출상은 수입상을 수취인으로 하여 수출상품을 상선 또는 화물기편에 탁송하고 운송회사로부터 선적을 확인하는 선하증권(B/L, bill of lading)을 발급받는다. 수출상이 자신의 거래은행 E에 B/L을 제출하면 은행 E는 은행 D에게 이것을 전달하고 D로부터 수입상이 입금한 상품대금을 인수하여 수출상의 계좌에 예치한다. 은행 D가 인수한 B/L을 본국의 수입상에게 보내면 수입상이 이 B/L을 해당 운송회사에 제출하고 자신의 수입화물을 인수함으로써 모든 절차가 종료한다. 은행은 국내거래뿐만 아니라 국제거래에서도 대금지불을 매개하는 중요한 역할을 수행한다.

운송회사가 상품수송을 대행하고, 은행이 대금지불을 대행하는 과정이 이처럼 빈틈없기 때문에 만리타국의 얼굴도 모르는 사람끼리 서로 계약을 체결하고 믿으면서 거래할 수가 있는 것이다.

094

외환보유고와
환율정책

국제거래의 지급 수단은 거래 당사자들이 결정하는데 세계 어느 곳에서나 돈으로 통용되는 것이어야 지급 수단으로 받아들여진다. 그동안 국제 기축통화로 인정받아온 미국의 달러화는 세계의 모든 은행에서 현지 화폐로 환전해주는 돈이다. 그렇기 때문에 미국의 달러화는 국제거래의 지급 수단으로 가장 널리 쓰이는 화폐이고 각국의 국내총생산(GDP)이나 자산규모를 측정하는 단위로 사용된다.

반면에 짐바브웨의 1조 달러짜리 지폐는 달걀 1개밖에 살 수 없고 그 가치도 날로 떨어지고 있다. 짐바브웨 화폐를 원하는 사람은 그 국민과 짐바브웨를 찾아온 여행객뿐이다. 형편이 이러하니 짐바브웨 화폐가 국제거래의 지불수단으로 통용되는 일은 절대로 없다.

국제거래에서 널리 받아들여지는 지급 수단으로는 미국의 달러, 유럽의 유로, 일본의 엔, 그리고 영국의 파운드가 있는데 이들 화폐를 경화(hard currency)라고 한다. 시장경제권 사람들이 항상 약간의 현금을 준비해야 하듯이 세계화 시대의 각국은 경화로 구성된 외화를 보유하고 있어야 국제거래를 수행할 수 있다. 한 나라가 대외지불에 사용할 수 있는 외화 및 주로 미국의 단기 국채 등을 합해 그 나라의 외환보유고(foreign exchange reserves)라고 한다. 외환보유고는 보통 미국의 달러화 가치로 환산하여 집계한다.

시중은행은 대외지불 목적의 환전수요가 있어도 환율상승이 예상되는 시기에는 환차익을 노려서 환전요구에 응하는 대신 오히려 외화 보유를 늘리려고 한다. 그러므로 대외지불 능력을 나타내는 외환보유고는 중앙은행이 보유한 외화로 집계한다. 2011년 말 중국의 외환보유고는 3조2,000억 달러로 세계 1위이고 그 뒤를 이어서 일본이 2위를 기록하고 있다. 같은 시점 한국의 외환보유고는 3,086억3,000만 달러이다.

한국은행은 외환보유고를 활용해 외환시장에 개입함으로써 환율을 조정할 수 있다. 수출을 진흥할 목적으로 환율을 현재의 시장 환율보다 더 높게 유지하려면 시중의 외화를 사들이면 된다. 미국이 중국을 환율조작국으로 몰아붙이는 까닭은 중국이 의도적으로 달러화를 사들임으로써 위안화 가치를 떨어뜨린다고 믿기 때문이다.

1997년의 외환위기 직전 우리나라 정부는 낮은 환율을 유지하기 위해 외화를 대량 매각했다. 그러나 환율상승이 불가피하다고 본 시장이 다투어 외화를 매입했기 때문에 외환보유고가 일시에 소진되는 지경에 이르렀다. 대외 지불 불이행에 따른 국가 부도 사태를 막으려면 국제통화기금(IMF)으로부터 구제금융을 얻을 수밖에 없었다. 당시의 금융위기를 속칭 IMF 위기라고 부르는 것은 이 때문이다.

095

국제수지와
외화보유액의 변화

국제거래에 따라 외화는 국외로 유출되기도 하고 국내로 반입되기도 한다. 수출은 외화를 벌어들이고 수입은 외화를 소모한다. 외국인 기업이 국내에 투자하면 투자자금만큼의 외화가 국내로 들어오고 이들이 이익금을 가져가면 그만큼의 원화가 외화로 환전돼 국외로 나간다. 정부 또는 국내 기업이 외국은행으로부터 자금을 빌려오면 외화가 들어오고 그 원금과 이자를 상환하면 나간다.

대부분의 국제거래는 이처럼 국경을 넘나들지만 그렇지 않은 경우도 있다. 가령 외국인 여행객이 달러를 가지고 입국하면 분명히 그 돈은 국내에 들어왔지만 아직 외국인 손에 있다. 여행객이 국내은행에서 원화로 환전해야 비로소 환전액만큼의 달러가 국내에 들어오는 것이다. 그러므로 국경을 넘나드는 거래만이 아니라 국내 거주자와 비거주자 간의 모든 거래를 국제거래라고 파악하는 것이 더 정확하다.

일정 기간 동안 국내 거주자와 비거주자 사이에서 발생한 외화 이동 동향을 집계한 것을 국제수지(BOP, balance of payments)라고 한다. 외화의 국내 유입이 국외 유출보다 더 많으면 흑자(surplus), 그리고 반대로 더 적으면 적자(deficit)라고 말한다. 한국은행이 외화보유액을 늘리기 위해 해외에서 빌려온 외화는 환전되지 않고 그대로 한국은행 내에 보관된다. 그러나 국제수지 흑자로 순 유입되는 외화의 많은 부분은 국내 원화로 환전된다. 예컨대 수출기업이 근로자들에게 임금을 주고 납품업체에 대금을 지불하려면 수출로 벌어들인 외화를 환전해야 한다. 국내에 반입된 외화가 원화로 환전되면 그만큼의 통화량이 시중에 추가로 풀려나간다. 그러므로 국제수지 흑자는 한국은행이 의도하지 않은 통화공급 확대로 이어지는 경우가 많다.

정부의 환율정책도 마찬가지다. 수출을 돕기 위해 환율을 높게, 즉 외화의 값을 비싸게 유지하려면 한국은행이 시중의 외화를 적극 매입해야 하므로 매입 금액만큼의 통화량이 시중에 추가 공급되는 부작용을 피할 수 없다. 국제수지가 흑자이거나 고환율정책을 펼칠 경우에 그에 따라서 증가하는 통화량을 환수하는 별도의 조치를 함께 추진해야 물가상승을 피할 수 있다.

국제수지는 민간부문의 정상적 국제거래를 통한 외화의 이동 현황은 물론 외화보유액을 적정선으로 유지하려는 한국은행의 조치 내용을 함께 반영하는 수준에서 그 규모가 결정된다. 그러므로 외화 유출입의 총량을 나타내는 전체 국제수지만으로는 국제거래의 내용을 제대로 평가하기 어렵다. 국제거래가 외화를 벌어왔는지, 아니면 빌려왔는지를 정확하게 파악하려면 국제수지의 구조를 더 세부적으로 살펴봐야 한다.

096

경상수지

외화유출입을 야기하는 국제거래는 다양하다. 거래유형별로 외화유출입을 집계한 국제수지는 '경상수지(current account)', '자본금융계정 (capital and financial account)', 그리고 '오차 및 누락'의 세 부문으로 구성된다. 일정 기간 동안 벌어들인 외화의 규모를 나타내는 경상수지는 상품수지, 서비스수지, 소득수지, 경상이전수지로 구성된다. 상품수지는 수출 빼기 수입인데 과거에는 무역수지라고 불렀다. 수출입의 금액은 관세부과를 위해 화물이 해당국 항만의 선박과 공항의 화물기에 선적된 본선인도가격(FOB, free on board) 상태에서 평가한다.

한국 수출업자가 미국에 100만 달러의 상품을 수출할 때 운임과 보험료가 5만 달러라고 하자. 운임 등을 누가 부담하는지에 상관없이 같은 상품의 가치는 부산항 FOB로는 100만 달러이고 로스앤젤레스 (LA)항 FOB로는 105만 달러이므로 한국의 수출은 100만 달러이고 미국의 수입은 105만 달러로 기록된다. 그러므로 한·미 양국이 서로 같은 금액 100만 달러어치를 마주 수출할 경우 두 나라의 상품수지는 국제수지상으로 모두 각각 5만 달러의 적자로 기록된다.

수출입은 반드시 세관을 통과한다. 그런데 무역업자가 해외 해운 회사와 보험회사를 이용한다면 운임과 보험료 5만 달러가 해외로 유출되는데 이 외화유출은 세관을 거치지 않는다. 이처럼 운송 등 서비스 거래의 국제수지는 세관을 거치지 않기 때문에 상품수지가 아닌 서비스수지로 집계된다.

세계화가 급진전하면서 운송과 보험 이외에 여행, 통신, 건설, 금융, 로열티, 컨설팅, 오락 등 각종 서비스의 국제거래가 빠른 속도로 성장하고 있다. 2010년도 우리나라의 무역 규모는 8,828억 달러, 그리고 서비스 거래 규모는 1,832억 달러로서 서비스 거래가 무역의 20%를 웃돈다. 2008년에는 상품수지 흑자(51억7,000만 달러)가 서비스수지 적자(57억3,000만 달러)에 압도당하는 일까지 일어났다.

소득수지는 노동과 자본의 이용 대가로 임금 및 이자를 지불함에 따라서 발생하는 외화유출입을 집계한 것이다. 외국인 근로자가 모국의 가족에게 보내는 송금, 차관의 이자, 직접투자에 대한 배당금 송금 등을 포괄한다. 경상이전수지는 아무런 대가없이 제공되는 무상원조, 교포송금 등의 결과를 요약한다.

2010년도 한국의 상품수지는 400억8,000만 달러의 흑자를 기록하였지만 서비스수지는 86억3,000만 달러의 적자를 보였고 전체 경상수지는 293억9,000만 달러의 흑자를 기록했다. 특히 여행수지 적자가 84억2,000만 달러로 서비스수지 적자 전체와 맞먹는 수준이다. 경상수지가 흑자이면 그 기간 동안 그만큼의 외화를 해외로부터 벌어들였다는 뜻이다.

097

자본금융계정, 핫머니,
준비자산증감

자본금융계정은 거주자와 비거주자 간에 서로 투자하거나 빌려주고 받은 외화의 유출입 현황을 정리한다. 해외차입, 외국인의 국내투자, 그리고 내국인의 해외투자 회수는 그만큼의 외화를 국내로 유입시키고, 내국인의 해외대출 또는 해외투자와 외국인의 투자회수는 외화를 유출시킨다.

자본금융계정은 그 외에도 수출입이나 서비스 거래로 분류할 수 없는 특허권 등 무형자산의 매매와 이민에 따른 해외이주비도 포괄한다. 외화보유액을 적정 수준으로 유지하기 위한 한국은행의 외화 차입, 또는 과거 차입의 상환에 따른 외화의 유출입도 자본금융계정에 잡힌다.

이러한 자본거래로 16억 달러가 순유출되었다고 하고 경상수지가 10억 달러 흑자라고 하자. 그러면 그 기간 동안에 6억 달러의 외화가 해외로 순유출되기 때문에 국내 외화잔고는 6억 달러만큼 감소한다. 이 경우 +6억 달러를 '준비자산증감' 항목에 기록하여 자본금융계정에 포함시킴으로써 전체 자본금융계정을 10억 달러 적자로 정리한다.

자본금융계정과 경상수지를 합치면 항상 0이 되도록 만드는 것이다. '준비자산증감'이 플러스(+)이면 유출을, 마이너스(-)이면 유입을 나타냄을 유의해야 한다.

특허권 매각에 따른 외화수입의 규모는 매우 근소하므로, 자본금융거래의 흑자는 많은 경우 빌린 돈이거나 외국인이 투자한 돈이다. 특히 증권투자를 겨냥한 외자는 주식경기에 따라서 국경을 넘나들며 세계 각국의 증시로 몰려다니는 핫머니(hot money)로, 이 자금이 일시에 빠져나가면 작은 나라는 그 즉시 외화 부족의 위기에 처하기도 한다. 우리나라도 1997년 외환위기 때 핫머니 대거 유출의 쓴맛을 단단히 겪었다. 반면에 직접투자수지 흑자는 투자자들이 국내 경제환경의 장기적 미래를 좋게 보고 있다는 뜻이므로 국가경제의 건실함을 나타내는 지표로 인식된다.

2010년도 자본금융계정을 보면 직접투자수지는 221억8,000만 달러의 적자를 기록하였지만, 국내 증권투자를 겨냥한 핫머니 유입이 증가해 증권투자수지는 424억8,000만 달러의 흑자를 기록했다. 준비자산증감이 -269억7,000만 달러로 전체 자본금융계정은 274억8,000만 달러의 적자를 기록했다. 그런데 같은 해 경상수지 흑자는 293억9,000만 달러로 자본금융계정 적자와 상쇄되지 않는데 왜 그럴까?

수출입과 서비스 거래와 같은 경제활동별 외화유출입은 세관과 사업자 등의 실물자료를 수합하여 집계한다. 수합 단계에서 확인 불가능한 경우도 있으므로 항목별로 수집한 자료의 합계는 은행 자료로 집계된 총액과 다른데 그 차이를 '오차 및 누락'이라고 한다. 2010년도의 '오차 및 누락'은 -19억2,000만 달러이다.

098

자본자유화와
핫머니

장기 차관과 외국인 직접투자 등 장기 외자는 후진국들의 경제개발에
꼭 필요하다. 그런데 과거 제국주의 시대에 선진 열강의 자본은 막강
한 군사력의 뒷받침 아래 후진국의 시장과 자원을 마음껏 수탈했다.
오늘날에도 외국 자본이 국내 산업의 핵심을 장악하면 경제주권을 빼
앗긴다는 두려움이 상존하고 있다. 개발도상국들은 경제개발에 필수
적인 장기 외자와 선진 기술 유치에 적극 나서면서도 수출 의무 부과
등 각종 규제로 국내 산업 보호에 주력해 왔다.

　　몇몇 개발도상국이 경제개발에 성공하면서 자본시장이 체제를 갖
추고 발전하자 금융자산에 투자하는 단기자금에까지 각국의 자본시
장을 개방하는 자유화의 문제가 제기되었다. 장단기 자본의 국제 유통
을 자유화하면 자본은 안전하고 수익성 높은 투자처를 찾아서 지구촌
을 이동할 것이기 때문에 자금이 가장 생산적으로 안배될 것으로 기대
했기 때문이다. 미국 정부와 IMF는 1980년대 초부터 자본시장 자유
화를 적극적으로 주도하기 시작했지만 개발도상국들은 자본시장 규
제를 포기하지 않았다.

이처럼 자본자유화가 개발도상국들의 경제주권을 침탈할 것이라는 우려가 많았지만 세계무역기구(WTO) 체제 출범을 전후하여 세계화의 시대조류를 타고 자본자유화도 크게 진전됐다. 외국인 직접투자도 늘고, 선진국의 대형 자본들은 더 높은 수익성의 금융자산을 사고팔면서 세계 각국의 자본시장을 넘나들고 있다. 소규모 국가의 자본시장은 이들이 찾아오면 엄청난 호황을 누리지만 일시에 빠져나가면 주가폭락으로 막대한 시가총액을 상실하고 국가경제의 기반 자체가 흔들리기도 한다. 증권투자를 주목적으로 하는 단기 외자를 '핫머니(hot money)'라고 부르는 것은 이 때문이다.

소규모 국가경제에 핫머니가 몰려들면 그 나라의 환율은 하락하고 보유 외화가 급증한다. 반대로 핫머니가 일시에 빠져나가면 환율이 상승하고 보유 외화는 감소한다. 영국도 1976년 핫머니가 대거 이탈함에 따라서 외화보유액이 급감해 IMF의 구제금융을 받는 처지로 전락한 적이 있다.

핫머니는 단기 이익만을 추구하기 때문에 국별 금리차이와 환율변동, 그리고 각국의 경제동향에 민감하게 반응한다. 불리해 보이는 나라로부터 조금이라도 더 유리해 보이는 나라로 신속하게 옮겨가는 핫머니는 세계경제의 불안정성을 오히려 키우는 결과를 불러왔다. 핫머니가 버린 나라의 경제가 정말로 어려워져 버렸기 때문이다.

자유화를 추진할 때 기대한 것은 자금의 효율적 이용이었으나 핫머니의 민감한 국제 이동의 결과는 오히려 예기치 못한 불안정성과 위험이었다. 지금은 자본자유화의 전도사인 IMF조차 핫머니에 대한 규제의 필요성을 거론하고 있다.

099

재정수지와 경상수지의
'쌍둥이 적자'

재정지출과 조세징수는 거시경제학적 재정정책의 양대 수단이다. 정부가 재정지출을 늘리면 총수요가 그만큼 증가한다. 조세징수를 줄이면 사람들이 실제로 쓸 수 있는 가처분소득이 커지고 이에 따라서 소비지출이 늘어나므로 역시 총수요가 증가한다.

조세수입에서 재정지출을 뺀 것이 재정수지다. 세수가 지출보다 크면 재정흑자이고 반대로 적으면 재정적자이다. 재정 확대 또는 조세 감축으로 총수요를 늘리고자 할 때 정부는 재정수지의 악화를 감수해야 한다.

확장적 재정정책으로 총수요를 확대하면 국내 생산을 촉발하여 국내총생산(GDP)이 증가하면서 동시에 물가도 오른다. 국내 물가가 오르면 외제 상품이 더 싸지기 때문에 수출은 줄고 외제 상품의 국내 반입이 증가한다. 그 결과 상품수지와 서비스수지가 모두 악화한다. 정부의 재정수지 악화가 경상수지 악화로 이어지는 것이다. 이것이 소위 '쌍둥이적자(twin deficits)' 이론이다. 미국은 1980년대부터 엄청난 규모의 재정적자와 경상수지적자를 동시에 겪어 오고 있다.

    확장적 재정정책으로 증가한 총수요는 결국 국내 생산과 외제 상품 순반입의 증가로 채울 수밖에 없다. 재정수지 악화가 유발하는 경상수지 악화 징도는 외제 상품 순반입이 얼마만큼 증가하는가에 달려 있다. 국가경제의 개방 정도가 낮으면 총수요 증가는 외제 상품의 반입보다는 국내 생산의 확대로 채워질 것이다. 국가경제의 외화보유액이 부족하여 대외지불이 어려울 경우에도 마찬가지다. 이러한 경우에는 재정수지 악화가 반드시 경상수지 악화로 이어지지는 않는다.

    일반적으로 '쌍둥이적자' 효과는 경제가 개방될수록, 그리고 세계화가 진전될수록 더 강하게 나타난다. 세계 여러 나라들 가운데 특히 미국이 유별나게 '쌍둥이적자'를 겪고 있는 까닭은 미국 경제의 개방도가 가장 높고 미국의 달러화가 국제 거래의 기축통화이기 때문이다. 대외지불수단 부족사태라고 하는 외환위기는 달러화 발행국인 미국에게는 적용되지 않는다.

    과거 국가 간 장벽이 높던 시절에 한 나라의 재정정책 효과는 그 나라 안에서 전부 실현되었다. 고용확대를 겨냥하여 확장적 재정정책을 펴면 그대로 그 나라의 GDP 증가와 고용확대를 불러왔다. 그러나 오늘날의 개방경제에서는 사정이 크게 달라졌다.

    우리나라의 생산 증가와 고용확대를 겨냥하여 확장적 재정정책을 펼치더라도 그 결과는 엉뚱하게도 다른 나라의 생산증가와 고용확대에 기여하는 것으로 나타나는 시대가 된 것이다. 세계화는 각국이 누려오던 재정정책의 주권마저도 위협하는 수준에 이르렀다.

100

이자율, 환율,
물가

자본은 위험도가 같으면 더 높은 수익률을 향하여 움직인다. 이자율은
자본수익률을 대표하는 지표다. 그런데 자본이 더 큰 이익을 찾아서
국경을 넘어갈 때에는 나라 간 이자율의 차이뿐만 아니라 환율이 어떻
게 변할 것인지도 함께 고려해야 한다. 1996년 한국은 230억 달러의
경상수지 적자를 기록하였고 이 규모는 당시까지 사상 최대였다. 경상
수지가 이처럼 나빠졌던 것은 그해 말 환율이 달러당 844.2원으로 원
화가 너무 고평가되어 있었기 때문이다. 고평가 상태가 꽤 오래 유지
돼 왔던 만큼 환율은 결국 오르고 말 터였다.

　당시 국내 주가는 크게 내린 상태였기에 보유주식을 팔면 거액의
투자손실을 감수해야 했다. 그러나 핫머니들은 손해를 만회하기 위해
기다릴 경우 더 높아진 환율로 환전해야 함을 알았다. 최종 수익금을
달러로 거둬들여야 하는 핫머니들은 조금 손해를 보더라도 당장 파는
것이 더 낫다고 판단했다. 핫머니들이 주식투자의 손실을 감수하고 철
수하면서 외화보유액은 더 빨리 줄어들었고 우리 경제는 결국 IMF 외
환위기를 맞았다. 실제로 환율은 1997년 12월 24일 달러당 1,964.8원

까지 치솟았다.

상품의 수출입이나 서비스의 거래에서도 환율은 주요변수다. 한국의 수출업자는 수출상품의 생산비용을 원화로 지불하고, 수출대금으로 받은 달러화를 원화로 환전한 돈을 최종 판매수입으로 얻는다. 그러므로 원화표시 수출가격이 생산단가를 웃돌아야 수출채산성이 보장된다. 환율이 하락하여 원화가 평가절상되면 달러표시 수출가격을 인상해야 원래의 원화표시 수출가격을 유지할 수 있다. 만약 달러표시 수출가격을 인상하지 못하면 채산성이 나빠지기 때문에 수출이 감소한다. 달러표시 수출가격을 인상하면 국산 수출품에 대한 외국인들의 수요가 줄기 때문에 수출은 역시 감소한다. 환율이 하락할 때 수출이 감소하는 것은 이러한 연유 때문이다.

생산원가의 상승도 비슷한 결과를 불러온다. 원가가 오를 때 제품가격이 따라 오르지 않는다면 채산성이 나빠져서 전반적인 생산이 위축된다. 생산원가의 상승은 보통 국내의 전반적 물가상승으로 이어지므로 내수부문의 생산은 지속된다. 그러나 환율이 그대로인 가운데 수출부문에서 원화표시 수출가격이 오르려면 달러표시 수출가격을 그만큼 올려야 한다. 결국 수출 감소를 감수해야 한다. 국내 물가상승이 수출을 위축시키는 원리는 원화의 평가절상, 즉 환율하락의 경우와 똑같다.

국내에서 상품거래와 금융거래의 수익률을 결정하는 주요인은 가격과 이자율이다. 국제거래에서 새롭게 등장한 변수가 환율이다. 각국의 환율정책은 나라마다 자국에게 유리한 환율을 겨냥하여 펼쳐지고 있다.

101

경상수지와
불균형

국제교역이 확대되면 국경을 넘나드는 상품과 자본의 규모도 커진다. 어느 순간에는 수출이 수입을 초과하고 들어오는 돈이 나가는 돈보다 더 많을 수도 있고 그 반대일 수도 있다. 그러나 각국의 경제성장과 발전의 정도가 서로 비슷하다면 장기적으로는 나라별로 나가는 만큼 들어와야 한다. 어느 한 곳만 호황 속에서 발전을 누릴 때 돈은 그 곳으로만 몰려들 것이다. 글로벌 불균형(global imbalance)은 세계화 체제에서 돈이 장기적으로 몇 곳으로만 몰리는 현상을 뜻하는 말이다.

한 나라의 총생산이 사용되는 용도는 소비, 투자, 재정지출, 그리고 수출이다. 만약 각 용도에 필요한 물량이 총생산만으로는 모자라면 수입으로 충당한다. 지금보다 더 큰 재정지출이나 투자, 소비는 총생산이 늘거나 수출은 줄고 수입이 늘어야 가능하다. 즉 총생산의 확대 또는 경상수지의 악화로만 가능한 것이다.

한국은 1985년도까지는 1977년 한 해를 제외하고는 경상수지가 매년 적자였다. 경제개발에 대규모의 투자가 필요했기 때문이다. 제조업의 첨단 장비를 국내에서는 생산할 수 없었기 때문이기도 하지만 투자 규모 자체가 국내총생산만으로는 감당할 수 없을 정도로 방대했다. 수입 확대를 통하지 않고서는 개발 투자수요를 도저히 충족할 수 없었던 것이다.

항상 외화부족에 시달린 한국은 경상수지의 장기간 적자를 빚으로 얻어온 외자로 메워 왔다. 산업화에 일찍 성공한 선진국들은 많은 돈을 저축한 상태에서 마땅한 투자처를 찾지 못하고 있었기 때문에 유망해 보이는 개발도상국들은 좋은 투자처였다. 우리가 지속적으로 경상수지 적자를 겪는 가운데 선진국들은 경상수지 흑자를 기록하면서 그렇게 모은 돈으로 한국에 투자해 왔다. 한국경제의 산업화는 이러한 형태의 불균형 속에서 이뤄졌다. 그리고 산업화에 성공한 우리 경제는 현재 견실한 경상수지 흑자 기조를 유지하는 중이다.

한편 미국의 쌍둥이적자는 재정지출이 과다하게 늘어난 결과다. 그리고 주가가 급등하면서 부자가 된 미국인들은 최근의 세계 금융위기 직전까지 세금 내고 남은 소득을 모두 소비해버릴 정도로 거의 저축하지 않았다. 투자보다는 재정지출과 가계소비가 크게 늘어났기 때문에 미국 경상수지의 적자폭이 커진 것이다.

반면에 중국과 일본 등 동아시아 국가들은 미국과의 교역에서 큰 흑자를 기록하고 있는데 이 현상이 바로 현재 가장 문제가 되고 있는 글로벌 불균형이다. 미국과 중국은 이 불균형의 책임을 놓고 서로 날을 세우고 있고, 많은 경제학자들이 나름대로의 분석과 해결책을 제시하고 있다.

102

'투자저축 갭'과
경상수지 적자

나라 경제가 일정 기간 동안 생산한 총생산에 수입을 더하고 수출을 뺀 것이 그 나라가 그 기간에 사용하는 물자의 총량이다. 사용 용도는 민간 소비, 민간 투자, 정부 재정지출(정부 소비)의 3대 용도로 집계된다. 같은 기간의 총소득은 총생산과 일치하므로 저축은 총생산에서 민간 소비와 정부 소비를 빼고 남은 것이다.

만약 사후적으로 투자가 저축보다 더 크다면 총생산만으로는 물자수요를 감당하지 못했기 때문에 투자 빼기 저축, 즉 '투자저축 갭 (investment savings gap)'만큼 외국에서 순수입한 것이다. 반대의 경우에는 그 갭만큼 남아도는 총생산을 해외에 순수출한 것이다. 그러므로 '투자저축 갭'은 항상 경상수지 적자와 일치한다.

저축 능력 이상으로 개발투자를 감행하는 개발도상국의 '투자저축 갭'은 플러스이므로 그 경상수지는 적자를 벗어나지 못한다. 우리나라도 1960~70년대의 개발기에는 지속적 경상수지 적자로 개발투자를 뒷받침해 왔다. 그런데 '투자저축 갭'이 수량적으로 바로 경상수지 적자와 일치한다는 관계를 근거 삼아서 모든 경상수지 적자의 이

유가 과다한 투자 때문이라고 설명한다면 잘못이다. 투자가 부진하더라도 민간 소비나 정부 재정지출이 과다하면 저축이 줄어든다. 이렇게 줄어든 저축이 부진한 투자보다도 더 작아지면 역시 경상수지는 적자로 나타난다.

미국의 경우 국내총생산(GDP) 대비 투자의 비율은 경상수지가 흑자이던 1960~70년대에는 평균 11.3%였으나 적자 전환 이후 1980~90년대에는 9%로 떨어졌고 2000년대 초반에는 7.9%로 주는 등 투자는 상대적으로 줄었는데 경상수지의 적자 기조는 좀처럼 수그러들지 않고 있다. 민간 소비와 정부 소비가 크게 늘어서 저축이 투자보다 더 줄었기 때문이다. 미국의 GDP 대비 재정적자는 2009년 11.4%를 기록했다. 미국의 쌍둥이적자는 투자가 줄어도 '투자저축 갭'이 커져서 경상수지 적자로 이어지는 대표적 사례다.

반면에 산업화 이후의 한국은 여러 해에 걸쳐서 재정흑자와 경상수지 흑자를 동시에 이루면서도 투자율은 경제협력개발기구(OECD) 평균인 20%를 훨씬 넘는 29% 수준을 유지해 오고 있다. 이 사례를 보더라도 투자를 많이 한다고 경상수지가 적자로 실현되는 것은 아니다. '투자저축 갭'이 수치적으로는 경상수지 적자와 일치하지만 투자를 많이 하기 때문에 경상수지가 적자를 면치 못한다는 설명은 잘못된 것이다. 투자가 증가해도 저축이 함께 증가하면, 즉 민간 소비나 정부 소비가 상대적으로 충분히 감소하면 경상수지는 얼마든지 흑자로 실현될 수 있다.

7부

세계화와 경제학

103

GATT에서
WTO로

각국이 엄격하게 통제하던 국제무역은 양국 간 쌍무적(bilateral) 통상조약으로 활성화되기 시작했다. '영불통상조약'이 1860년에 세계 최초로 체결되었는데, 이 조약에 따라서 양국은 상대국 수출품에 대한 관세율을 합의하고 무역을 확대했다. 그 결과 양국은 무역량을 두 배 이상 증가시킬 수 있었다.

그 이후 세계 각국은 '영불통상조약'을 본받아서 통상조약을 체결하고 국제무역을 확대했다. 그러나 같은 수입상품인데도 수출국에 따라서 관세율을 달리 책정하는 등 적지 않은 혼란과 갈등을 빚었다. 당시 가장 낮은 우호적 수입관세율을 적용받은 상대국을 최혜국 (MFN, most-favored nation)이라고 부른다.

수입상품에 국내시장을 빼앗기면 국내기업들이 도산하고 내국인들의 일자리도 함께 사라진다. 각국은 통상을 허용하면서도 국내산업 보호를 위해 관세율을 높게 책정하고 수입물량을 제한하는 등 각종 관세-비관세장벽을 구축했다. 특히 대공황기처럼 경제가 어려운 시기에는 보호무역을 더욱 강화했다.

제2차 세계대전 이후 1949년에 결성된 '관세와 무역에 관한 일반 협정(GATT, Genral Agreement on Tariffs and Trade)'은 세계무역을 지배해오던 보호무역 질서를 혁파하고 자유무역 체제의 구축을 목표로 했다. 협정은 각국이 GATT 회원국 모두를 최혜국으로 대우하고 각종 비관세장벽을 점차 철폐하도록 요구했다.

협정에 가입한 나라들은 과거의 쌍무적 통상협상 방식을 버리고 가입국들이 모두 참여하는 다자 간 통상협상(MTN, multilateral trade negotiations)으로 무역 문제를 해결하기로 했다. 논의해야 할 특정 의제가 생기면 모든 GATT 가입국들이 모여서 라운드라고 부르는 다자 간 통상협상을 벌였다.

라운드는 특정 의제의 제기로 시작해 모든 가입국들이 합의할 때까지 계속됐다. 처음 4회의 라운드에서는 집중적으로 관세 인하를 협의했다. 제5차 케네디라운드에서 반덤핑 문제를 추가로 다루었고, 제6차 도쿄라운드에서는 관세 인하에 더하여 비관세장벽 철폐문제를 다루었다.

상품의 자유무역은 확대됐지만 각국은 자국의 농업 보호를 고집했고, 선진국들은 개발도상국들이 수출하는 섬유류 수입을 규제했다. 세계화가 진행되면서 서비스의 국제교역도 함께 커졌고, 지식재산권 보호를 전 지구적으로 확대할 필요성도 제기되었다. 마지막 제7차 우루과이라운드는 상품 무역의 자유화를 추진해온 GATT 원칙을 이러한 여러 부문에 확대 적용하기로 하고, 1994년 이를 관장할 '세계무역기구(WTO, World Trade Organization)'를 설치하기로 합의했다.

104

도하라운드와
자유무역협정

전 세계를 장벽 없는 하나의 시장으로 엮으려면 무역장벽을 철폐하는 것만으로는 부족하다. 농업시장 개방은 물론 국별로 서로 다른 노동기준, 환경규제, 경쟁정책, 특허제도, 정부조달 정책, 그리고 투자보호 정책 등 각종 통상조건을 통일된 세계표준(global standard)으로 조정해야 한다. 예컨대 노동조합 활동을 금지하는 나라는 허용하는 나라보다 인건비가 그만큼 저렴할 것인데 이런 조건을 방치한 채 시장을 개방하면 공정하다고 말할 수 없다.

전 분야의 세계화를 주도할 국제기구 WTO가 2001년 야심차게 시작한 도하라운드(Doha Round)는 이러한 문제들을 다루려는 다자간협상이었다. 특히 농업 개방, 지식재산권 보호 확산, 서비스 교역 자유화 등에 대한 국제교역을 확대함으로써 빈곤 국가들의 경제개발에 초점을 맞춘 의제를 많이 준비했기 때문에 도하개발아젠다(DDA, Doha Development Agenda)라고도 부른다. 그러나 미국, EU, 일본을 중심으로 하는 선진국 그룹과 브라질, 중국, 인도 등 주요 개발도상국 그룹이 농업시장 개방을 두고 서로 의견이 첨예하게 대립하면서 현재로서는 타결

전망이 요원한 상태다.

도하라운드의 좌절에 실망한 각국은 적절한 파트너를 찾아서 두 나라 사이의 쌍무적 자유무역협정(FTA, Free Trade Agreement) 체결을 서두르기 시작했다. 사실 선진국들은 한편으로는 다자간통상협상을 기조로 삼는 WTO의 출범을 추진하면서 다른 한편으로 FTA 체결 움직임을 동시에 벌여왔다. NAFTA와 EU가 그것이다. 물론 NAFTA와 EU가 쌍무적 FTA는 아니지만 세계 모든 나라들이 참여하는 WTO와 별도로 일부 국가들이 자신들끼리만의 통상협정을 체결한다는 점에서는 FTA와 차이가 없다.

FTA는 WTO와 마찬가지로 단순한 상품 무역만이 아니라 거의 모든 통상활동의 조건에 대해 합의한다. FTA를 체결한 나라들끼리는 무역, 서비스, 투자 등 모든 영역에서 교역 규모를 크게 늘려오고 있다. 우리도 이미 EU 및 미국과 각각 FTA를 체결했다. 수많은 나라들이 서로 FTA를 체결했기 때문에 지구본 위의 세계지도에 체결국끼리 연결하면 국수발 같은 곡선이 서로 얽히고설키는데 이 모습을 '스파게티 사발(spaghetti bowl)'이라고 부른다. FTA마다 서로 다른 통상조건을 담고 있으므로 세계표준을 추구하는 WTO의 이상과는 어긋나지만, 교역 장벽을 낮추는 효과를 거둔다는 점에서는 다를 바 없다. 도하라운드가 표류하는 상황에서도 전 세계는 개방과 자유화의 속도를 더하고 있는 것이다.

105

세계화 시대의
'허브-스포크' 수송체제

국제 무역의 발달과 더불어 해외 여행객들의 숫자도 빠르게 늘어나고 있다. 국제 수송물량과 여객의 규모가 급증하면서 대형 선박과 항공기가 각광을 받는다. 수송비용의 가장 큰 부분인 연료비를 줄일 수 있기 때문이다.

선박 두 척을 나란히 붙이고 서로 맞닿은 부분을 없애면 한 척의 큰 선박을 만들어서 같은 두 척분의 물량을 수송할 수 있다. 그러나 맞닿은 부분만큼의 철강재를 제거할 수 있으므로 큰 선박의 무게는 원래 선박 두 척의 무게보다 더 적다. 수송 중량은 화물 중량에 선박의 무게까지 합한 것이다. 연료비는 수송 중량에 비례하므로 같은 화물을 더 적은 무게의 선박으로 운송한다면 수송화물 단위당 연료비를 그만큼 줄인다. 두 척의 작은 배보다는 한 척의 큰 선박이 더 경제적인 것이다. 그리고 대형 선박의 경제성은 운항거리가 길수록 두드러진다.

선박과 항공기가 대형화하면 대형 선박과 항공기를 가득 채울 수 있는 화물과 여객이 있어야 한다. 국내의 모든 지방공항들이 각각 미국 로스앤젤레스(LA)로 가는 점보기를 출발시킨다면 승객이 너무 적어 항공사의 수익을 보장할 수 없다. 그러나 미국행 여객들이 국내선 여객기나 KTX 편으로 인천공항에 모이면 한 대의 대형 여객기를 가득 채울 수 있다. 대형 여객기는 이렇게 모은 여객들을 LA공항까지 실어 나르고 LA공항에서 내린 여객들은 각각 미국 내 행선지로 떠난다. 그리고 한국을 찾는 사람들도 대형 여객기로 인천공항에 도착해 각자 행선지를 찾아간다.

허브(hub)공항은 주변 각지의 여객들을 모아서 실어 보내고 받는 기능을 담당하는 공항이다. 허브공항끼리 연결하는 항로를 본선(trunk line)이라고 하고 허브와 주변 각지를 연결하는 항로를 지선(feeder route)이라고 한다. 인천공항과 LA를 오가는 대형 항공기는 본선 운송수단이고 지선 운송수단은 다양하다. 지선 운송수단의 규모는 그 지선의 여객 규모에 따라 결정된다. 최근에는 일본, 중국, 동남아의 지선 여객들도 인천공항을 이용하는데 그 숫자가 날로 늘고 있다.

지선항로가 출발여객들을 끌어 모으고 도착여객들을 행선지별로 수송함으로써 본선항로의 대형 항공기 운항을 뒷받침하는 '허브-스포크(hub-and-spoke)' 체제는 현대 항공운송체제의 전형이다. 장거리 본선항로에 대형 항공기와 대형 선박을 투입할 수 있는 가장 합리적인 체제이므로 이 체제는 항공화물운송과 선박운송에 이르기까지 널리 활용된다. 부산항은 대표적 허브항만으로 다양한 운송수단으로 몰려든 화물을 대형 컨테이너선에 선적하여 미주나 유럽으로 띄워 보내고, 도착 화물은 국내는 물론 중국과 일본까지 행선지별로 분류하여 각지로 배송한다.

106

새 시대의 허브공항 · 항만 전략

허브항만에 수집된 출발 화물은 행선지별로 본선항로의 대형 컨테이너선에 실려 반출되고, 도착화물 역시 각각 행선지별로 분산되어 해당 지선항로를 따라 배송된다. 선박의 항로이탈사고는 거의 없으므로 배가 일단 뜨고 나면 목적지에 도착할 때까지 발생하는 비용은 운송비용뿐이다. 그러나 허브항만에 도착한 다음 옮겨 싣는 과정에서는 관리능력에 따라서 예상치 못한 비용들이 추가로 발생한다.

허브항만에 도착한 화물은 일단 행선지별로 분류된 뒤에 운항스케줄에 따라 제때에 목적지로 배송돼야 한다. 그런데 화물을 잘 분류해 창고에 저장했다가 적시에 예정된 운송수단에 선적하는 일이 결코 단순하지만은 않다. 특히 세계 각지로 오고가는 대규모 물동량이 서로 복잡하게 얽히는 대형 항만의 환적작업은 여간 복잡하지 않다. 창고의 화물을 적시에 찾지 못해 수송이 지연되거나 잘못된 행선지로 배송돼 발생하는 손실은 모두 물류비용을 증가시키는 요인이 된다.

첨단 정보기술(IT)의 혁신적 물류시스템은 환적의 효율성을 크게 개선함으로써 물류비용을 눈에 띄게 줄였다. 화물은 물류비용이 덜 드는 항만으로 모여들게 마련이므로 첨단 물류시스템과 노하우를 갖춘 우수한 물류업자들이 활동하는 항만이라야 허브항만으로 부상한다. 물류업자들이 허브항만을 선정한다고 해도 지나친 말이 아니다. 그런데 물류업자들은 육·해·공의 각종 운송수단이 접근할 수 있는 기반시설을 갖춘 항만에 주재하려고 한다. 운송수단 선택의 폭이 넓어야 일감도 많고 물류비용을 더욱 절감할 수 있기 때문이다. 공항과 항만을 한곳에 건설하는 것이 새 시대의 허브공항·항만 전략이다.

중국의 빠른 경제성장은 동아시아 지역의 물동량을 크게 늘리고 있다. 지구 온난화에 따라서 북극항로 개통이 눈앞의 현실로 다가오면 동아시아지역의 물류네트워크는 근본적으로 재편될 것이다. 때마침 가덕도 신항만을 건설한 부산은 동아시아 최대의 허브항만으로 도약할 절호의 기회를 맞았다.

소득수준이 크게 높아진 중국인들이 대거 해외여행에 나서면서 많은 중국 여행객들은 인천공항을 거쳐 미주지역으로 여행하고 있다. 이러한 환승여객의 숫자는 앞으로 더욱 폭발적으로 증가할 것이므로 한·중·일 동북아 지역은 조만간 새로운 허브공항을 더 확충해야 할 형편이다. 항공 여행객과 화물 운송량이 넘쳐나는 시대가 도래하면 허브공항과 항만은 환승·환적 사업으로 큰 수입을 올릴 수 있다. 마침 거론되고 있는 동남권 신공항 건설을 시대조류에 맞는 허브항만·공항 전략에 맞게 추진하면 국가경제의 미래를 이끌어갈 새로운 성장동력이 될 것이다.

107

환율과
브레턴우즈 체제

나라마다 사용 화폐가 서로 다르면 단위화폐의 가치도 서로 다르다.
국가 간 화폐가치의 비율을 환율(exchange rates)이라고 한다. 보통 외국
화폐의 기본 단위와 교환되는 국내 원화가 얼마인지로 표현된다. 현재
대미 환율이 1,000 대 1이라면 미화 1달러가 원화 1,000원과 교환된다
는 뜻이다.

　그러므로 환율은 해당국의 화폐를 원화로 구입하려고 할 때 지불
해야 하는 가격이다. 수출업자들은 벌어들인 외화를 원화로 환전함으
로써 외화를 공급하고, 반대로 수입업자들은 대금지불을 위해 외화를
사들인다. 수요공급의 법칙은 외화시장에도 그대로 적용되므로 외화
에 대한 초과수요는 해당 외화의 환율을 올리고 초과공급은 내린다.
환율의 상승은 원화를 평가절하(devaluation)하고 하락은 평가절상(evalu-
ation)한다. 환율을 1,000 대 1로 고정시키려면 외화시장에서 초과수요
와 공급이 발생할 때마다 한국은행이 그만큼의 달러를 방출하거나 매
입하면 된다.

　생산원가 900원으로 상품을 생산하는 사업자가 있다고 하자. 가

격 1달러로 수출계약을 체결한다면 환율이 1,000 대 1일 때 이 사업자는 개당 100원의 이익을 누린다. 그런데 계약체결 이후 환율이 800 대 1로 하락해 버리면 이 사업자의 수출은 900원 들여 생산한 상품을 800원의 값으로 파는 결과가 된다. 환율이 갑자기 오를 때 수입업자가 피해보는 경우도 같은 방식으로 설명할 수 있다. 급변하는 환율은 수출입에 악영향을 끼칠 뿐만 아니라 환투기까지 유발하므로 바람직하지 못하다.

모든 나라가 '금본위제'를 채택하고 있다면 화폐 기본단위의 가치가 금의 양이므로 환율은 그 비율로 고정된다. 그러나 '금본위제'가 무너진 현대의 세계에서 환율은 외화의 수급사정에 따라서 그때그때 달라진다. 제2차 세계대전 직후 세계 여러 나라들은 자유무역을 촉진하고 전후 재건사업을 원활하게 추진하기 위해 미화 35달러를 금 1온스의 가치로 고정시키고 각국의 대 달러 환율을 일정하게 유지하는 고정환율(fixed exchange rates)제도를 도입했다. 합의를 이룬 회담장소(미국)의 이름을 따라서 '브레턴우즈 체제(Bretton Woods System)'라고 부른다.

고정환율 상태에서 외화의 초과수요가 장기간 지속되면 중앙은행은 수입이나 대외채무 상환에 지불해야 할 보유외화를 결국 환율유지에 탕진하고 만다. 다른 나라로부터 외화를 빌려야 대외거래를 계속할 수 있는데 대외지불능력을 상실한 나라에 돈을 빌려줄 일반은행은 없다. 브레턴우즈 체제는 국제통화기금(IMF, International Monetary Fund)을 설치, 대외지불 불능 상태에 빠진 나라들에 구제금융을 제공하도록 하였다.

108

브레턴우즈 체제의 종말과
관리변동환율 체제

우리에게 잘 알려진 국제통화기금 IMF는 브레턴우즈 체제에서 일시적으로 대외지불능력을 상실한 나라들에게 구제금융을 제공함으로써 고정환율을 유지할 목적으로 설립되었다. IMF의 의사결정권은 출자비율에 따르는데 지금은 최대 출자국 미국의 15.8%에 이어 일본이 6.1%로 2위, 한국은 1.3%로 19위로서 미국의 의사가 가장 많이 반영된다.

국가 경제가 잘 돌아가고 대외지불에 차질이 없도록 외화를 충분히 마련하고 있는 나라라면 IMF의 긴급 구제금융을 받아야 할 까닭이 없다. 뒤집어 말하면 긴급 구제금융을 받아야 할 처지에 몰린 나라의 경제에는 그만큼 많은 문제가 있다는 말이다. 그러므로 IMF는 구제금융을 제공하면서 해당국에게 각종 경제개혁을 요구한다. 우리도 1990년대 말 외환위기를 맞아서 구제금융을 받았고 IMF의 요구에 따라서 뼈아픈 구조조정을 겪었다.

고정환율제도에서 어느 나라가 지속적으로 무역흑자를 누리면 다른 어떤 나라들은 적자를 겪어야 하고 종내에는 대외지불능력을 상실하는 위기에 몰리는 나라도 생긴다. 그러므로 브레턴우즈 체제가 유지되려면 지속적 무역 흑자국들이 자신들의 화폐를 적절히 평가절상할 필요가 있다. 그런데 미국과의 무역에서 장기간 흑자를 지속해온 독일과 일본이 자국 화폐의 평가절상을 지연시킴에 따라 브레턴우즈 체제는 근본적으로 흔들리기 시작했다.

결국 달러화 가치가 하락할 것이라고 예상한 외국인들은 대거 달러화를 금으로 바꾸기 시작했다. 태환 요구에 대비해 준비한 금보유량이 3분의 1로 줄어들자 1971년 8월 미국은 금태환을 정지했고 브레턴우즈 체제는 종말을 고했다.

1976년 자메이카의 킹스턴(Kingston)에서 개최된 IMF 총회는 변동환율제도의 도입을 공식화하면서 국별 환율제도는 각국이 채택할 수 있도록 일임했다. IMF는 고정환율 유지의 책무에서 벗어나 대외지불능력을 상실한 나라에 구제금융을 제공하는 일에만 집중하게 되었다. 우리나라는 1997년 12월부터 외환시장이 환율을 결정하도록 맡기는 변동환율제도를 채택했다.

환율이 시시각각 변하면 무역업자들은 그 때문에 뜻하지 않게 이익을 보거나 손해를 입을 수가 있다. 수출대금을 달러로 받는 수출업자는 1,000 대 1이던 환율이 1,200 대 1로 오르면 1달러당 200원의 예상외 이익을 얻는다. 이러한 이익을 '환차익'이라고 부른다. 반대로 환율 변화로 입는 손실을 '환차손'이라고 한다. 전문적으로 '환차익'을 노리고 외화를 사고파는 행위를 '환투기'라고 한다.

109

미국의 '양적 완화'와
동아시아의 긴축정책

새 천년의 첫 10년은 세계 경제질서를 재편하는 소용돌이 속에서 막을 내렸지만 상황은 아직도 진행 중이다. 중국과 인도 등 소위 BRICs의 신생 거대 경제의 용트림이 가시화되고 있는 가운데 그동안 세계 경제를 이끌어오던 미국과 EU는 각각 금융위기와 재정위기를 타개하기 위해 소위 '양적 완화(quantitative easing)'와 '구제금융'의 몸살을 앓았고 그 성과는 여전히 불투명하다.

'양적 완화'는 이자율이 이미 0%에 이르러 더 이상 낮출 수 없는데도 은행들이 보유하고 있는 국채를 중앙은행이 매입하는 방식으로 통화공급을 늘리는 조치이다. 미국은 금융위기가 시작된 2008년에 1조7,000억 달러 규모의 제1차 양적 완화, 그리고 2010년부터 2011년 상반기까지 다시 장기 국채를 매입하는 방식으로 6,000억 달러의 제2차 양적완화를 각각 시행했다. 미국 은행들이 보유 중인 장기 국채를 팔고 현금을 가지게 되면 대출이 늘어 총수요가 확대될 것을 기대한 조치이다.

미국은 실업률 두 자릿수에 이른 고용위기 타개를 '양적 완화'의 공식 목표로 내세우고 있지만 내심 다른 효과도 기대했을 것이다. 달러화 가치의 하락을 예견한 달러 자금이 한국의 원화, 중국 위안화, 또는 일본 엔화를 대량 구입해 버렸다면 물가불안 없이 무역 상대국의 화폐가치를 올려버릴 수도 있었다. 혹시 정책 효과가 지나쳐 인플레이션에 이른다 하더라도 집값이 따라 오르면 주택담보채권이 부실채권에서 우량채권으로 둔갑하여 금융권이 부담을 덜었을 수도 있다.

한국은행은 2010년 말 금리를 계속 동결했지만 조만간 인상하지 않을 수 없으리라고 내다보는 사람들이 적지 않았다. 그동안 경제위기를 관리하면서 풀어놓은 돈을 생각하면 금리인상의 긴축정책을 펼 때가 되었다고 보았기 때문이다. 그런데 금리가 몇 년째 0%대인 미국의 '양적 완화'가 풀어놓은 달러 자금이 국내의 고금리를 노려 대거 유입될 가능성을 배제할 수 없었다. 이 '달러 캐리 자금'의 환전으로 그만큼의 '원'화가 시중에 풀리면 긴축정책은 유명무실해지고 만다.

이 와중에서 중국의 인민은행이 먼저 인플레이션 압력을 해소하기 위해 예금금리를 2.75%로 0.25%포인트 인상했다. 과연 각종 긴축정책에도 불구하고 중국의 연 소비자물가상승률은 2011년 1월의 4.9%에서 7월의 6.5%로 좀처럼 꺾이지 않았다. 그런데 그해 8월 S&P가 미국의 국가신용등급을 AA+로 한 단계 낮추었다. 세계경제 전망이 더욱 불투명해지자 믿을 곳이 없어진 자금은 그래도 미정부 국채를 가장 안전한 자산으로 판단하고 구입하기 시작했다. 돈은 다시 미국으로 몰려들었고 중국의 물가도 4.2% 수준으로 낮아졌다. 이제는 통화정책까지도 국제정세를 고려하지 않을 수 없게 되어가고 있다.

110

글로벌 불균형의
본질과 해법

2011년을 무역 1조 달러 원년으로 삼는 데 성공한 한국의 같은 해 경상수지는 293억9,000만 달러의 흑자를 기록했다. 그런데 미국이 2006년에 기록한 경상수지 적자만 8,000억 달러이고 금융위기가 무역을 위축시킨 2009년의 적자도 3,800억 달러에 이른다. 반면에 중국의 경상수지 흑자는 지난 2010년에 3,000억 달러를 기록한 이후에도 매년 증가하고 있다. 현 글로벌 불균형의 핵심은 미국의 경상수지 적자와 중국과 산유국들의 흑자가 대규모로 지속되는 현상이다.

경상수지는 결국 투자저축 갭이다. 글로벌 불균형을 유발하는 갭의 원인을 두고 전문가들은 미국 정부와 소비자의 과소비 때문이라고도 하고 중국의 지나친 저축 때문이라고도 한다. 그런데 많이 소비하더라도 미국이 자국의 생산물을 더 소비하는 것이라면 수입을 늘리지 않아도 된다. 또 중국이 많이 저축하여 생산물이 남아돌더라도 이것을 미국이 사주지 않으면 역시 미국의 수입은 늘지 않는다.

기업들의 수출 마케팅 활동은 치열하고 개발도상국 정부는 다양한 수출 지원정책을 펼친다. 생산했다고 그 제품이 모두 그냥 수출되는 것이 아니기 때문이다. 중국의 수출은 단순히 많이 저축해서가 아니라 세계 각국이 중국 제품을 그만큼 많이 사주기 때문에 날로 증가한다. 미국이 스스로 더 생산하여 소비하거나 수출하는 대신 중국의 생산물을 계속 사주기만 한다면 불균형은 불가피하다.

다른 한편으로 미국의 달러화가 국제거래의 기축통화로 기능하려면 미국의 경상수지적자가 불가피하다. 세계시장의 다른 나라 사람들은 미국인들에게 상품을 팔아야 달러를 획득한다. 만약 미국이 매번 즉시 같은 금액을 수출하여 이 달러를 회수해 가버리면 세계시장에서 유통될 달러는 없다. 미국의 경상수지 적자는 그만큼의 달러화를 세계시장에 공급하는 기능을 수행한다. 국제거래 규모가 더욱 커지면 기축통화의 공급도 더 많아져야 하므로 달러화가 세계화시대의 기축통화로 계속 기능하려면 미국의 경상수지 적자는 더욱더 늘어나야 한다.

방대한 경상수지 흑자를 현금으로 보유하면 이자소득을 놓치므로 중국은 현금 아닌 금융자산의 형태로 보유하려고 한다. 그러나 국제적으로도 안전한 금융자산은 그렇게 많지 않다. 중국과 산유국들은 저금리이지만 가장 안전한 미국의 단기 국채를 즐겨 매입한다. 중국과 산유국들의 대규모 경상수지 흑자는 이 경로를 따라서 다시 미국으로 유입돼 적자재정을 뒷받침하여 미국의 쌍둥이적자 구조를 고착시킨다. 글로벌 불균형을 해소하려면 세계 기축통화 제도를 혁신하고 미국이 국내 생산과 수출을 강화해야 한다. 결코 쉬운 일이 아니다.

111

세계화 시대의 양극화

장거리 통신과 운송 수단이 발달한 가운데 많은 나라가 문호를 개방하고 장벽을 낮추면서 국제교류를 장려하고 있다. 단순한 상품무역에만 머물던 국제교역이 서비스 거래와 직접투자로 확대되면서 국경을 넘나드는 자금의 규모는 물론 사람들의 숫자까지 급증하고 있다. 지구촌은 본격적인 세계화 시대를 맞았다.

세계화는 분업의 국제화를 더욱 고도화시킨다. 지금까지 국내에서 내국인들만 고용하던 선진국 기업들에게 더 싸고 더 우수한 외국인 인력을 고용할 길이 열렸다. 선진국의 자본이 대거 개발도상국으로 이동함에 따라 선진국의 많은 일자리가 개발도상국으로 옮겨간다. 일자리를 잃은 선진국 노동자들은 세계화를 달가워할 리 없다.

개발도상국들은 세계화에 편승하여 속속 경제발전의 기적을 실현함으로써 세계 경제구조의 지각변동을 불러왔다. 세계적 기업인 GE의 최고경영자 제프리 이멜트(Jeffrey R. Immelt)는 "과거에는 선진국들이 세계 경제성장에 기여한 몫이 80%였지만 앞으로 10년 동안은 그 역할이 개발도상국들의 몫"이라고 내다보았다.

현재 진행 중인 세계화는 그러나 여러 문제를 야기하고 있다. 그 중 가장 심각한 것은 양극화다. 세계화로 큰 시장을 얻은 부문은 번영하지만 세계화로 일자리를 잃은 실직자들은 궁핍해진다. 국세청의 2011년 4월 자료에 따르면 우리나라 상위 20%의 평균 연소득은 1999년 5,800만 원에서 2009년 9,000만 원으로 10년 사이 55%나 올랐지만, 하위 20%의 평균 연소득은 같은 기간에 360만 원에서 199만 원으로 오히려 35%나 낮아졌다. 나라마다 겪고 있는 부익부빈익빈의 양극화는 중산층을 잠식하여 사회 안정을 위협한다.

세계화는 국경을 넘는 경제협력을 가능하게 만든다. 그러므로 개인의 경제활동 기회의 폭은 더욱 넓어진다. 그러나 내 협력 파트너가 나를 버리고 나보다 더 나은 해외의 새로운 파트너에게 가버리면 나는 일자리를 잃는 피해자로 전락한다. 과거의 파트너는 나보다 더 나은 파트너를 맞아서 더 높은 소득을 얻겠지만 일자리를 잃은 나는 더 불리한 고용을 감수해야 하므로 더욱 궁핍해지고 만다. 그러나 기존 부유층도 세계화의 피해자가 될 수 있으므로 양극화가 부익부빈익빈과 서로 반드시 일치하지는 않는다.

세계화로 불이익을 당한 사람들은 세계 곳곳에서 반세계화 운동을 벌인다. 그러나 원천적으로 희소한 자원을 활용하면서 살아가야 하는 인류가 세계화로 얻을 효율성을 버릴 수는 없다. 사회복지제도를 확충하여 피해자들을 감싸안고 이들이 세계화 체제에서 다시 부활할 수 있도록 도우면서 계속 세계화를 수용해야 한다.

112

세계화의
글로벌 표준

GATT 출범기인 1948년도 전 세계 상품무역 총액은 미화로 1,210억 달러에 불과했다. 물가상승 효과를 반영하지 않은 수치이기는 하지만 2010년도 우리나라의 수출입 총액 8,900억 달러에도 못 미치는 규모였다. 세계 무역 총액은 1970년대에 들어서서야 비로소 우리나라가 2011년도에 달성한 1조 달러대에 진입했다.

한국은 아직도 강대국으로 인정받지 못하는 나라이지만 1960년대까지만 해도 세계 무역총액은 우리나라의 2010년도 무역총액에도 미치지 못했다. 그러나 세계화와 더불어 세계 무역총액도 급증하기 시작해 2010년도에는 29조9,000억 달러를 기록했다. 같은 해 7조2,000억 달러를 기록한 서비스교역까지 합하면 세계 전체의 국제교역 규모는 37조1,000억 달러에 이른다.

전 세계의 2010년도 GDP는 62조 달러인데, 한국의 GDP가 1조 달러에 근접한 9,863억 달러이고 세계 최강국 미국이 14조6,000억 달러, 그리고 중국과 일본은 각각 5조7,000억 달러와 5조4,000억 달러이다. 이 규모를 세계 교역규모 37조1,000억 달러에 비춰보면 세계 경제가 국제교역에 얼마나 많이 의존하고 있는지를 쉽게 가늠해 볼 수 있다. 전 세계는 이제 국제교역 없는 경제생활을 상상조차 하기 어려운 시대로 접어든 것이다.

그런데 나라마다 서로 다른 상거래 관행은 국제교역의 활성화에 큰 걸림돌이다. 내국인들 간의 거래에서는 아무 문제 없이 처리되던 일이 국제거래에서는 심심찮게 큰 문제가 된다. 가령 많은 개발도상국들은 지식재산권에 무관심한데 선진국들은 엄격히 보호한다. 돌발사태로 거래가 예상대로 이루어지지 못하는 경우 뒤처리하는 방식도 나라마다 다르다. 적지 않은 나라들이 해외기업의 국내 진출을 막기 위해 국내 표준을 고의적으로 다른 나라와 다르게 만들기도 한다.

무역 등 국제 협력을 더욱 원활하게 수행하려면 협력업무에 관한 규칙을 통일할 필요가 있다. 합리적인 '글로벌 표준(global standard)'을 정립하고 모든 나라가 이 기준에 따라서 협력할 때 각국은 세계화로부터 더 큰 이익을 거둘 수 있을 것이다. 그런데 어떠한 글로벌 표준이 합리적인 것일까?

글로벌 표준은 결국 세계무역기구(WTO)가 주도하는 다자간 협상에서 결정된다. 각국은 자국의 표준이 그대로 글로벌 표준으로 채택된다면 무척 편리하겠지만 다른 나라의 기업들은 새로운 표준을 수용하기 위해 어려움을 겪어야 한다. 그렇기 때문에 서로 자국에게 유리한 표준의 채택을 위해 세계 각국은 치열하게 경쟁한다.

113

대내적 균형과
대외적 균형

경제개방과 자본자유화 시대에는 총수요관리정책의 효과가 그 나라 안으로만 국한되는 것이 아니라 국제적으로 연계된다. 이를테면 고용창출을 위한 확장정책이 국내총생산은 늘리지 못하면서 수입증가를 불러올 수 있는데 그렇게 되면 고용창출의 효과를 거둘 수 없다. 또 물가안정을 겨냥한 긴축통화정책이 국내 이자율을 상승시켜 외화자금을 끌어들이면 긴축정책의 효과를 그만큼 약화시킨다. 외화자금이 국내 금융자산을 구입하려면 국내 통화로 환전해야 하는데 이에 따라 이 환전금액만큼 통화공급이 늘어나기 때문이다.

개방 이전의 단기적 거시경제정책은 물가안정과 완전고용을 목표로 삼지만, 개방경제가 되면 국제수지를 대외지불능력에 차질이 없도록 유지하는 목표가 하나 더 추가된다. 세계화시대의 거시경제정책은 물가안정과 완전고용을 실현하는 대내적 균형(internal balance)과 더불어 국제수지가 대외지불능력을 보장하는 대외적 균형(external balance)까지 함께 달성해야 한다.

국내 경기전망이 나빠져서 투자수요가 부진하고 실업이 발생하면 대내적 균형이 무너진다. 총수요확장정책이 필요한 국면이지만 만약 교역상대국들도 함께 불황에 빠진 상태라면 이 정책이 국내 생산을 늘리기보다는 교역상대국들의 생산을 자극함으로써 수입증가만 유발할 가능성도 있다. 모든 교역 상대국들이 완전고용상태에 놓여 불황국의 총수요확장정책에 대응할 여력이 없을 때라야만 정책의 효과는 정책시행국의 국내총생산 증대로 이어질 것이다.

총수요확장이 수입증가로 이어진다면 경상수지가 악화된다. 특히 통화공급의 확대가 이자율을 낮추면 외화자금은 더 높은 이자율을 좇아서 해외로 나가버리므로 이에 따라 자본수지마저 악화된다. 대내적 균형의 회복을 겨냥한 총수요확대가 국제수지를 악화시켜서 대외적 균형을 위협하는 상황이 되고 만다. 교역 상대국들이 함께 불황에 대처하여 총수요확장정책을 펼치고 이자율을 조율해야 각국이 대내외적 균형을 이룰 수 있다.

이 위협에 대처하기 위해 정부가 환율에 개입하는 일이 잦으면 환율이 불안정해진다. 투기를 유발할 만큼 불안한 환율은 국제거래의 안정성을 해치므로 결코 바람직한 것이 아니다. 안정적 환율과 대내외적 균형을 함께 유지하려면 거시경제정책에서도 국제공조가 반드시 필요한 시대가 되었다. 요즘처럼 한 나라만이 아니라 여러 나라가 공동으로 경제위기를 당하는 경우에 특히 그렇다.

114

중심부와 주변부의 반전

제2차 세계대전 직후 아르헨티나의 경제학자인 라울 프레비쉬(Raul Prebish, 1901~1986)는 세계를 산업화를 이룩한 '중심부(center)'와 그렇게 하지 못한 '주변부(periphery)'로 나누고 중심부와 주변부 간의 무역거래 동향을 조사했다. 그는 중심부는 주변부에 공산품을 수출하고 주변부는 중심부에 농산물과 자원을 수출하는데 공산품 거래 가격은 시간이 흐름에 따라 추세적으로 상승하는데 반해 농산물과 자원의 가격은 단기적으로는 불안하지만 추세적으로 같은 수준을 유지하고 있음을 발견했다. 프레비쉬는 이러한 구조의 국제무역이 지속되면 주변부의 경제적 잉여는 중심부로 빨려나갈 것이기 때문에 주변부 국가들은 자신들의 산업화에 필요한 자본을 결코 축적하지 못할 것이라고 경고하고 주변부 국가들이 중심부와의 교역을 줄이면서 하루빨리 산업화를 이뤄야 한다고 주장했다.

남미의 여러 나라들은 그의 권고를 받아들여 선진국들과 교역을 확대하는 '수출주도형' 성장을 외면하고 '수입대체형' 산업화를 개발전략으로 채택했다. 중심부와의 교역을 줄이려면 수입으로 조달하던 공산품을 스스로 생산하는 것이 가장 효과적이었기 때문이다.

그러나 가장 효율적인 산업화 전략은 이미 산업화에 성공한 나라들의 경험으로부터 배우는 것이다. 선진국들과의 교역은 아주 유용한 학습 기회를 제공하는데 중심부와의 교역을 줄이면 이 기회를 놓친다. 또 수입 대체화는 국내 시장만을 대상으로 삼기 때문에 '규모의 경제' 실현을 제약한다. 생산자가 세계시장의 반응에서 차단되어 제품 개선과 개발의 방향에 대한 올바른 신호를 받지 못하는 것도 문제다.

무엇보다도 농산물과 자원의 내용은 시간이 흘러도 그대로이므로 값도 그대로일 수밖에 없지만 신제품이 개발되고 더 많은 노동의 투입으로 성능이 개선되는 공산품은 값이 오를 수밖에 없다. 특히 프레비쉬는 주변부 국가가 수출 주도형 산업화에 착수하면 주변부 역시 공산품을 수출하게 됨을 간과했다. 그의 처방이 잘못되었음은 오늘날 남미 국가들의 파탄난 경제가 웅변해주고 있다.

오늘날 중국, 인도, 브라질 등 초거대국들이 산업화에 돌입하면서 중심부와 주변부의 그림은 프레비쉬 시대의 그것과는 판이하게 바뀌고 있다. 거대 인구의 산업활동 확대와 이에 따른 소득 증가는 자원 수요와 곡물 수요를 폭증시켰다. 자원 가격 폭등의 시작은 1970년대 초 중동전쟁 직후 석유 파동기의 유가였지만 다른 자원 가격도 뒤따를 조짐이다. 우리나라만 하더라도 곡물 수요는 1970~90년 사이 20년 동안 4배로 늘어났다. 식생활이 개선되면서 사료용 곡물 수요가 크게 늘었기 때문이다. 중국 등 거대국의 개인소득 상승이 불러올 수요 증대는 이에 비할 바가 아니다. 지금의 금융위기가 회복되면 전 세계는 조만간 자원가격과 곡물가격의 폭등이라고 하는 역 프레비쉬적 쓰나미에 말려들 것이다.

115

세계화가
미국화인가?

옛날 중국의 춘추전국시대는 서로 다른 문자와 표준을 사용하는 여러 나라가 한편으로는 서로 싸우면서 다른 한편으로는 서로 교역하던 시대였다. 경쟁국들을 무력으로 굴복시키고 사상 최초로 중국을 통일한 진시황은 도량형을 비롯한 다양한 표준을 강제적으로 통일하는 폭력적 '중국화'를 시작했다. 분서갱유와 같은 가혹한 탄압으로 '천하'를 복속시킨 진시황은 사상 최대의 폭군으로 지탄받지만, 광대한 영토를 단일한 표준으로 묶어서 협력을 확대 강화하도록 함으로써 이후 강한 성당(强漢盛唐)과 오늘날 거대 중국의 토대를 마련했다.

중국처럼 일찍부터 하나가 되지 못한 세계 여러 나라들은 전기기구의 플러그에서부터 자동차 진행 방향에 이르기까지 여러 면에서 서로 다른 표준을 채택하고 있다. 운전석이 왼쪽인 승용차를 몰고 카페리로 일본에 도착하면 좌측통행의 불편을 겪어야 한다. 미국의 자동차 속도계는 마일로 표시하는데 국경을 넘어서 캐나다에 들어서면 고속도로 표지판은 제한속도를 킬로미터(km)로 표시한다. 표준이 난립하면 세계화가 진행될수록 사람들의 불편함은 커진다.

그러나 지금까지 사용해 오던 각종 표준을 버리고 새로운 표준에 적응하는 것은 누구에게나 매우 고통스러운 일이다. 그럼에도 불구하고 서로 다른 표준을 국제적으로 통일할 필요를 절감한 각국은 1947년부터 국제표준화기구(ISO, International Organization for Standardization)를 결성하고 공동으로 노력을 기울여 왔다. 세계화가 전례 없는 수준으로 진전되면서 표준의 통일작업도 물리적 규격에서 업무처리 절차와 제도에 이르기까지 빠른 속도로 확대돼 가고 있다.

개별 국가로서는 당장에는 자신의 표준이 그대로 글로벌 표준이 되는 것이 유리하다. 그러나 절차와 제도 등은 경제협력의 기본 틀이므로 글로벌 표준은 글로벌 경제협력을 가장 효율적으로 조직할 수 있는 것이라야 한다. 일단 경제적으로 가장 성공한 미국의 표준이 상대적으로 우수하다는 주장을 펼칠 수 있다. 실제로도 미국은 이 점을 내세워서 미국의 표준을 글로벌 표준으로 삼고 싶어 한다. 이에 반해 다른 나라들은 세계화는 미국화와는 다른 것이라고 반발한다. 결국 선진국들로 구성된 경제협력개발기구(OECD)가 글로벌 표준을 선도할 것이다.

고대 중국의 표준은 폭력적으로 통일되었다. 오늘의 세계는 글로벌 표준을 결국 다자간 협상으로 결정할 수밖에 없다. 그러나 미국-유럽이 중국-인도와 대치하는 가운데 교착상태에 빠진 도하라운드가 보여주듯 시간이 꽤 소요될 것이다.

116

표준의
경로의존성

.

전기소켓과 전기기구는 생산자가 서로 다르지만 두 장치의 구조는 어김없이 서로 딱 들어맞는다. 같은 표준에 맞추어서 생산하기 때문이다. 모든 사업자가 지키는 표준을 바꾸려면 기존의 모든 관련제품들을 폐기하거나 별도의 보조기구를 장착해야 한다. 이처럼 변경 비용이 엄청나므로 표준은 한번 정착되면 바꾸기 어렵다.

PC의 영문자판 QWERTY는 빈번히 사용되는 철자 A를 왼손 새끼손가락으로 쳐야 하므로 인체공학적으로는 결코 좋은 배열이 아니다. 그러나 QWERTY가 자판의 표준으로 정립된 뒤 모든 사람들은 그 자판을 익혀 왔다. 이들은 아무리 더 우수한 자판이 새로 나오더라도 자신이 이미 익숙해진 QWERTY 자판을 사용할 뿐 새 자판은 사용하려고 하지 않는다.

비디오 기기로는 Beta 방식의 기기가 VHS보다 시장에 먼저 진출했다. 그러나 소비자들은 녹화를 더 오래 할 수 있는 VHS 방식을 좋아한다. 이에 따라 많은 녹화물이 VHS 방식으로 제작되었다. Beta방식은 뒤늦게 녹화시간을 늘렸지만 소비자들은 재생 가능한 녹화물이 이미 많아진 VHS 기기를 계속 더 많이 구입했다. 그 결과 표준을 선점하지 못한 Beta기기는 기술적으로는 더 우수하면서도 가정 비디오 시장에서 철저히 패배하고 말았다.

QWERTY 방식이나 VHS 방식은 그것이 표준으로 정착되기 이전에 더 우수한 경쟁상대와 맞부닥뜨렸다면 결코 견디지 못하고 패퇴했을 것이다. 그러나 QWERTY 자판을 익힌 사람들이 많아지고 VHS 방식의 녹화물이 많이 제작된 다음에는 많은 사람들이 더 우수한 새 방식을 거부하고 기존의 익숙하고 편리해진 방식에 집착하게 되었다. 그 결과 후세대들은 스스로 불편한 표준에 적응해야 한다.

이처럼 시장 표준 중에는 최상의 것이 아니면서도 우연한 계기에 많은 사람들이 받아들였기 때문에 표준으로 고착(lock-in)된 것이 적지 않다. 돌이켜보면 과거의 선택이 최선은 아니었지만 그 이후의 경로가 이 선택을 스스로 정당화하는 방향으로 전개되었기 때문에 버릴 수 없게 됐다. 현존하는 표준이나 제도 및 관행은 대부분 이처럼 '경로의존적(path dependent) 방식'으로 그 지위를 굳혔다.

내 나라에 유리한 표준이 일단 글로벌 표준으로 채택되면 표준의 경로의존성은 스스로 그 지위를 강화해줄 것이다. 각국은 이러한 경로의존성을 믿기 때문에 자국의 표준이 열등하더라도 결코 표준의 경쟁에서 양보하려 하지 않는다. 그러나 글로벌 표준을 잘못 책정하면 인류는 두고두고 그 대가를 치를 것이다.

117

자연선택과
경로의존성

경로의존성은 표준이 스스로 강화한 경로를 이탈하는 데 너무 큰 비용이 들기 때문에 나타나는 현상이다. 그러나 막대한 비용을 치르더라도 그 비용을 감수하면서 표준을 바꿀 때 얻는 이익이 더 크다면 사정이 다르다.

우리나라의 표준전압은 220V이지만 과거에는 100V였다. 불필요한 전선이 더 필요하고 전력 손실이 막심한 100V 표준전압을 220V로 바꾸려면 적지 않은 전기기구들을 폐기하거나 많은 비용을 들여 감압 보조장치를 장착해야 한다. 그러나 전력손실을 막는 이익이 더 컸기 때문에 이 비용을 감수하면서 220V 표준으로 바꾼 것이다.

한국전력이 독점 국영기업이었던 만큼 표준전압을 바꾼 힘은 시장경쟁이 아니라 정부 정책이었다. 좌측보행이 우측보행으로 바뀌고 아파트나 땅의 면적을 평에서 제곱미터(m^2)로 표기하는 등 많은 표준이 정부 정책의 결정으로 변경됐다.

그러나 기존의 표준을 버리고 새로운 표준으로 옮겨갈 때의 이익이 엄청나게 클 때 정부가 개입하지 않아도 표준은 스스로 바뀐다. 그리고 이 표준의 변경을 주도하는 힘은 시장경쟁이다. 가장 좋은 현실적 사례는 아날로그 표준을 밀어내고 등장한 디지털 표준이다. 유선전화를 대체하는 휴대전화도 유사한 사례다. 시장경쟁은 진화론적 자연도태와 적자생존의 원칙에 따라서 표준을 선정한다.

진화론적 논의를 이해하기 위해 감기 바이러스의 예를 보자. 감기는 환자의 콧물에 직접 접촉해야 전염된다. 스스로 이동하지 못하는 감기 바이러스는 환자가 재채기할 때 튀는 콧물을 타고 다른 사람들을 감염시킨다. 바이러스가 자기 종족을 유지·확산할 수 있는 것은 환자로 하여금 재채기하도록 자극하기 때문이다. 감기 바이러스가 영특하여 환자의 재채기를 유도하면 종족번식에 더 효과적임을 깨닫고 그 능력을 터득해 왔을 수도 있다. 그러나 진화론은 처음부터 돌연변이로 재채기 유도 능력을 얻은 바이러스만 살아남았다고 설명한다.

환경에 잘 적응하는 종(種)만 살아남고 그렇지 못하면 도태되고 만다고 하는 진화론적 설명은 자연선택(natural selection)이라는 말로 널리 알려져 있다. 자연선택은 살아남는 종의 시각에서 보면 적자생존이고, 멸종되는 종에게는 자연도태다.

QWERTY 자판이 도태되지 않고 경로의존성에 의지하여 지속되고 있는 까닭은 문자배열을 바꾼 자판이 더 낫기는 하나 그 이득이 별로 크지 않기 때문이다. 경로의존성이 불량표준의 자연도태를 막는 것이 아니라 자연도태당할 만큼 불량하지 않았기 때문에 경로의존성이 효과를 발휘하였을 뿐이다.

118

유로존의 문제

돈을 빌려줬다가 돌려받지 못하는 사태가 채무불이행이다. 채무불이행으로 손해 본 많은 업체들이 연쇄적으로 채무불이행의 위기에 내몰리면 금융위기다. 채권값이 폭락하고 금리는 폭등하는데 안전한 투자처를 찾지 못한 사람들은 현금을 움켜쥐고 있다. 자금유통이 막히면 기업들이 줄줄이 흑자 도산하는 경제위기로 이어진다.

독일과 프랑스 등 유럽연합(EU) 17개국으로 출발한 '유로존(Euro-zone)'은 유로(Euro)를 단일통화로 사용한다. 통화정책과 환율정책의 권한은 유럽중앙은행(European Central Bank)이 행사하고 국별 재정정책만 해당국 정부가 관장한다. 유로존 가입 이후부터 경상수지가 적자로 전환한 포르투갈, 아일랜드, 이탈리아, 그리스, 스페인 등 5개국(PIIGS) 정부가 미국발 금융위기 이후 급격한 재정수지 악화로 채무불이행 사태에 몰렸다. 유로존에서 PIIGS의 비중은 GDP로는 30%이고 재정수지 적자 규모로는 50%에 이르는 만큼 이들의 위기는 당연히 유로존 전체의 위기이다.

배경은 나라별로 다르지만 현재 PIIGS 5개국의 공통적인 어려움은 경상수지와 재정수지의 적자다. 같은 상황에 처한 비(非)유로국의 사정에 비추어 유로존의 문제를 살펴보자. 우선 비유로국은 환율인상으로 경상수지 적자를 개선할 수 있으나 PIIGS 5국은 그럴 수 없다. 비유로국이 더 유리한 것 같지만 인위적 환율조정의 부작용과 단일통화의 이점을 함께 고려해야 하므로 섣불리 단정하기 어렵다.

대외지불능력 측면에서는 유로국이 더 유리하다. 유로화 결제의 역내 거래에서는 말할 것도 없고, 역외 거래에서도 유로존 전체의 외화보유고만 충분하면 유로화의 환전은 항상 보장된다. 반면에 비유로국은 경상수지 적자가 누적되면 바로 외화보유고를 고갈시켜서 대외지불능력에 차질을 빚을 수 있다.

그러나 재정적자 문제에서는 유로국이 더 불리하다. 국채상환을 위한 국채를 신규로 발행해야 할 때 비유로국의 중앙은행은 통화공급을 늘려서라도 재원을 만들어 이것을 매입해줄 수 있다. 그러나 통화증발의 재량권이 없는 유로국의 국별 중앙은행은 국채를 정부가 원하는 만큼 인수할 능력이 없다.

중앙은행이 신규 국채를 인수하는 동안은 채무불이행 사태를 뒤로 미룰 수 있으므로 비유로국은 그 기간을 대책 마련에 쓸 수 있다. 그러나 통화증발권이 없는 유로국은 그렇게 못하기 때문에 같은 상황에서 곧바로 채무불이행으로 이어진다. 이처럼 유로국은 구조적으로 국채 누적을 감내할 능력이 취약하다. 단일통화의 이익을 누리려면 재정적자 규모를 엄격히 통제하는 등 국별 재정자율성을 제한해야 한다.

119

남북한 화폐통합,
어떻게 추진할까

언제 들이닥칠지 모르는 남북통일은 남북 간 경제통합을 요구한다. 화폐통합도 당연히 불가피한데 남북 간 화폐통합은 지금 유로존의 재정 위기보다 훨씬 더 복잡한 문제들을 야기할 것이다. 통일독일은 미숙한 경제통합과 화폐통합 정책의 후유증 때문에 지금까지도 엄청난 규모의 통일 비용에 시달리고 있다.

독일은 통일 이후 동독 경제의 시장경제화를 추진하면서 서둘러 화폐통합을 시행했다. 동독 마르크는 1 대 1 비율로 서독 마르크와 교환됐고, 임금과 연금계약도 그 금액만큼의 서독 마르크화로 인정됐다. 그런데 그 이후 동독 경제는 산업생산이 줄기 시작하여 통합 1년 뒤에는 30% 수준으로 폭락하였고 실업률은 7.2%에서 25%로 급증했다. 무너진 동독 경제를 일으키기 위해 통일독일은 매년 GDP의 4~5%를 비용으로 지출해 오고 있는데 그 누계가 1조5,000억 유로, 우리 돈으로 환산하면 무려 2,300조 원에 이른다.

공산권 경제가 시장경제를 수용하는 체제이행 단계에 진입하면 시장수요가 외면하는 산업과 기업들의 무더기 도태가 불가피하다. 그러므로 이행 초기의 생산 및 고용의 감소는 매우 자연스러운 현상이라고 할 수 있다. 그런데 일반 이행경제의 경우 생산 감소 폭이 최대 20% 내외에 그쳤는데 왜 유독 동독 경제만 붕괴 수준으로 추락했을까.

이행경제의 화폐는 태환이 자유롭지 못하므로 그 화폐로는 그 나라 제품밖에 구입하지 못한다. 즉 이행경제의 생산부문은 품질 나쁜 제품을 생산하더라도 그만큼의 내수를 보장받고 있는 셈이다. 그러나 서독 마르크화를 화폐로 쓰게 된 동독 소비자들은 품질 좋은 서독 제품을 마음대로 구입할 수 있게 됐다. 동독 경제의 생산부문이 붕괴할 수밖에 없었던 까닭은 동독 제품의 불량한 품질이 모든 전통적 고객들에게 일시에 외면당했기 때문이다.

많은 북한 주민들의 일자리는 국영공장이나 장마당 상품을 생산하는 영세 민영공장이다. 이들 공장 제품의 품질은 대부분 수출이 불가능할 정도로 조악하지만 달리 선택의 여지가 없는 북한 주민들은 이 제품을 구입해 사용한다. 만약 우리가 독일처럼 화폐통합을 서두른다면 북한 주민들 대부분은 남한 제품을 구입하려 들 것이고, 순식간에 시장을 잃은 북한 경제의 생산부문은 동독 경제보다 더 큰 타격을 받을 수 있다. 공장이 문을 닫고 실업자들이 쏟아져 나오면 통일은 축복이 아닌 저주로 변할 것이다.

통일 이후 북한의 생산부문이 구조개편 과정을 순조롭게 겪어내고 남한의 시장경제에 당당히 참여하도록 만들려면 우선 그 기간 동안 시장을 보장해 주는 조치가 취해져야 한다. 무엇보다도 환전이 통제된 채 북한에서만 유통될 제2한국은행권을 만들어 상당기간 동안 사용하도록 할 필요가 있다. 조급한 남북 화폐통합은 절대로 안 된다.

120

세계화 시대의
물류

경영귀재로 알려진 GE의 잭 웰치(Jack Welch, 1935~)는 도요타 자동차의 비용절감 과정을 목도하고 엄청난 충격을 받았다고 고백한 바 있다. 자신은 결코 해낼 수 없었던 비용절감을 도요타는 해내고 있었던 것이다. 결국 제조업만으로 일본과 경쟁해서는 GE도 위기에 빠질 수 있겠다고 판단한 웰치는 그 대비책으로 미국 3대 지상파 TV채널인 NBC를 인수하기에 이른다.

지금은 대규모 리콜 사태로 엄청난 곤욕을 치르고 있지만 도요타는 기술력뿐만 아니라 효율적 물류관리 능력에서도 세계 최고였다. 자동차를 조립하려면 설비장치와 노동자, 그리고 수많은 부품이 한 자리에 있어야 한다. 설비를 갖추고 유지하며 노동자를 채용하는 데에도 비용이 들지만 부품을 확보하는 과정에서도 많은 비용이 든다. 특히 부품을 조달하는 비용은 같은 부품이라도 어떻게 조달하는가에 따라서 그 비용이 크게 달라진다. 예컨대 미리 많이 확보해 두면 불필요한 이자와 저장비용을 유발하고, 필요할 때 부품이 모자라면 고객을 놓쳐 손실을 유발한다. 도요타는 물류관리(logistics)에 능했고 그 과정에서 개발한 소위 JIT(just-in-time)물류는 도요타의 대명사가 되어 있다.

세계에서 가장 싼값에 가장 우수한 품질의 부품을 개발하는 사업자들을 모조리 파악하고 이들이 생산한 부품을 항상 적정량만큼 확보하여 도요타 공장에 적기에 배달하면 최소비용의 부품 조달체제를 구축할 수 있다. 이렇게 하려면 세계 각지에서 어떤 사업자가 무엇을 생산하고 있으며 그 품질과 가격은 어느 수준인지에 대해 완벽에 가까운 정보를 갖추어야 한다. 그리고 구입한 부품을 공장까지 낮은 비용으로 운송할 수 있어야 한다. 전 세계를 포괄하는 물류네트워크를 갖추어야 하는 것이다.

글로벌 물류네트워크를 통하여 부품을 조달하는 비용은 세계 각지에서 부품을 구입하는 데 소요된 비용과 물류네트워크를 구축 · 유지 · 운영하는 데 소요된 비용의 합으로 결정된다. 이 비용이 본국의 공장 주변에서 생산한 부품을 구입하는 비용보다 더 저렴하면 글로벌 물류네트워크를 통한 조달이 더 유리하다. 도요타의 글로벌 물류망이 발달하면서 도요타 공장도 해외 각지에 진출하였고 물류업무는 부품 조달만이 아니라 제품공급까지 포괄하게 되었다. 당연히 물류비용은 해외 공장의 위치를 선정하는 데 고려하는 중요한 요인이었다.

물론 기술력을 발휘하여 우수 부품을 싸게 생산하도록 개발할 수도 있다. 그러나 과학기술력의 활용도는 항상 매우 높은 상태다. 반면 물류관리는 아직 그 전망이 무궁무진할 정도로 미개발 분야에 가깝고 세계화가 진행될수록 더 많은 개발이 가능하다. 첨단기술 기업 GE의 잭 웰치가 두려워한 것은 도요타의 기술력보다는 물류능력이었던 것이다. 현재 도요타 자동차의 곤경은 일부 물류의 실패 때문이지만 글로벌 물류네트워크 전략 자체의 책임은 아니다. 기술력이 미흡한 우리에게 물류전선은 꼭 도전해야 할 전인미답의 비경이다.

경제 전문용어

가격상한제(price ceiling) 특정 상품에 대해 일정한 가격수준을 정하고 그 가격보다 더 높은 값으로는 거래하지 못하도록 하는 정부규제.

가트(GATT, General Agreement on Tariffs and Trade) 제2차 세계대전 이후에 출범한 자유무역협정.

감가상각(depreciation) 생산과정에서 발생한 고정자본의 소모분.

감시(monitoring) 정보비대칭성을 해소 또는 완화하기 위한 조치.

강제면허(compulsory licensing) 소정의 대가를 지불하는 사람에게는 특허 사용을 허용하도록 국가가 강제하는 행위.

거래비용(transaction cost) 거래형태에 따라서 어느 한쪽이 구조적으로 부당한 이익을 더 많이 챙길 수 있는데 이러한 행위가 유발하는 비용.

건전성 규제(prudence regulation) 금융기관이 보유 금융자산의 부실화 손실 규모에 비례하는 규모로 안전한 현금자산을 보유하도록 요구하는 규제.

경로의존성(path dependence) 사람들이 이미 익숙해진 기존의 표준에 집착하는 특성.

경상가격 GDP(GDP in current prices) 해당 연도의 가격으로 계산한 GDP. 명목 GDP(nominal GDP)라고도 함.

경상가격 GNI(GNI in current prices) 해당 연도의 가격으로 계산한 GNI. 명목 GNI(nominal GNI) 라고도 함.

경상수지(current account) 일정 기간 중 국제거래로 벌어들인 외화. 상품수지, 서비스수지, 소득수지, 그리고 경상이전수지로 이루어진다.

경제성장률(economic growth rate) 전기 대비 실질 GDP의 증가율.

경제활동인구(population participating in labor force) 생산가능연령인구에서 생산활동에 참여할 수 없거나 참여할 뜻이 없는 사람들을 제외한 인구.

경합재(rival goods) 한 시점에서는 오직 한 사람만 소비할 수 있는 재화.

경험재(experience goods) 사용자가 한동안 써보아야 그 본질을 알 수 있는 재화.

경화(hard currency) 국제거래에서 널리 받아들여지는 달러, 유로, 엔 등의 통화.

고용보호법제(employment protection legislation) 한 번 고용한 근로자는 근로자가 잘못을 저지르지 않는 한 쉽게 해고하지 못하도록 법률로 규제하는 제도.

고용률(employment rate) 생산가능연령인구 대비 취업자의 비율.

고정환율제도(fixed exchange rates system) 국가 간 환율을 상당 기간 동안 일정하게 고정시키는 제도.

고착(lock-in) 많은 사람들이 특정 표준에 익숙해졌기 때문에 그 표준의 지위가 굳어진 상태.

공개시장조작(open market operation) 한국은행이 통화량을 줄일 목적으로 보유 국공채를 내다 팔거나 통화량을 늘일 목적으로 시중의 국공채를 사들이는 조치.

공공재(public goods) 비경합적이고 비배제적인 재화.

공급측 경제학(supply-side economics) 물가와 고용문제를 총수요관리가 아닌 조세 조정으로 총공급곡선을 움직여서 풀어보려고 하는 경제학.

공유자산(commons) 여러 사람들이 사용권을 가지고 있는 자산.

공유자산의 비극(tragedy of commons) 공유자산이 경합재인 경우 과도하게 남용되는 현상.

과점(oligopoly) 어느 상품의 공급을 몇 개의 대기업들이 분담하는 시장 조직.

관리통화제(managed currency system) 정부가 지폐를 발행할 수 있는 중앙은행을 지정하고 지폐 발행량을 조절하는 통화제도.

광의통화(M2) 협의통화에 저축성예금 잔고를 합친 것.

교차보조(cross subsidization) 한 사업부문의 이익으로 다른 사업부문의 결손을 메우는 보조 방식.

구매력평가환율(PPP exchange rate, purchasing power parity exchange rate) 국별 화폐의 구매력을 반영한 환율. 파생어로 PPP GDP 등이 있음.

국내총생산(GDP, gross domestic products) 일정 기간 동안 한 나라에서 생산된 부가가치를 모두 합친 것.

국민총소득(GNI, gross national income) 국내총생산에서 국내 외국인이 생산한 부가가치를 빼고 해외 내국인이 생산한 부가가치를 합친 것. 국민총생산(GNP, gross national products) 라고도 함.

국제달러(international dollar) 구매력평가(PPP) GDP를 표시하는 달러.

국제수지(BOP, balance of payments) 일정 기간 동안 국내 거주자와 비거주자 사이에서 발생한 외화 이동 동향을 집계한 것.

권리금 점포의 새 입주자가 기존 입주자에게 따로 지불하는 돈.

규모의 경제(economies of scale) 기업의 규모를 확대할 때 생산량이 기업 규모 확대비율보다 더 많이 늘어나는 생산기술적 특성. 그 반대의 특성을 '규모의 불경제'라고 함.

규제세금(regulation tax) 공공서비스 공급원가가 소비자별로 다른데 그 요금은 모든 소비자들에게 균일한 수준으로 책정될 경우 높은 공급원가의 소비자들은 원가보다 낮은 요금을 부담하지만 낮은 공급원가의 소비자들은 공급원가보다 더 많이 납부한다. 이때 높은 공급원가의 소비자들이 야기하는 손실을 낮은 공급원가의 소비자들이 더 내는 돈으로 메우는데 이 돈을 규제세금이라고 한다.

글로벌 불균형(global imbalance) 세계화 체제에서 돈이 장기적으로 몇 곳으로만 몰리는 현상.

금본위제(gold standard) 금과 금태환이 보장된 태환지폐를 화폐로 삼는 제도.

금융(finance) 여유자금을 융통하여 초과지출에 조달하는 활동.

기본설비(essential facility) 여러 사업자들이 공동으로 사용할 수 있고, 특정 산업에서는 모든 기업들이 반드시 사용해야 하는 설비. 망산업의 망 설비가 그 예임.

기본설비원칙(essential facility doctrine) 법으로 지정한 기본설비의 소유주는 소정의 사용료를 납부한 외부인들과 해당 설비를 공동으로 사용해야 한다는 원칙.

기업합병(merger) 여러 기업들이 하나의 기업으로 통합하는 행위.

끼워팔기(tying-in) 특정 상품을 구입하려는 고객에게 다른 특정 상품을 반드시 함께 구매하도록 강요하는 행위.

ㄴ

누진세(progressive tax) 과세 대상의 규모가 커질수록 추가적 과세 대상에 대한 세율이 더 높아지도록 책정된 세금. 반대말은 역진세(regressive tax).

ㄷ

다자간 통상협상(multilateral trade negotiations) 여러 나라가 모여서 공동으로 무역 조건에 대해 벌이는 협상.

담합(collusion) 사업자들이 명시적 또는 암묵적으로 합의하여 시장경쟁을 제한하거나 없애는 행위. 카르텔(cartel).

당연위법(per se illegal) 법정 요건만 입증되면 바로 위법 처리하는 조치.

대내적 균형(internal balance) 물가안정과 완전고용을 실현하는 균형.

대리인 문제(agency problem) 고용한 주인은 모르는 가운데 고용된 대리인이 벌이는 도덕적 해이.

대외적 균형(external balance) 국제수지가 대외지불능력을 보장하는 균형.

도덕적 해이(moral hazard) 거래 상대방은 모르고 나만 아는 정보비대칭성을 이용하여 상대방의 이익에 반하는 방식으로 내 이익을 도모하는 행위.

독점(monopoly) 어느 상품의 공급을 한 기업이 전담하는 시장조직.

디플레이션(deflation) 물가하락.

ㄹ

라스파이레스지수(Laspeyres index) 기준 연도의 물량을 품목별 현 연도의 가격으로 계산한 금액을 기준 연도의 가격으로 계산한 금액으로 나눈 물가지수.

레몬(lemon) 애초에 조립이 잘못되어 특정부품이 거듭 파손당하는 불량품인데 겉모습만 보고 판별할 수 없는 것이 특징.

리카르도의 지대론(Ricardian Law of Rent) 토지별 지대의 차이는 농부가 각 토지에 같은 노력을 투입할 경우에 얻는 토지별 수확량의 차이와 같게 결정된다는 경제학자 리카르도의 설명.

린달세금(Lindahl tax) 국민 각자가 시장에서 필요한 상품을 구입하듯 나랏일에 대해 자발적으로 지불해도 좋겠다고 느끼는 합당한 가격.

ㅁ

망산업(network industry) 기본적으로 일정지역을 포괄하는 망설비를 이용해야 생산활동이 가능한 산업. 철도, 전력, 통신, 가스, 그리고 상하수도 등이 있음.

무임편승(free-riding) 공공재 조달에 필요한 비용은 부담하지 않고 그 소비에만 참여하는 현상. 무임승차라고도 함.

미래소득흐름(future income stream) 금융상품이 제공하는 미래 각 시점별 소득.

민간재(private goods) 경합적이고 배제적인 재화.

ㅂ

배제재(exclusive goods) 남들이 함께 소비하는 것을 배제할 수 있는 재화. 반대말은 비배제재(nonexclusive goods).

배출권 시장(market for emission right) 공해물질 배출권을 거래하는 시장.

빼돌림(tunneling) 주식회사 경영진이 자기거래를 통하여 회삿돈을 빼돌리는 행위.

법인세(corporate tax) 기업이 벌어들인 소득, 즉 이윤에 대해 부과하는 세금.

보이지 않는 손(invisible hand) 모자라는 상품의 값은 오르고 남아도는 상품의 값은 내리면 사람들은 누가 시키지 않아도 남아도는 상품의 생산을 줄이고 모자라는 상품의 생산을 늘린다. 애덤 스미스는 시장의 이러한 기능을 '보이지 않는 손'이라고 불렀다.

보편적 서비스(universal service) 인간 생활에 반드시 필요한 서비스.

부가가치(value added) 각 단계별 생산물의 가치에서 그 단계의 생산활동에 사용된 모든 중간재 가치의 합을 뺀 것.

부채담보부채권(CDO, collateralized debt obligation) 몇 가지 채권의 미래 소득흐름을 통합한 다음 다시 투자자들의 입맛에 맞도록 소득흐름을 개조하여 새롭게 분할해낸 파생 채권.

분업(division of labor) 생산 업무를 전문 활동으로 세분화하고 개인은 각자 전문 업무에 특화하여 생업에 종사하도록 하는 사회적 생산방식.

불변가격 GDP(GDP in constant prices) 기준 연도를 정해 놓고 각 연도의 GDP를 기준 연도의 가격으로 계산한 GDP. 실질 GDP(real GDP)라고도 함.

불환지폐(inconvertible note) 금과의 태환이 보장되지 않는 지폐.

브레턴우즈 체제(Bretton Woods System) 제2차 세계대전 직후 미국의 달러화를 기축통화로 삼고 출발한 고정환율체제.

비경합재(non-rival goods) 여러 사람들이 함께 공동으로 사용할 수 있는 재화.

비교우위(comparative advantage) 두 나라가 생산하는 두 상품에 대해 상품별로 1단위를 생산하는 자원으로 생산할 수 있는 다른 상품의 수량을 국별로 비교할 때, 상품별로 이 비율이 더 낮은 나라가 다른 나라에 비해 그 상품에서 누리는 거래상의 우위.

비교우위설(theory of comparative advantage) 두 나라가 각각 비교우위를 누리는 상품을 수출하는 무역이 두 나라 모두에게 더 유리하다는 이론.

비용추상인플레이션(cost-push inflation) 생산비용이 높아져서 발생하는 물가상승.

사적 비용(private cost) 개인 또는 기업이 실제로 부담하는 비용. 사적 편익(private benefit) 과 대비됨.

사회보험(social insurance) 국민 모두가 가입해야 하는 보험으로서 국민연금, 건강보험, 고용보험, 그리고 산재보험 등이 있다.

사회적 보조(social assistance) 어려운 사람들도 함께 살아갈 수 있도록 사회가 제공하는 도움.

사회적 비용(social cost) 어떤 행위가 유발하는 모든 비용. 사회적 편익(social benefit)과 대비됨.

산업화(industrialization) 기본적으로 자급자족에 의존하던 전통적 농경사회가 사회적 분업의 시장경제로 바뀌는 역사적 변화.

상업농(commercial agriculture) 농산물을 직접 소비할 목적이 아니라 남에게 팔 상품으로 생산하는 농업.

상장기업(listed company) 주식시장에서 그 주식의 거래를 허가받은 기업.

상품수지(commodities account) 일정 기간 동안 수출과 수입을 통해 일어난 외화 유출입 동향.

생산가능연령인구(working-age population) 15세 이상의 인구.

서비스수지(services account) 일정 기간 동안 세관을 거치지 않는 서비스 거래에서 발생하는 외화 유출입 동향.

선별기업지원(firm-specific subsidies) 경영성과가 좋은 기업들을 추려서 정부가 재정 금융상의 혜택을 제공하는 지원방식.

선점자우위(first mover advantage) 같은 상대와 계속 거래하는 것이 새로운 상대로 바꾸는 것보다 더 유리한 이점.

선택(choice) 희소한 자원을 사용할 용도에 대한 결정.

선하증권(B/L, bill of lading) 운송회사가 수출화물의 선적을 확인하고 발급한 증서로서 이 증서를 제시하는 사람만이 해당 화물을 인수할 수 있음.

성장균형(growth equilibrium) 각 나라경제가 실현하는 성장률.

성장회계(growth accounting) 노동과 자본 등 생산요소의 투입증가가 성장률에 기여한 정도를 추계하는 경제학의 분야.

소득수지(factor income) 일정 기간 동안 노동과 자본의 이용대가로 임금 및 이자를 지불함에 따라서 발생하는 외화 유출입을 집계한 것.

소비자물가지수(consumer price index) 선정된 주요 생활용품에 대한 물가지수.

수요견인인플레이션(demand-pull inflation) 수요가 과다하게 증대해 발생하는 물가상승.

수입대체(import substitution) 지금까지 수입하던 공산품을 국산품 생산으로 대체하는 산업화.

수직적 통합(vertical integration) 중간재를 생산 판매하는 기업과 이 중간재를 구입하는 기업 간의 합병.

수축악순환(deflationary spiral) 물가가 더 떨어질 것이라는 예상에 따라서 지출을 미룸으로써 경기퇴조와 물가하락이 더 장기화되는 현상.

수확체감의 법칙(law of diminishing returns) 일정한 면적의 토지로 농사를 지을 때 일손이 늘어나면 수확량이 늘지만 그 증가폭은 점차 하락하는 현상.

스태그플레이션(stagflation) 물가가 오르면서 경제가 침체하고 실업도 늘어나는 인플레이션.

시가총액(market capitalization) 기업의 총발행주식을 주식가격으로 곱한 기업의 가치.

시장실패(market failure) 재산권 보호가 부실하여 시장교환이 사람들의 재산권을 침탈하도록 방치하거나, 아예 시장교환을 불가능하게 만드는 현상.

시장차단(market foreclosure) 라이벌 사업자의 시장접근을 봉쇄하는 행위.

신사 간 경쟁(gentlemen's competition) 라이벌 기업의 퇴출을 허용하지 않는 유럽식 시장경쟁.

신용장(L/C, letter of credit) 수입상이 수입대금을 입금한 사실을 해당은행이 수출상에게 통보하는 공문.

신호(signalling) 정보비대칭적 상황에서 자신이 우량상품임을 설득력 있게 알리려는 행위.

실업률(unemployment rate) 경제활동인구대비 전체 실업자의 비율.

실업자(unemployed workers) 취업하려고 하지만 유급취업의 기회를 전혀 가지지 못한 노동자.

실질 GNI(real GNI) 실질 GDP에 국제교역조건의 변화에 따른 소득변화를 반영한 다음 재외 국민의 소득을 합친 것.

쌍둥이적자(twin deficits) 재정수지적자와 함께 발생하는 경상수지적자.

쌍무적 통상조약(bilateral commercial treaty) 양국 간에 체결되는 무역거래조건에 대한 조약.

약탈가격책정(predatory pricing) 라이벌 기업들을 퇴출시키기 위하여 가격을 한동안 원가 이하로 책정하는 행위.

양극화(polarization) 세계화에 따라서 전세계적으로 나타나는 고소득층과 저소득층의 양분화 현상

양적 완화(quantitative easing) 이자율이 이미 0%에 이르러 더 이상 낮아질 수 없는 상태에서 시행하는 통화공급의 확대.

역공유자산(anti-commons) 남들의 사용을 거절하는 배제권을 여러 명이 각각 보유한 자산.

역공유자산의 비극(tragedy of anti-commons) 어느 한 배제권자가 사용을 거부함으로써 역공유자산이 비효율적으로 과소사용되는 현상.

역선택(adverse selection) 구매자가 상품의 특성을 모르는 채 구매조건을 공개하면 정보비대칭성을 틈타 구매조건에 미흡한 상품들만 모여드는 현상.

연쇄가격 실질 GDP(real GDP in chained prices) 직전년도 가격으로 각 연도의 GDP 배율을 산출하고 이 배율을 기준 연도 명목 GDP에 연쇄적으로 곱하여 얻은 실질 GDP.

외부경제(external economy) 어느 개인이 창조한 편익을 남들이 무상으로 누리는 현상. 긍정적 외부성(positive externality)이라고도 함.

외부불경제(external diseconomy) 어느 개인이 유발한 사회적 비용 가운데 일부를 스스로 부담하지 않고 다른 사람들에게 전가하는 현상. 부정적 외부성(negative externaities)이라고도 함.

외부성(externality) 외부경제와 외부불경제를 총칭하는 용어.

외환보유고(foreign exchange reserves) 한 나라가 대외지불에 사용할 수 있는 외화 및 (주로 미국의) 단기 국채.

용역(services) 인간의 욕망을 충족시켜주는 무형적인 생산물.

우회생산(roundabout production) 먼저 도구를 생산하고 이 도구를 이용하여 원하는 물자를 생산하는 생산방식.

워싱턴합의(Washington Consensus) 경제개발에는 규제철폐, 자유화, 그리고 민영화 등이 필요하다고 주장하는 IMF, World Bank, 그리고 미국 정부 등 워싱턴 소재 3대 기관 간의 합의.

위험프리미엄(risk premium) 금융자산의 기대수익과 가격 간의 차이로서 위험이 클수록 그 값이 큼.

유동성(liquidity) 상품이 교환과정에서 그 가치를 실현할 수 있는 정도.

유동성함정(liquidity trap) 안전자산에 대한 수요가 급증함으로써 지불수단으로 쓰일 화폐가 항상 부족한 현상.

1원1표(dollar voting) 돈이 많은 사람이 더 많이 수요할 수 있도록 하는 시장의 경쟁규칙.

이윤(profit) 판매수입에서 모든 비용을 공제하고 남은 잔여.

임금 하방경직성(downward rigidity of wages) 취업자들이 임금 인하를 거부함으로써 노동의 초과공급 상태를 그대로 남겨두는 노동시장의 현상.

ㅈ

자급자족(autarky) 각자 필요한 물자를 스스로 생산하여 조달하는 방식.

자기거래(self-dealing) 주식회사의 경영진이 자신의 소유인 외부 기업에게 유리하도록 거래를 허용하여 회사 돈을 빼돌리는 거래.

자본금융계정(capital and financial account) 일정 기간 동안 거주자와 비거주자 간에 서로 투자하거나 빌려주고 받은 외화의 유출입 현황을 정리한 것.

자연독점(natural monopoly) 규모의 경제가 나타나는 산업에서 자연스럽게 형성되는 독점.

자연선택(natural selection) 여건에 잘 적응하는 것만 살아남고 그렇지 못한 것은 도태된다고 하는 진화론적 설명.

자원(resources) 노동이 재화와 용역을 생산하기 위하여 가공해야 하는 천연 원료.

자원배분(resource allocation) 자원 또는 자원으로 생산한 재화와 용역을 경제주체들에게 배정한 현황.

잔여(residual) 생산참여자들에게 사전에 약속한 몫들을 제외하고 남은 몫. 이윤.

잠재성장(potential growth) 노동과 자본의 규모와 질, 그리고 기술혁신의 수준으로 결정되는 국가경제 공급능력의 성장.

재정수지(balance of budget) 일정 기간의 조세수입에서 재정지출을 뺀 값.

재정정책(fiscal policy) 총수요의 크기를 관리하기 위하여 정부가 재정지출과 조세징수의 규모를 조절하는 정책.

재할인(rediscount) 시중은행이 기업들에게 대출하면서 어음할인의 형식으로 매입한 어음을 한국은행이 다시 할인 매입하는 방식으로 시중은행에 자금을 대출하는 조치.

재화(goods) 인간의 욕망을 충족시켜주는 유형적인 생산물.

접속개방운동(open access) 운동 인터넷 공간에서는 모든 지식을 무료로 사용하도록 하자는 운동.

정보비대칭성(asymmetry of information) 거래관련 정보를 거래 쌍방 가운데 어느 한쪽만 알고 있는 상태.

제한적 지성(bounded rationality) 모든 것을 완벽하게 알고 일할 수 없는 인간 지성의 유한성. 유한합리성이라고도 함.

조세법률주의(no taxation without a legal basis, principle of no taxation without law) 세금은 반드시 법률에 의해서만 부과한다는 원칙.

주식(stock) 주식회사의 소유권을 나타내는 금융상품으로서 회사 이윤을 배당받음.

준비자산증감(changes in net reserves, changes in reserve assets) 일정 기간 동안 발생한 외화 유출입에 따른 외화보유액의 변화

중간재(intermediate goods) 다음 단계의 생산원료로 사용할 목적으로 생산된 재화.

지급준비율(reserve ratio) 예금주의 갑작스런 인출요구에 대비한 지급준비금의 전체 예금에 대한 비율.

지도노동(directing labor) 무슨 일을 어떻게 할 것인가를 결정하는 역할을 수행하는 노동.

GDP 디플레이터(GDP deflator) 경상가격 GDP를 그 해의 실질 GDP로 나눈 값.

지식재산권(intellectual property right) 지식 생산의 모든 비용을 부담하고 그 성과도 모두 누리도록 보호하는 지식에 대한 지식생산자의 권리.

진입장벽(barriers to entry) 시장거래를 원하는 사람이 시장에 참여하지 못하도록 제한하는 모든 요인.

ㅊ

채권(bond) 돈을 빌리기 위하여 발행하는 금융상품. 국공채, 금융채, 회사채 등.

채무불이행(credit default) 빌린 돈을 갚지 못하는 상황.

초과수요(excess demand) 상품별 수요가 그 공급을 초과하는 부분.

총수요(aggregate demand) 일정 기간 동안 국내에서 생산된 재화와 용역에 대한 모든 수요, 즉 소비수요, 투자수요, 정부 재정수요, 그리고 순수출수요의 합계.

총수요관리정책(aggregate demand management) 총수요의 크기를 관리하기 위한 재정정책과 통화정책.

총요소생산성(total factor productivity) 성장률에서 노동기여분과 자본기여분을 빼고 남는 부분으로 기술혁신이 성장률에 기여한 몫으로 처리됨.

최혜국(most favored nation) 국제무역에서 가장 낮은 우호적 수입 관세율을 적용받은 상대국.

ㅋ

카르텔(cartel) 담합(collusion).

카우보이자본주의(cowboy capitalism) 승자독식을 허용하는 미국식 시장경제.

캐리트레이드(carry trade) 국별 금리 차이가 두드러질 때 저금리 통화를 팔고 고금리 통화를 사는 형태로 전개되는 국제 자금거래. 고금리 국가의 높은 이자율 수익을 겨냥하여 유입되는 저금리국의 화폐자금을 캐리자금이라고 함.

캡거래(cap-and-trade) 과거 실적에 따라서 공해물질 배출의 상한(cap)을 기업별 국가별로 배정하고 이 상한보다 더 배출하려면 배출권을 그만큼 추가로 구입하고 덜 배출하면 남는 배출권을 판매하도록 하는 제도.

케인시안(Keynesians) 재정정책이 총수요관리에 더 효과적이라고 주장하는 경제학자들.

코스피지수(KOSPI index) 1980년 1월4일의 시장 시가총액을 100으로 놓고 환산한 그날의 시장 시가총액.

코즈정리(Coase theorem) 외부성은 정부가 개입하지 않아도 관련당사자들 간의 협상으로 해결된다는 이론.

코즈협상(Coasian bargain) 외부성의 관련 당사자들이 외부성 때문에 누리지 못하는 이익을 각자 더 얻기 위하여 벌이는 협상.

ㅌ

탄소세(carbon tax) 탄산가스를 배출하는 행위에 대해 그 배출량에 비례하도록 부과하는 세금.

태환지폐(convertible note) 같은 값의 금과 교환이 보증된 지폐.

통화 수요(demand for money) 한 나라의 모든 사람들이 지불수단과 재산 보유수단으로 지니려고 하는 통화량의 규모.

통화정책(monetary policy) 한국은행이 적정 통화량을 유지하기 위하여 통화량을 늘이고 줄이는 정책.

통화주의자(monetarists) 통화정책이 총수요관리에 더 효과적이라고 주장하는 경제학자들.

투자(investment) 지금 비용을 부담하고 그 성과는 시간이 지난 뒤에 거두는 경제행위.

투자저축 갭(investment savings gap) 일정 기간의 투자에서 저축을 뺀 값으로서 같은 기간의 경상수지와 일치함.

ㅍ

파레토효율상태(Pareto efficient state) 어떤 사람의 생활을 개선시키려면 반드시 다른 어떤 사람의 생활을 악화시켜야 하는 상태. 파레토최적상태(Pareto optimum).

파셰지수(Paasche index) 현 연도의 물량을 품목별 현 연도의 가격으로 계산한 금액을 기준 연도의 가격으로 계산한 금액으로 나눈 물가지수.

평가절하(devaluation) 자국 화폐의 가치를 낮추도록 환율을 변경하는 조치. 반대말은 평가절상(evaluation)

피라미드형 소유구조(stock pyramiding) 재벌그룹의 한 회사가 다른 회사에 출자하는 방식으로 재벌총수의 경영권을 확대하도록 만드는 재벌체제의 소유구조.

피지도노동(directed labor) 몸을 움직여서 지도노동이 설정한 작업계획을 수행하는 노동.

필립스곡선(Philips curve) 물가상승률이 낮아지면 실업률이 높아지는 현상을 나타내는 곡선.

ㅎ

한계생산성(marginal productivity) 생산요소를 한 단위 더 투입할 때 추가로 얻는 생산물.

합리원칙(rule of reason) 같은 사안이라도 그 성과를 진단하고 평가하여 위법성을 결정하는 원칙.

핫머니(hot money) 주식경기에 따라서 국경을 넘나들며 세계 각국의 증시로 몰려다니는 단기 외화자금.

허브-스포크체제(hub-and-spoke system) 지역별 여객과 화물을 지선(spokes)으로 지역 중심 허브(hub)에 끌어 모아 원거리를 운행하는 대형 운반수단에 탑승 또는 탑재하여 출발시키고, 대형 운반수단으로 허브에 도착한 여객과 화물을 지선별로 소형 운반수단으로 탁송하는 체제.

협상력(bargaining power) 거래를 자신에게 유리한 조건으로 이끌어가는 능력

협의통화(M1) 은행 외부에서 유통되는 현금과 은행에 예치된 요구불예금 잔고의 합.

호가경쟁(price bidding competition) 더 많은 값의 지불을 호가하는 사람이 부족한 상품을 가지는 경쟁규칙.

환매조건부채권(RP, repurchase agreement) 일정 기간 이후 좀 더 높은 값으로 다시 사들이는 조건으로 판매하는 채권으로서 단기간의 금융수단으로 사용됨.

환율(exchange rate) 국가 간 화폐가치의 비율.

환차익(foreign-exchange rate gains, foreign-exchange profit) 환율의 변동으로 야기되는 이익. 반대말은 환차손(foreign-exchange rate losses, foreign-exchange loss)

희소성(scarcity) 수량이 한정된 자원을 필요한 모든 용도에 충분히 배정하지 못하는 특성.

시장경제를 이해하는 쉬운 강의 120!

이승훈 교수의 경제학 멘토링

초판 발행 2012년 2월 10일
3쇄 발행 2016년 3월 20일

지은이   이승훈
펴낸이   진영희
펴낸곳   (주)터치아트
출판등록   2005년 8월 4일 제 396-2006-00063호
주소   10403 경기도 고양시 일산동구 백마로 223, 630호
전화번호   031-905-9435 팩스 031-907-9438
전자우편   editor@touchart.co.kr

© 이승훈

ISBN 978-89-92914-47-5 03320

* 이 도서의 국립중앙도서관 출판시도서목록(CIP)은
 e-CIP홈페이지(http://www.nl.go.kr/ecip)에서
 이용하실 수 있습니다.(CIP제어번호: CIP2012000305)